"十四五"职业教育国家规划教材

高等职业教育教学改革融合创新型教材 · 旅游类

LÜYOU SHICHANG YINGXIAO

旅游市场营销

第三版

操　阳　纪文静　主　编

孙爱民　琚胜利　叔文博　常静勇　副主编

东北财经大学出版社
Dongbei University of Finance & Economics Press
大连

图书在版编目（CIP）数据

旅游市场营销 / 操阳，纪文静主编．—3版．—大连：东北财经大学出版社，2023.2（2025.6重印）
（高等职业教育教学改革融合创新型教材·旅游类）
ISBN 978-7-5654-4785-3

Ⅰ．旅…　Ⅱ．①操…②纪…　Ⅲ．旅游市场-市场营销学-高等职业教育-教材　Ⅳ．F590.82

中国国家版本馆CIP数据核字（2023）第021097号

东北财经大学出版社出版
（大连市黑石礁尖山街217号　邮政编码　116025）
网　　址：http://www.dufep.cn
读者信箱：dufep@dufe.edu.cn
大连金华光彩色印刷有限公司印刷　东北财经大学出版社发行

幅面尺寸：185mm×260mm　　字数：387千字　　印张：17.25
2023年2月第3版　　2025年6月第5次印刷

责任编辑：魏　巍　　责任校对：宋雪凌
封面设计：冀贵收　　版式设计：原　皓

定价：42.00元

教学支持　售后服务　联系电话：（0411）84710309

如有印装质量问题，请联系营销部：（0411）84710711

富媒体智能型教材出版说明

“财经高等职业教育富媒体智能型教材开发系统工程”入选国家新闻出版广电总局新闻出版改革发展项目库，并获得文化产业专项资金支持，是“国家文化产业资金支持媒体融合重大项目”。项目以“融通”“融合”“共建”“共享”为特色，是东北财经大学出版社积极落实国家推动传统媒体与新媒体融合发展的重要举措之一。

“财济书院”智能教学互动平台是该工程项目建设成果之一。该平台通过系统、合理的架构设计，将教学资源与教学应用集成于一体，具有教学内容多元呈现、课堂教学实时交互、测试考评个性设置、用户学情高效分析等核心功能，是高校开展信息化教学的有力支撑和应用保障。

富媒体智能型教材是该工程项目建设成果之二。该类教材是我社供给侧结构性改革探索性策划的创新型产品，是一种新形态立体化教材。富媒体智能型教材秉持严谨的教学设计思想和先进的教材设计理念，为财经职业教育教与学、课程与教材的融通奠定了基础，较好地避免了传统教学模式和单一纸质教材容易出现的“两张皮”现象，有助于教学质量的提高和教学效果的提升。

从教材资源的呈现形式来说，富媒体智能型教材实现了传统纸质教材与数字技术的融合，通过二维码建立链接，将VR、微课、视频、动画、音频、图文和试题库等富媒体资源丰富地呈现给用户；从教材内容的选取整合来说，其实现了职业教育与产业发展的融合，不仅注重专业教学内容与职业能力培养的有效对接，而且很好地解决了部分专业课程学与训、训与评的难题；从教材的教学使用过程来说，其实现了线下自主与线上互动的融合，学生可以在有网络支持的任何地方自主完成预习、巩固、复习等，教师可以在教学中灵活使用随堂点名、作业布置及批改、自测及组卷考试、成绩统计分析等平台辅助教学工具。

富媒体智能型教材设计新颖，一书一码，使用便捷。使用富媒体智能型教材的师生首先下载“财济书院”App或者进入“财济书院”（www.idufep.com）平台完成注册，然后登录“财济书院”，输入教材封四学习卡中的激活码，建立或找到班级和课程对应教材，就可以开启个性化教与学之旅。

“重塑教学空间，回归教学本源！”“财济书院”平台不仅仅是出版社提供教学资源和服务的平台，更是出版社为作者和广大院校创设的一个教学空间，作者和院校师生既是这个空间的使用者和消费者，也是这个空间的创造者和建设者，在这里，出版社、作者、院校共建资源，共享回报，共创未来。

最后，感谢各位作者为支持项目建设所付出的辛劳和智慧，也欢迎广大院校在教学中积极使用富媒体智能型教材和“财济书院”平台，东北财经大学出版社愿意也必将陪伴广大职业教育工作者走向更加光明而美好的职教发展新阶段。

东北财经大学出版社

第三版前言

随着人们生活水平的提高和对美好生活的向往，旅游成为小康社会人民美好生活的刚性需求，成为传承弘扬中华文化的重要载体和衡量人们生活质量的重要标准。旅游业作为“五大幸福产业”之首，其产业带动能力、跨界融合能力、业态发展能力不断增强，对经济平稳健康发展的综合带动作用不断凸显，其国民经济战略性支柱产业的地位和作用更加巩固。“十四五”时期，我国将全面进入大众旅游时代，加快旅游强国建设、有效满足大众旅游消费需求、推动旅游业高质量发展已成为新时代旅游业的新目标和新使命。

习近平总书记在党的二十大报告中指出：“高质量发展是全面建设社会主义现代化国家的首要任务。”旅游业的高质量发展需要高质量旅游人才的支撑，特别是一大批高质量旅游职业教育人才的有力支撑。教材作为传播知识的重要载体，体现着一个国家、一个民族的价值观体系，对提高人才培养质量具有十分重要的作用。本书坚持以习近平新时代中国特色社会主义思想为指导，遵循高等职业教育教学和旅游人才成长规律，体现先进的职业教育理念，大力弘扬劳动光荣、技能宝贵、创造伟大的时代风尚，注重将社会主义核心价值观教育、职业道德和职业精神教育、旅游营销知识和能力的培养有机结合，充分发挥教材培根铸魂、启智增慧的作用，促进学生德技并修、知行合一。

为全面贯彻落实党的二十大精神，推进文化和旅游深度融合发展，坚持以文塑旅、以旅彰文，让旅游成为人们感悟中华文化、增强文化自信的过程，坚持创新驱动发展，深化“互联网+旅游”，推进智慧旅游发展，创新旅游宣传推广，建设一批旅游营销创新基地等要求，本书在第二版的基础上，着重从以下方面展开修订：

1.强化为党育人、为国育才思想

党的二十大报告明确提出：“加快建设教育强国、科技强国、人才强国，坚持为党育人、为国育才，全面提高人才自主培养质量。”育人的根本在于立德。本书积极落实“立德树人”根本任务，坚持把马克思主义思想精髓同中华优秀传统文化精华贯通起来，突出爱国主义和革命传统教育，践行社会主义核心价值观，新增“文旅相彰”栏目，通过融入党的二十大精神、《“十四五”旅游业发展规划》内容和相关案例，帮助学习者更好地理解“旅游营销在传播中国文化、展示中国式现代化建设成就、培育社会主义核心价值观方面的重要作用”，提高学习者诚实守信、守正创新、学习报国、服务文旅产业发展的意识。同时，强化旅游营销双语人才培养，在“微课堂”栏目新增双语教学视频内容，帮助学习者树立旅游营销的国际化理念，提高学习者的旅游营销应用能力。

2.完善内容体系，提高科学性、可读性和实用性

本书从教、学、做一体出发，采用“项目引领+任务驱动”模式，将全书分为9个项目22个任务。每个项目都相对独立地形成一个学习专题，包括“项目目标”“项目导入”“项目分析”“项目综合训练”“项目同步测试”“项目学习评价”等内容，每个任务下设“任务目标”“任务导入”“知识积累”“技能训练”等内容，同时设置“学以致用”“文旅相彰”“知识拓展”“典型案例”等形式丰富的小栏目，在强化理论知识要点掌握、积累的同时，加强职业技能、职业素养的培养和训练，提高了本书的科学性、可读性和实用性。

3.校企双元开发，强化“岗课赛证融通”综合育人

本书按照“多元主体、优势互补”的构成原则，邀请行业企业专家、优秀的双师型教师共同参与教材编写，紧密对接旅游产业升级和智慧旅游发展趋势，将旅游产业发展的新技术、新规范、新标准融入教材，如增加“智慧旅游技术促销”“旅游营销创新基地”等内容，创新旅游产品宣传推广，帮助学习者掌握和理解旅游新技术、新知识。同时，将1+X研学旅行策划与管理职业技能等级证书、全国大学生旅游营销大赛等相关内容融入教材，帮助学习者提高旅游营销岗位技能，激发学习者的学习兴趣和创新潜能。

4.完善配套资源，有效服务教与学

本书充分运用现代教学技术和手段，打造了一套特色鲜明的立体化教学资源。其中，动画、微课、音频讲解，打通了教学中的重点和难点；教学大纲、教学日历、教案、PPT、学习指南、题库等辅助内容，为教师课堂教学提供了基础资源。这些数字化资源一部分可通过扫描二维码查看，实现随时随地阅读学习；另一部分可通过东北财经大学出版社在线教学平台查看和使用。

本书由南京旅游职业学院副院长、江苏高校“青蓝工程”中青年学术带头人、江苏高校哲学社会科学重点建设基地负责人、江苏省新型重点高端智库“紫金文创研究院”特聘研究员操阳教授进行总体设计、统稿和审定工作。具体编写分工如下：操阳编写项目一，孙爱民编写项目二和项目三，叔文博编写项目四和项目八，纪文静编写项目五和项目七，琚胜利编写项目六和项目九。途牛旅游网副总裁常静勇先生提供了大量的编写资料和案例，参与编写了项目五、项目七的部分内容，并对本书的编写提出了很多宝贵意见和建议。

本书在编写过程中参考了大量的文献资料，引用了许多学者的研究成果和一些公司的案例资料，我们在此一并表示衷心的感谢！

本书可作为高等职业教育本专科和中等职业教育旅游大类、财经商贸大类专业相关课程的教材或参考书，也可作为旅游企业的培训用书和旅游市场营销人员的自学用书。

“旅游是一种生活、学习和成长方式”，中国的旅游业和旅游营销理论也在不断创新和发展，加之编写人员的能力和水平有限，书中不当之处在所难免，恳请广大读者批评指正！

操　阳

2022年12月于南京

目　录

数字资源目录

续表

项目	数字资源	页码
项目六 旅游产品价格策略	看动画6-1　旅游产品价格策略 听一听6-1　经济学术语——价值 听一听6-2　需求的收入弹性 学一学6-1　诚信旅游指导价 看动画6-2　你了解什么是旅游价格指数吗? 测一测6-1　选择题 测一测6-2　判断题	138 140 143 150 156 160 160
项目七 旅游产品分销策略	看动画7-1　旅游产品分销策略 听一听7-1　OTO模式 听一听7-2　直销模式 微课堂7-1　旅游产品线下分销渠道策略的设计（双语） 看动画7-2　你了解App分销方式吗? 测一测7-1　选择题 测一测7-2　判断题	164 167 167 172 184 189 189
项目八 旅游产品促销策略	看动画8-1　旅游产品促销策略 听一听8-1　促销沟通目标 听一听8-2　抖音视频营销 微课堂8-1　旅游新媒体促销策略 测一测8-1　选择题 测一测8-2　判断题	192 194 220 220 225 225
项目九 旅游目的地营销策略	看动画9-1　旅游目的地营销策略 听一听9-1　旅游吸引物 微课堂9-1　旅游目的地形象的概念与类型 学一学9-1　“一带一路”　最美甘肃 看动画9-2　西安在你心目中的旅游形象是怎样的? 听一听9-2　地方感 微课堂9-2　旅游目的地形象定位 微课堂9-3　旅游目的地形象传播策略（双语） 测一测9-1　选择题 测一测9-2　判断题	228 231 240 241 244 247 249 253 259 259

1 项目一　旅游市场营销认知

项目目标

通过本项目的学习，学生应掌握旅游市场的内涵和特征，能够理解旅游市场营销的核心观念及基本活动，并能够在实际学习和工作中加以运用，深刻理解旅游市场营销的本质和旅游服务营销组合，培养职业认知的基本能力和技能宝贵、创造伟大、知行合一的职业素养及工匠精神。

项目导入

看动画1-1

旅游市场营销的认知

南京旅游职业学院坐落在美丽的“六朝古都”南京，与钟山风景区、夫子庙景区、总统府景区、牛首山景区、金牛湖风景区、方山风景区、侯冲风景区等建立了紧密型校企合作实习实训基地，主要开展专业的认知实习、课程实习、顶岗实习和毕业实习等，以提升学生的专业能力和职业素养。现拟安排大一学生进入实习实训基地开展为期1～3天的课程认知实习，他们应准备哪些基本知识和技能呢？

项目分析

思维导图1-1

项目一

为更好地完成专业认知实习任务，同学们应充分掌握如下知识与技能：

1.理解并掌握旅游、旅游市场的内涵与特征。

2.理解市场营销的内涵与本质，掌握旅游市场营销的核心概念。

3.掌握市场营销的基本活动，了解旅游企业的营销理念与营销活动。

4.掌握旅游服务营销的内涵、营销组合的主要内容，深刻体会营销组合的实际运用。

任务一　旅游市场认知

任务目标

1.知识目标

- 理解并掌握旅游的内涵与特征。
- 理解并掌握市场的内涵与类型。
- 理解并掌握旅游市场的内涵与特征。

2.能力目标

- 能够科学区分市场的不同类型。
- 能够描述旅游市场的基本特征。
- 能够根据认知实习，简要描述旅游企业的基本概况。
- 能够根据认知实习，简要描述旅游企业营销活动的概况。

3.素养目标

- 提升对本专业的认知度、理解度和职业热爱。
- 培养学生科学、规范的文献查询意识和能力。
- 培养学生诚实守信、守正创新的职业素养。
- 增强旅游资源的保护意识和团队协作精神。
- 增强技能宝贵、创造伟大的职业精神和创新意识。

任务导入

王伟是一名大学一年级学生，学校即将组织他们进入本地一家校企合作的旅游企业开展为期1～3天的参观考察活动。王伟想要出色地完成此次考察活动，他应该学习并掌握哪些旅游市场、旅游企业方面的基本理论知识呢？

知识积累

微课堂1-1

旅游市场认知（双语）

一、旅游的内涵与特征

（一）旅游的内涵

“世界那么大，我想去看看”，已经成为社会的“旅游流行语”，表达了人们想走出家门、周游世界的美好愿望。“旅游”作为一个被大众熟知的词语，如何正确理解和认识呢？学术界从不同角度进行了界定：

1811年，英国出版的《牛津词典》将“旅游（tourism）”解释为：“离家远行，又回到家里，在此期间游览一个地方或几个地方。”这是学术界对“旅游”最初的研究和认识。

瑞士学者汉泽克尔和克拉普夫在1942年出版的《普通旅游学纲要》一书中提出：

"旅游是非定居者的旅行和暂时逗留而引起的现象和关系的总和。这些人不会长期定居，并且不会牵涉任何赚钱的活动。"该定义指出了旅游的目的主要是观光、休闲等，不是赚钱；旅行是离家外出，逗留即暂时居留而非永久居留。此外，该定义将旅游归结为一种社会地域活动，该活动涉及社会、政治、经济、文化各方面。该定义强调了旅游的综合性内涵，曾被认为是最完美的"旅游"定义。但随着旅游实践的深入，其不足之处也逐渐暴露出来，如无法区分旅游和旅游业，不能涵盖一些特殊的旅游形式等。

1966年，法国学者让·梅特森提出："旅游是一种休闲活动，它包括旅行或到离定居地点较远的地方逗留。其目的在于消遣、休息或丰富个人经历和文化教育。"该定义指出了旅游的休闲体验和丰富经历或提高素养的本质。

1974年，英国学者伯卡特和梅特利克提出："旅游发生于人们前往和逗留在各种旅游地的流动中，是人们离开其平时居住和工作的地方，短期暂时前往一个旅游目的地运动和逗留在该地的各种活动。"该定义强调了旅游的本质特征是异地性和暂时性，指出了旅游的两个要素：一个是动的要素——旅行（人的流动）；另一个是静的要素——停留。该定义的局限性是没有抓住旅游中"游"的消遣、休闲体验的本质，未说明移动和停留的动机及时间。

1991年，世界旅游组织在国际旅行和旅游统计会议（渥太华会议）上从统计角度对"旅游"进行了界定："旅游是指人们由于休闲、商务和其他目的而到惯常环境之外的地方旅行，连续停留时间不超过一年的活动。"该定义明确了旅游的目的是休闲、商务等；旅游的空间是从惯常居住地到惯常环境之外；旅游时间是连续停留时间在一年以内。

世界旅游组织起草的《2008年国际旅游统计建议》（IRTS 2008）从旅游统计的角度系统界定了"旅游""旅游者"等基本概念。其中指出：

（1）旅游是一种社会、文化和经济现象，涉及人员向其惯常居住地以外的地方移动，通常以娱乐为动机。

（2）从经济视角看，旅游的定义是被确定为游客（visitor）的人员所从事的各种活动。

（3）旅游是指游客（访客）的活动。游客，是指出于任何主要目的（商务、休闲或其他个人目的，而非在被访问国家或地点受聘于某个居民实体），在持续不足一年的时间内，到其惯常环境之外的某个主要目的地的旅行者。游客的这些出行符合旅游性出行（tourism trip）的标准。

（4）旅游性出行的类型包括：①个人目的出行——度假、休闲、娱乐、探亲访友、教育和培训、保健医疗、宗教朝觐、购物、过境（停留）、其他；②商务和职业目的出行。

（5）旅游是旅行的一部分，游客是旅行者的一部分。

该定义明确了旅游通常以娱乐为动机，其主要目的包括休闲、娱乐、商务、探亲访友、教育和培训、保健医疗、宗教朝觐、购物等；阐明了旅游与旅行的边界关系，并将购物、教育和培训、保健医疗、过境（停留）等纳入旅游活动统计范畴。

《中国百科大辞典》指出："旅游是人们观赏自然风景和人文景观的旅行游览活

动，包含旅行游览、观赏风物、增长知识、体育锻炼、度假疗养、消遣娱乐、探险猎奇、考察研究、宗教朝觐、购物留念、品尝佳肴以及探亲访友等暂时性移居活动。从经济学观点看，它是一种新型的高级消费形式。”

中国著名经济学家于光远在其1986年发表的《掌握旅游的基本特点，明确旅游业的基本任务》一文中提出：“旅游是现代社会中居民一种短期性的特殊生活方式，这种生活方式的特点是异地性、业余性和享受性。”该定义指出了旅游是现代社会的一种生活方式，而这种生活方式是在异地发生的，具有暂时性；提出了旅游的业余性即闲暇性，而这种暂时的、闲暇的生活方式能够给旅游者带来物质和精神的享受。

综合国内外旅游学术界对旅游概念的不同表述，可以得出以下四点共识：

（1）旅游是人们离开自己的惯常居住地，到异国或他乡作短暂逗留的空间活动，体现了旅游活动的异地性。

（2）旅游者到旅游目的地的旅行、访问是一种短期行为，它有别于移民性的永久居留等，体现了旅游活动的暂时性。

（3）旅游的主要目的是消遣、娱乐，不牵涉任何赚钱的活动，体现了旅游活动的消遣性。

（4）旅游会引起各种社会现象并产生各种关系，它不仅包括旅游者的活动，而且涉及这些活动在客观上所产生的一切现象和关系，体现了旅游活动的综合性。

综上，本书将旅游的定义总结为：旅游是指人们出于消遣、休闲等娱乐目的，离开自己的日常居住地，到异地作非定居性旅行和暂时停留的社会活动。

（二）旅游的特征

1.异地性

旅游是人们离开自己的常住地，到异国他乡旅行游玩和暂时逗留的一种活动。如何界定常住地呢？公民离开住所地最后连续居住一年以上的地方，为经常居住地，但住医院治病的除外。公民的住所地是指公民的户籍所在地。公民由其户籍所在地迁出后至迁入另一地之前，无经常居住地的，仍以其原户籍所在地为住所。因此，通常意义上，对于短途旅游，家被认为是常住地；对于长途旅游，居住的城市都可以被认为是常住地。因此，对常住地的界定，有赖于其相对旅游目的地的远近，其与旅游目的地是相对而共生的空间概念。在旅游统计中，对于一个旅游目的地，只有一个旅游常住地，即旅游活动发生前的常住地。旅游的异地性是指旅游者从旅游活动发生前的常住地（旅游客源地）到另一个地方（旅游目的地），需要空间上的移动。

2.暂时性

旅游者在异地的停留是暂时的，不会因旅游而在异地定居下来。那么，在时间上如何界定旅游的“暂时性”呢？为了旅游统计的需要，1937年，国际联盟（第二次世界大战后被联合国所取代）统计理事会提出，国际旅游者是指离开其惯常居住地到其他国家访问24小时以上的人。1991年，世界旅游组织国际旅行和旅游统计会议（渥太华会议）规定，国际旅游的连续停留时间不超过一年。世界旅游组织对国内旅游未做时间限定。

3.消遣性

在《辞海》中，“消遣”指排遣，今多指消闲。旅游是利用闲暇时间进行的享受性的审美活动，是一种动态的消遣行为，其目的在于消闲、休息或丰富旅游者的经历和文化教养。旅游的概念界定强调其娱乐和消遣性因素，将商务、考察等与金钱相关的经济性活动排除在外，突出其休闲、娱乐和度假等旅游核心概念和因素，道出了人们希望通过旅游使自己身心愉悦的主要目的。

4.综合性

旅游是旅游者的社会活动。旅游的产生、发展以及旅游活动本身都与特定的社会、政治与经济环境密切相关。旅游活动涉及吃、住、行、游、购、娱等方面，并因此产生与旅游相关的产业、企业和设备设施，这些都体现了旅游的综合性。旅游不仅是各种要素的综合体，也因旅游目的、需求与行为的不同，而表现出多种形式、多种类型。从社会进步的角度来看，旅游不但推动了一国、一地的社会、政治、经济、文化等方面的发展，而且使社会更加文明、开放，推动了各国的文化交流和政治、经济往来。

学以致用1–1　　如何界定旅游者、旅游资源和旅游业？

（1）通过文献查询，了解国内外学者对旅游者、旅游资源和旅游业概念的不同表述。

（2）对学者们的观点进行归纳整理，找出共性的认识。

（3）通过自己的理解和认知，运用规范的语言对旅游者、旅游资源、旅游业进行概念界定。

文旅相彰1–1　　推进文化和旅游深度融合发展

党的二十大报告明确提出：健全现代文化产业体系和市场体系，实施重大文化产业项目带动战略。加大文物和文化遗产保护力度，加强城乡建设中历史文化保护传承，建好用好国家文化公园。坚持以文塑旅、以旅彰文，推进文化和旅游深度融合发展。

《“十四五”旅游业发展规划》也明确指出：旅游成为传承弘扬中华文化的重要载体。文化和旅游深度融合、相互促进，红色旅游、乡村旅游、旅游演艺、文化遗产旅游等蓬勃发展，旅游在传播中华优秀传统文化、革命文化和社会主义先进文化方面发挥了更大作用。建设文化强国为旅游业明确了发展方向，也需要旅游业更加主动发挥作用。推进文化强国建设，要求坚持以文塑旅、以旅彰文，推进文化和旅游融合发展。同时，要充分发挥旅游业在传播中国文化、展示现代化建设成就、培育社会主义核心价值观方面的重要作用。旅游业的发展要以社会主义核心价值观为引领，让旅游成为人们感悟中华文化、增强文化自信的过程，推动旅游业实现社会效益和经济效益有机统一。

“十四五”期间，我国将通过推进国家文化公园建设，生动呈现中华文化的独特创造、价值理念和鲜明特色，树立和突出各民族共享的中华文化符号和中华民族形象，探索新时代文物和文化资源保护传承利用新路径，把国家文化公园建设成为传承中华文明的历史文化走廊、中华民族共同精神家园、提升人民生活品质的文化和旅游体验空间。推进以国家公园为主体的自然保护地体系建设，形成自然生态系统保护的新体制新模式。

资料来源　习近平.高举中国特色社会主义伟大旗帜　为全面建设社会主义现代化国家而团结奋斗——在中国共产党第二十次全国代表大会上的报告［EB/OL］.［2022-10-25］. http://www.gov.cn/xinwen/2022-10/25/content_5721685.htm；国务院.国务院关于印发“十四五”旅游业发展规划的通知（国发〔2021〕32号）［EB/OL］.［2022-01-20］. http://www.gov.cn/zhengce/content/2022-01/20/content_5669468.htm.

思政元素：文旅融合　历史文化保护传承

头脑风暴：如何深刻理解党的二十大报告及《“十四五”旅游业发展规划》中提出的推进文化和旅游深度融合发展？

二、市场的内涵与类型

（一）市场的内涵

关于市场的定义有很多，其中代表性的观点有：

1.地域空间角度

从地域空间角度看，市场是指商品进行交换的场所。“市”可以理解为买卖、交换，“场”即场所，市场就是商品交换的场所。这是人们对市场最基本、最直观的理解，也可以说是狭义的市场。例如，《周易·系辞》中有：“（神农氏）日中为市，致天下之民，聚天下之货，交易而退，各得其所。”意思是神农氏在中午开设集市，招引各地的民众，集聚各地的货物，相互交易之后，各自都得到了想要的东西离开了。司马光也在《资治通鉴》中说：“神农日中为市，致天下之民，聚天下之货，交易而退，此立市始。”这是历史上对市场起源的最早描述，在这里市场被看作一个空间概念，如集贸市场、小商品市场等。它反映了在市场产生和发展的最初阶段，简单商品经济条件下人们对市场的一般认识。

2.交易活动角度

从交易活动角度看，市场是指商品交换活动的全过程，即商品流通过程。随着商品经济的发展，商品交换开始突破有形场所的限制，不再局限于一定的空间范围内，出现了跨越时间和空间的商品交易活动，如远期合约交易、期货交易、跨地区交易、跨国界交易，交易过程和环节越来越复杂，交易行为发生的地点也具有随机性和不固定性。交易对象不仅包括有形物品，大量的无形商品也越来越多地进入流通领域，如信息、股票等。这些无形商品的交易显然不会完全局限于一定的空间场所内。于是，市场的含义大为拓展，不再囿于狭义的商品交换场所，而是指商品交换活动的全过程，即商品流通过程，也就是商品从生产者开始，经过若干中间环节，流向最终消费者的全部过程。

3.经济学角度

从经济学角度看，市场是指商品交换关系的总和。从现象上看，市场运行表现为商品与货币的相对运动；从本质上看，市场不仅反映了物与物、商品与商品、商品与货币之间的交换关系，更重要的是反映了隐藏在商品、货币背后的商品所有者之间即人与人之间的关系。因此，市场体现了商品生产者、经营者和消费者之间密切联系、相互依赖的关系及多重经济利益矛盾，包含了商品所有者全部相互关系的总和。

4.市场营销学角度

从市场营销学即企业营销的角度看，市场是指具有特定需要或欲望，愿意并能够通过交换来满足这种需要或欲望的全部顾客的总和，即现实和潜在的购买力的总和。具体来说，市场由人口、购买力和购买欲望三要素组成。只有当三要素同时具备时，企业才拥有市场，即：

市场=人口+购买力+购买欲望

本书中所指的市场是从企业角度来考虑的，即市场是某种产品或服务的所有现实购买者和潜在购买者的总和。

（二）市场的类型

市场的类型有很多种，本书主要根据购买者的购买目的、交易对象的实体性、供给方的竞争状况等进行划分。

1.按购买者的购买目的划分

按购买者的购买目的划分，可将市场分为消费者市场、生产者市场、中间商市场和政府市场。消费者市场是指为满足生活需要而购买产品或劳务的一切个人和家庭的总和。现代市场营销理论的核心是满足消费者的需求，这是企业的出发点和归宿。生产者市场（也叫产业市场）是指为满足生产需要而购买产品或服务的一切企业或个人的总和。在生产者市场上，购买者购买商品的目的不是进行个人消费，而是进行再生产并取得利润。中间商市场也称转卖市场，是由那些对商品再进行转卖或出租，以获取利润的组织和个人所构成的市场。政府市场是指由那些为执行政府主要职能而采购或租用货物的各级政府单位组成的市场。

2.按交易对象的实体性划分

按市场交易对象的实体性划分，可将市场分为有形市场和无形市场。有形市场又称商品市场，是指交易实体商品的市场，包括满足生活需要和生产需要的市场。无形市场又称服务市场，是指交易无形商品及服务（劳务）的市场。服务市场是伴随着商品市场出现的，通过提供服务给消费者带来享受和愉悦。

3.按供给方的竞争状况划分

按供给方的竞争状况划分，可将市场分为完全竞争市场、完全垄断市场、不完全竞争市场、寡头垄断市场。完全竞争市场是竞争充分而不受任何阻碍和干扰的一种市场类型。在这种市场类型中，买卖人数众多，买者和卖者是价格的接受者，资源可自由流动，信息具有完全性。完全垄断市场是在市场上只存在一个供给者却有多个需求者的市场类型。不完全竞争市场又称垄断竞争市场，是相对于完全竞争市场而言的，除完全竞争市场以外所有带有一定垄断因素的市场都被称为不完全竞争市场。寡头垄断市场是介于垄断竞争与完全垄断之间的一种比较现实的混合市场，是少数几个企业控制整个市场的生产和销售的市场类型，这几个企业被称为寡头企业。

听一听1-1

需要与需求

三、旅游市场的内涵与特征

（一）旅游市场的内涵

从市场营销学的角度看，旅游市场是指在一定时期内，某一地区范围内存在的、对旅游产品具有支付能力的现实和潜在的旅游购买者的总和。

旅游市场=旅游人口+旅游购买欲望+旅游购买能力+旅游购买权利

1.旅游人口

旅游人口是指旅游产品的消费者，是构成旅游市场主体的基本要素，旅游市场的大小取决于该市场上人口数量的多少。如果一个国家或地区的总人口多，则潜在的旅游者就多，需要旅游产品的基数就大，反之亦然。因此，人口的多少反映了旅游产品潜在市场的大小。

2.旅游购买欲望

旅游市场的大小还取决于旅游购买欲望。旅游购买欲望是旅游者购买旅游产品的主观愿望或需求，是潜在购买能力变成现实购买力的重要条件，没有购买欲望，即使有购买力也不能形成旅游市场。

3.旅游购买能力

旅游市场的大小还取决于旅游者的购买能力。旅游购买能力是指人们在可支配收入中用于购买旅游产品的能力，它是由收入水平所决定的。没有足够的购买能力，旅游者便无法成行，旅游只会是一种主观愿望。

4.旅游购买权利

与其他市场不同，旅游市场的大小还取决于人们购买旅游产品的权利。旅游购买权利是指允许旅游者购买某种旅游产品的权利。对旅游市场来说，尤其是国际旅游市场，由于旅游目的国或旅游客源国方面的限制，如不发放签证或限制出境，会使人们的旅游权利受阻而导致无法形成国际旅游市场。

对旅游市场而言，以上四个要素是相互制约、缺一不可的。其中，旅游人口是构成旅游市场的基本要素，没有旅游者，旅游市场就不可能形成。旅游购买能力是指人们支付货币购买商品或劳务的能力，它受经济形势和收入状况的影响。旅游购买欲望和旅游购买权利也是构成旅游市场的基本要素，是旅游者把潜在购买能力变为现实购买力的重要条件之一。

（二）旅游市场的特征

1.全球性

旅游市场是由全球范围内的旅游需求与旅游供给组成的，具有全球性。市场对产品的选择有全球性的自由，不受地域、政治、民族等的限制。旅游地的接待对象无民族、国界之分，旅游者的旅游活动也不受地方和国界的束缚。

2.波动性

旅游业作为一种综合性社会经济现象，影响它和被它影响的因素几乎涉及社会的方方面面。许多社会因素都可能对旅游需求以及旅游地产生很大的影响，并且这种影响常常是全球关联的。战争、政治风波、治安、种族歧视、经济水平等，都可能导致旅游市场关联性的波动甚至变局，既可能引起旅游流向的变化，也可能引起市场结构的变化，还可能引起消费结构的变化。

3.季节性

旅游市场受自然条件及旅游者闲暇时间等因素的影响，季节性十分明显，有旺季和淡季之分。这就要求旅游经营者采取一些行之有效的政策和措施，调节旅游客流量，相对缩短淡旺季之间的差距，促进旅游业协调发展。

4.多样性

旅游市场的多样性主要体现在以下几个方面：首先，旅游者的需求具有多样性，在大众旅游时代，旅游者的构成多种多样，其需求也千差万别；其次，旅游购买形式多样化，包括团体包价旅游、半包价旅游、小包价旅游、散客旅游等多种形式；最后，旅游产品多样化，由于旅游者的需求多种多样，因此旅游产品必须多样化，才能满足旅游者的不同需求。

文旅相彰1-2　　旅游城市布局

“十四五”期间，我国将建设一批旅游枢纽城市，逐步完善综合交通服务功能，提升对区域旅游的辐射带动作用。支持桂林等地建设世界级旅游城市，打造一批重点旅游城市、特色旅游地。

具体要求如下：

建设旅游枢纽城市。集中打造北京、上海、香港、澳门、广州、成都、杭州、深圳、昆明、南京、重庆、天津、武汉、西安、长沙、郑州、乌鲁木齐、贵阳、海口、哈尔滨、长春、沈阳、济南、福州、南宁、石家庄、合肥、南昌、太原、兰州、西宁、银川、呼和浩特、拉萨等旅游枢纽城市。

建设重点旅游城市。加快推进厦门、青岛、大连、宁波、珠海、苏州、无锡、三亚、桂林、延安、遵义、黄山、张家界、喀什、林芝、洛阳、承德、秦皇岛、伊春、大理、丽江、乐山、赣州、宜昌、大同等重点旅游城市建设。

建设特色旅游地。积极支持韶山、井冈山、敦煌、都江堰、曲阜、平遥、崇礼、漠河、满洲里、石河子、延吉、凯里、安吉、武夷山、常熟、婺源、义乌、香格里拉、稻城等特色旅游地建设。

资料来源　国务院.国务院关于印发“十四五”旅游业发展规划的通知（国发〔2021〕32号）[EB/OL].[2022-01-20]. http://www.gov.cn/zhengce/content/2022-01/20/content_5669468.htm.

思政元素：守正创新

头脑风暴：

（1）旅游城市布局对我国旅游市场以及旅游经济发展有什么影响？

（2）如何根据城市自身的旅游资源和特色，守正创新打造世界级旅游目的地？

技能训练

一、场景设计

联系当地一家旅游企业（最好是学校的实习基地），在企业相关负责人的带领下进行参观、考察，考察结束后在企业的会议室集合，由企业相关人员主持，请企业管理人员分别就该企业的企业文化、组织架构、业务范围、市场状况、营销理念、营销活动、发展规划等情况进行详细介绍，学生可以提问，形成互动；调研结束后，学生写出实训报告。

二、实训目的

本实训应使学生了解并掌握旅游、旅游市场的内涵与特征，了解旅游企业经营管理现状，建立对旅游企业、旅游市场的直观认知。

三、实训步骤

1.联系要调研的旅游企业

指导教师事前联系相关企业，并协商好参观时间、路线，安排好交通工具及互动交流等相关事项。

2.考察前的准备

（1）知识准备：考察前，学生进行相关基础理论知识的回顾，同时要求学生上网了解被调研企业的概况。

（2）材料准备：考察前，列出本次考察的主要目标和访谈提纲，学生必须带好笔及笔记本，做好调研记录。

（3）纪律要求：外出调研时，学生必须听从指挥、遵守纪律、注意交通安全，并表现出良好的礼貌礼节，维护学校的形象。

3.实地考察研讨

由指导教师带队、组织，学生按照设计好的路线前往企业详细参观，由企业相关负责人进行解说。参观时需要注意维持秩序，同时要注意解说效果，因为人多挤在一起容易听不清楚，所以学生尤其要用心，有机会的话可以做记录。

参观结束后，全体学生到企业会议室集合，由企业相关负责人介绍企业情况，学生可就事先准备的问题以及在参观中发现的新问题进行提问，企业管理人员进行解答，指导教师做好场面的引导、控制工作。参观结束之后，学生返校。

4.校内讨论及报告撰写

回校之后由指导老师组织讨论，请每位同学发表参观感言与心得；指导教师要注意适时地提问，引导学生的思路。讨论结束之后，请每位同学就参观情况写出×××企业考察实训报告（见表1-1）。

表1-1　×××企业考察实训报告

<table>
<tr><td>班级</td><td></td><td>姓名</td><td></td><td>调研时间</td><td></td></tr>
<tr><td>学号</td><td></td><td>组号</td><td></td><td>主要任务</td><td></td></tr>
<tr><td colspan="6">标题

目录

正文
1.引言
2.考察目的
3.考察内容
4.考察结论

结语

附录（资料、照片等）</td></tr>
<tr><td>备注</td><td colspan="5"></td></tr>
</table>

四、技能评价

请根据考察情况填写×××企业考察评价表（见表1-2）。

表1-2 ×××企业考察评价表

考评教师			被考评学生	
考评地点				
考评内容	对旅游企业、旅游市场的感性认知能力			
考评标准	内容		分值	得分
	能够明确了解此次参观的主要目的		15	
	能够明确列出访谈提纲		20	
	参观后能够深刻了解企业的经营特色		20	
	外出参观考察纪律表现良好		15	
	参观后能够增强资源保护意识、团队协作意识		15	
	参观后对本地旅游市场有进一步了解		15	
合计			100	

注：考评满分为100分，90分及以上为优秀，80～89分为良好，70～79分为中等，60～69分为及格。

任务二 旅游市场营销及其相关概念认知

任务目标

1.知识目标

- 理解并掌握市场营销的内涵和本质。
- 掌握市场营销活动的基本内容。
- 理解并掌握旅游市场营销的核心概念。
- 理解并掌握旅游服务营销组合的基本内容。

2.能力目标

- 能够准确描述营销管理的实质和任务。
- 能够科学识别旅游企业的市场营销活动。
- 能够简要描述企业的旅游服务营销组合。
- 能够运用旅游营销的基本理论知识，对旅游企业的营销活动进行简要分析。

3.素养目标

- 培养学生具有现代营销理念和经营思想。
- 培养学生的创新思维和团队协作精神。
- 培养学生作为旅游营销从业人员的守正创新意识。
- 培养学生诚实守信、劳动光荣、技能宝贵的职业素养。

任务导入

在第一次参观考察的基础上，指导教师要求学生利用双休日分组开展为期两天的二次深入考察。王伟在上次的旅游企业参观考察活动中表现优秀，最近他和小组成员正商量二次考察方案。在本次考察中，他们想进一步了解该企业开展了哪些市场营销活动，有哪些旅游营销服务组合，同时了解旅游者对这些营销活动和组合的兴趣及满意度。王伟他们想要出色地完成二次考察活动，应该学习并掌握哪些旅游市场营销方面的基本理论知识呢？

知识积累

一、市场营销的内涵与基本活动

（一）市场营销的内涵

在英语里，“marketing”一词具有双重含义：第一重含义是指以市场营销活动为研究对象的一门学科，译作市场营销学、市场经营学、市场学、营运学、销售学、行销学等；第二重含义是指社会或企业的经营活动，译作市场营销、市场经营、行销、营运、市场事务等。目前关于市场营销的定义，具有代表性的有以下几个：

1960年，美国市场营销协会对市场营销所下的定义为：市场营销是引导货物和劳务从生产者流向消费者或用户的一切企业活动。该定义指出，现代市场营销不仅包括企业的产品流通过程，而且包括生产过程及其产生的各种活动（如市场调查和研究、产品设计开发、定价等），还包括流通过程结束以后的消费过程（包括售后服务以及售后的信息反馈），即市场营销活动是从研究消费需求开始，到满足消费需求为止的一个周而复始的循环过程。

1985年，美国市场营销协会对市场营销又赋予了新的定义：市场营销是个人（或组织）对思想（或主意、计策）、货物和劳务的构思、定价、促销、分销的计划和执行过程，以创造达到个人或组织目标的交换。

新定义与原定义的最大区别在于将市场营销的范围拓展到了非营利性组织与公共机构等。

美国营销大师杰罗姆·麦卡锡于1960年在其出版的《基础营销学》中提出：“市场营销是企业经营活动的职责，它将产品及劳务从生产者直接引向消费者或使用者，以便满足顾客的需求及实现公司的利润，同时它也是一种社会经济活动过程，其目的在于满足社会或人类的需要、实现社会目标。”他第一次提出了著名的“4P”营销组合理论，“4P”包括产品（product）、价格（price）、渠道（place）、促销（promotion）。“4P”理论的提出，是现代市场营销理论最具划时代意义的变革，从此，营销管理成了公司管理的重要组成部分。

现代营销学之父菲利普·科特勒在其名著《营销管理》一书中指出：“市场营销是个人和集体通过创造，并同他人交换产品和价值，以获得其所需所欲之物的一种社会和管理过程。”他认为，市场营销的主要职能有：认识目前未满足的需要和欲望，估量和确定需求量的大小，选择和决定企业能最好地为其服务的目标市场，并决定适当的产品、劳务和计划（或方案），以便为目标市场服务。菲利普·科特勒在“4P”营销组合理论的基础上提出了著名的“6P”“10P”“11P”营销组合理论。

看动画1-2

你了解菲利普·科特勒及其营销理论吗？

知识拓展1-1　你了解菲利普·科特勒及其营销理论吗？

菲利普·科特勒生于1931年，被誉为“现代营销学之父”，美国西北大学凯洛格管理学院终身教授，拥有麻省理工学院博士学位及苏黎世大学等8所大学的荣誉博士学位。他多次获得美国国家级勋章和褒奖，包括“保尔·D.康弗斯奖”“斯图尔特·亨特森·布赖特奖”“杰出的营销学教育工作者奖”“营销卓越贡献奖”“查尔斯·库利奇奖”等，并撰有20多部著作，其代表作《营销管理》被奉为市场营销学的圣经。

（二）市场营销的基本活动

1.市场调研

市场调研（probing）是企业运用科学的方法和手段，有目的、有计划地收集、整理有关企业营销方面的信息，为市场预测和企业决策提供依据的一系列营销活动。市场调研是一切工作的基础，“凡事预则立，不预则废”，做任何决策、任何工作都应进行市场调研，这样才能提高企业决策的科学性、正确性和有效性。

2.市场细分

市场细分（partitioning）就是在对顾客的市场需求进行分析的基础上，根据市场需求的异质性和同质性，把整体市场划分成不同的子市场，从而有利于企业发现市场机会，选择目标市场和制定营销策略。

3.目标市场选择

目标市场选择（prioritizing）是企业在市场细分的基础上，通过对细分市场的分析和评估，选择和确定一个或几个最有利于企业经营、最能发挥企业资源优势的细分市场，作为企业市场开发重点的过程。这一个或几个被选定的细分市场就称为企业的目标市场。目标市场选择是在充分分析市场机会的基础上，根据市场的效益、自身的资源、可能形成的优势，综合分析并最终确定企业究竟做什么、选什么样的项目、为什么样的顾客需求服务。

4.市场定位

市场定位（positioning）就是勾画企业及其产品在目标市场及目标顾客心目中的形象，使企业所提供的产品有一定的特色，适应特定顾客的需求和偏好，并与竞争者的产品有所区别。选择好目标市场并不代表就能成功，企业要想在目标市场上取得竞争优势和更大的效益，就必须在了解购买者和竞争者两方面情况的基础上，确定本企业的市场位置，进一步明确企业的服务对象，并使本企业产品（服务）的特色更明确，企业形象更鲜明，从而对目标顾客产生吸引力。

5.产品策略

产品（product）策略是根据产品（服务）的市场定位，组织生产或采购相应的产品（服务）。产品（服务）是企业与顾客进行交换的物质载体，通过产品（服务）满足顾客的需求、获得利益。

6.价格策略

价格（price）是影响消费者购买行为最敏感的因素，也直接影响企业盈利的实现，同时还是企业市场竞争的重要手段。价格如果定高了，消费者不接受，会影响销售；价格如果定低了，会影响企业利益，损失利润。因此，定价要综合考虑消费者、企业、竞争者等多方面的情况，寻找一个各方都能接受的均衡点，实现企业利益的最大化。

7.渠道策略

渠道（place）是指产品（服务）从生产者手中到消费者手中所经过的、由各中间环节连接而成的路径或通道。处于分销渠道两端的生产者和消费者及拥有各种职能的中介组织被总称为渠道成员，渠道成员既可以是企业，也可以是个人。没有中间环节的分销渠道称为直接渠道，反之称为间接渠道。

8.促销策略

促销（promotion）就是企业通过一定的方式和手段，向消费者传递商品（服务）与企业信息，实现双向促销，使消费者对企业及其商品（服务）产生兴趣、好感与信任，进而做出购买决策的活动。现代市场竞争要求企业既要有好的产品，也要有好的促销策略。

（三）市场营销管理

1.市场营销管理的过程

企业的市场营销活动是一项系统的活动，其管理过程是用系统的方法发现、分析、选择市场机会，进而把市场机会变为有利可图的企业机会。其包括三个阶段，具体步骤如图1-1所示。

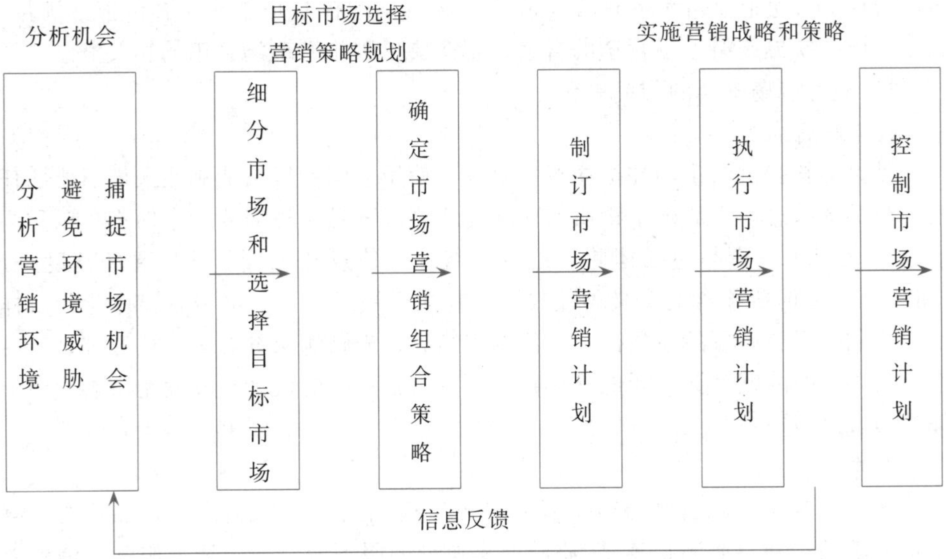

图1-1　市场营销管理过程

从图1-1可以看出，市场营销的管理过程包括如下步骤：分析营销环境，避免环境威胁，捕捉市场机会，细分市场和选择目标市场，确定市场营销组合策略，制订市场营销计划并组织执行和控制。

2.市场营销管理的实质与任务

1985年，美国市场营销协会对市场营销管理作了如下界定：市场营销管理是规划和实施理念、商品和劳务的设计、定价、促销、分销，为满足顾客需要和组织目标而创造交换机会的过程。可见，企业要想全方位地满足顾客的需要，并通过满足需要达到企业的目标，就需要不断地调节需求水平、时机和性质，并根据市场环境的变化，制定和调整营销任务及策略。因此，市场营销管理的实质就是需求管理。

今天的市场营销管理已经不仅仅是企业的职能，它还是一种哲学、一种思想方式、一种对企业资源进行整合的方式。营销活动不再仅仅是一场新的广告运动或本月的促销活动，而是企业系统化的工作，营销也成为每个人工作的一部分。

营销管理的任务就是杜绝欺骗顾客或毁损公司形象的事情发生；要设计一种产品（服务）组合，使它能够为目标顾客提供实实在在的价值，能够刺激顾客购买，能够满足消费者真正的需要。要想完成营销管理任务，企业需要有很强的顾客导向意识，并极其重视营销工作。

二、旅游市场营销的内涵与相关概念

（一）旅游市场营销的内涵

旅游市场营销学是在市场营销学的基础上发展而来的一门独立的学科，是市场营销学的一个分支。旅游市场营销学是市场营销学在旅游业中的具体运用，是将市场营销学的研究成果与旅游企业的经营特点相结合，指导和推动旅游业的发展。旅游市场营销是指旅游企业或组织在识别旅游者需求的基础上，选择市场机会，利用企业的优势资源和条件，通过确定其服务的目标市场并设计适当的旅游产品、服务和项目，以满足旅游市场需求、实现企业目标的过程。旅游市场营销的核心是创造顾客价值并满足它。要真正理解并掌握旅游市场营销的含义，就需要了解旅游市场营销的相关概念。

（二）旅游市场营销的相关概念

1.旅游产品

产品是能够提供给市场并被注意、获得、使用或消费以及能满足人们需要的任何东西。产品的概念并不局限于物质实体。任何可以满足某种需要的东西都可以称为产品。从广义上讲，产品包括体验、地点、组织、信息和想法。从广义的角度来说，“旅游产品”一词所包含的意义不仅仅限于物质产品或服务。消费者要体验什么样的项目，要到哪个旅游目的地旅行，入住哪家酒店，光顾哪家餐馆等，这些都是产品的内容。旅游业中的顾客会不断地寻求新产品，旅游产品的设计和开发是旅游营销中最有趣的领域之一。

2.旅游服务

1960年，美国市场营销协会将服务定义为：“用于出售或者是同产品连在一起进行出售的活动、利益或满足感。”旅游业是典型的服务业，通过增值服务给消费者带来享受和愉悦。旅游服务可以分别从需求者和供给者的视角进行界定：

（1）从需求者的视角来看，旅游服务是指旅游者（个人或团体）在旅游准备阶段、旅游过程中、旅游结束延续过程中与相关旅游企业或非旅游企业发生的互动关系，这种互动关系使旅游者获得了良好的感受。

（2）从供给者的视角来看，旅游服务是指旅游企业或非旅游企业向旅游者提供具有一定品质的无形产品。双方的互动过程需要一定的设施来支持，服务有可能与物质产品相关联，也有可能不与物质产品相关联，服务的结果不能够储存。

旅游服务有别于有形商品，具有无形性、差异性、即时性（不可储存性）、消费与生产同时性等特点。

3.服务质量

美国质量管理协会（ASQC）把质量定义为：产品和服务所具有的能够满足顾客需要的特征和特性的总和。服务质量是指服务能够满足现实和潜在顾客需要的特征和特性的总和，即服务工作能够满足被服务者需求的程度。服务质量是顾客的预期服务质量同其感知服务质量的比较，即：

服务质量（差距）=预期服务质量-感知服务质量

其中，预期服务质量是顾客对服务企业所提供服务预期的满意度，感知服务质量则是顾客对服务企业提供的服务实际感知的水平。如果顾客对服务的感知水平符合或高于其预期水平，则说明顾客获得了较高的满意度，从而认为企业具有较高的服务质量；反之，则说明企业的服务质量较低。对大多数优秀的公司而言，顾客导向的服务质量已经成为经营的必经之路。

4.顾客价值

顾客价值是顾客购买某个产品（服务）所获得的利益与取得该产品（服务）而支付的费用之间的差额。顾客支付的费用既可以是金钱方面的，也可以是其他付出。对旅游业而言，顾客需要支付的最大一笔非金钱的成本是时间。顾客价值来源于顾客通过学习而获得的感知、偏好和评价，并将产品（服务）、使用情景和目标导向的顾客所经历的相关结果相联系。顾客价值主要是企业通过产品（服务）价值转移，使顾客感受到的产品（服务）的实际价值，因此又称为顾客让渡价值。菲利普·科特勒认为“顾客让渡价值”是指顾客总价值（total customer value）与顾客总成本（total customer cost）之间的差额，即：

顾客让渡价值=顾客总价值-顾客总成本

顾客总价值是指顾客购买某一产品与服务所期望获得的一组利益，包括产品价值、服务价值、人员价值和形象价值等。顾客总成本是指顾客为购买某一产品所耗费的时间、精力、体力以及所支付的货币资金等，主要包括货币成本、时间成本、精神成本和体力成本等。

5.顾客满意

满意是一种心理状态，是顾客需求被满足后的愉悦感。顾客满意是指顾客通过将产品（服务）的可感知效果与他的期望值相比较后所形成的愉悦或失望的感觉状态。顾客是否满意取决于顾客实际感受到的价值与顾客期望值之间的关系，即：

顾客满意度=顾客感受到的价值-顾客期望值

如果产品（服务）的价值低于顾客的期望值，顾客就不会满意；如果产品（服务）的价值符合顾客的期望，顾客就会满意。而顾客期望建立在过去的购买经验、朋友的意见以及营销人员和竞争者所提供的信息及所做出的承诺的基础上。聪明的企业只向顾客承诺他所能提供的，然后设法提供比承诺更多的价值，以此使消费者获得意外的惊喜。

文旅相彰1-3 **“质价不符”严重影响旅游企业信誉**

张家界某旅行社负责接待福建霞浦县岳某等28位游客5天4晚的行程。在接待过程中，因组团社使用准四星级模糊语言，导致住宿条件与客人的要求相差较大，安排的团队餐、车辆保障服务差，后又因团款纠纷，导致客人被滞留1个多小时。客人返程后，遂向旅游行政管理部门投诉。经调查，情况基本属实。旅游行政管理部门责令旅行社负责人赔礼道歉，经友好协商，该旅行社最终与客人达成一致意见。

资料来源　卓淑军.基于旅游投诉的旅游服务质量监管问题研究——以张家界市为例［D］.长沙：湖南师范大学，2015.

思政元素：诚实守信

头脑风暴：如何做到旅游诚信服务？

三、市场营销组合与旅游服务营销组合

（一）市场营销组合

市场营销组合（marketing mix）是由美国哈佛大学教授博登首先提出来的，是指企业针对目标市场的需求，综合考虑内外部环境的变化，对企业可控的各种营销因素进行优化组合和综合利用，以实现企业经营目标的整体营销活动，是企业市场营销战略的一个重要组成部分。一般来说，市场营销组合（策略）具有以下几个特点：

1.可控性

企业的经营管理活动会受到外部环境因素和内部因素的影响。外部环境因素诸如政治、经济、社会文化、科技、市场竞争等，内部因素诸如企业的人、财、物、技术、产品（服务）、定价、渠道、促销等。外部环境因素是企业无法控制的，企业只能通过分析、预测加以利用；内部因素是企业可以控制的，因此企业应将可控制的（营销）因素组合作为市场营销手段。例如，企业根据市场调研分析、目标顾客的需求和企业的资源状况，确定本企业的产品结构和服务方向；根据市场需求、竞争状况以及产品（服务）的运营成本等，确定产品（服务）的销售价格；根据自身条件和目标自行选择分销渠道和合作伙伴；根据产品（服务）的特点、企业目标、竞争等情况，选择促销方式和沟通策略等。

2.动态性

市场营销组合是一个动态组合。每一个组合因素都是不断变化的，同时又是相互影响的；组合中的每一个因素都是另一个因素的潜在替代者。构成营销组合的“4Ps”的各个自变量，又各自包含着若干小的变数，每一个变数的变动，都会引起营销组合的变化，形成一个新的组合。因此，企业在环境千变万化、需求瞬息万变的市场上，

为适应市场环境和消费需求的变化，必须及时调整营销组合的结构和策略，使营销组合与市场环境保持一种动态的适应关系。

3.复合性

市场营销组合由许多层次组成，就整体而言，“4Ps”是一个大组合，其中每一个P又包括若干层次的因素。为了便于分析运用，我们从每个P的众多变数中选择了四个变数，组成了各个“P”的次组合，如图1-2所示。

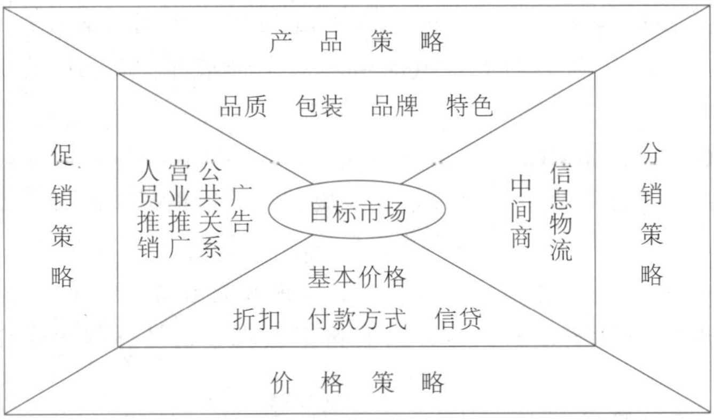

图1-2　市场营销组合因素层次图

4.整体协同性

企业必须在准确地分析、判断特定的市场营销环境、企业资源及目标市场需求特点的基础上，制定出最佳的营销组合。同时，随着内外部环境条件或企业目标的变化，市场营销组合也处在动态的变化中，并且各因素之间相互影响、相互依存，共同构成了企业市场营销组合的整体。因此，最佳的市场营销组合的作用，绝不是产品、价格、渠道、促销四个营销因素作用的简单相加，而是各个因素相互配合、协同作战，产生一种整体作用。

知识拓展1-2　　你了解营销组合的新理论吗？

（1）4C营销理论：与传统营销的4P理论相比，4C营销理论以消费者需求为导向，重新设定了市场营销组合的四个基本要素，即消费者（customer）、成本（cost）、便利（convenience）和沟通（communication）。该理论强调：首先，企业应该把追求顾客满意放在第一位；其次，企业应该努力降低顾客的购买成本；再次，企业应充分注意到顾客购买过程中的便利性，而不是从企业的角度来决定销售渠道策略；最后，企业应以消费者为中心实施有效的营销沟通。

（2）4R营销理论：4R理论以关系营销为核心，重在建立顾客忠诚。它阐述了四个全新的营销组合要素，即关联（relativity）、反应（reaction）、关系（relation）和回报（retribution）。该理论强调：首先，企业与顾客是一个命运共同体；其次，面对迅速变化的顾客需求，企业应建立快速反应机制以应对市场变化；再次，企业应与顾客在市场变化的动态中建立起长久互动的关系，以确保顾客再次购买和维持顾客的忠诚；最后，企业应追求市场回报，并将市场回报当作企业进一步发展、与市场建立关系的动力与源泉。

听一听1-2

旅游整合营销

（二）旅游服务营销组合

旅游服务营销组合是指旅游企业针对目标市场的需求，对自己可控制的各种营销因素实行优化组合和综合运用，使之协调配合、扬长避短、发挥优势，以便满足目标市场的需要，更好地实现营销目标。

20世纪80年代初，市场营销学家布姆斯和毕纳提出的传统“4Ps”营销组合已不能满足包括旅游业在内的各服务行业营销的要求，急需将服务行业的营销组合扩充为“7Ps”，即在传统的“4Ps”组合——产品（product）、价格（price）、渠道（place）、促销（promotion）的基础上加上人（people）、有形展示（physical evidence）、过程（process）3个“P”。

1.旅游产品开发设计策略

旅游产品开发设计策略是指旅游企业或旅游目的地根据旅游者的需求，开发设计旅游产品（服务）项目（特别是要注重开发设计个性化、参与性强的旅游产品项目），为旅游者营造独特的体验环境和氛围，不断增加旅游产品的体验价值，使游客在整个旅游过程中通过体力和脑力劳动的付出发现、设计、制造等自我实现需要的满足。

2.旅游产品定价策略

由于服务的无形性，游客购买旅游服务时不能客观、准确地检查服务质量，更多的是受服务实体要素的影响，从而在心目中形成一个“价值”的概念，并将这个价值同价格进行比较，判断其是否物有所值。因此，旅游企业应根据成本、竞争、需求等因素制定出产品的基本价格（指产品系列中单项产品的价格），同时可以根据游客的“体验清单”（即游客想体验的具体项目）确定最终价格。

3.旅游营销渠道策略

由于服务不发生所有权转移，旅游企业首先应选择直销渠道，其次选择特许、代理、租赁、服务管理外包等渠道。在互联网经济时代，旅游企业除了应选择适当的中间商、不断调整渠道、加强对中间商的管理外，还应运用网络销售渠道。

4.旅游促销策略

旅游企业在传统的促销组合，即广告、人员推销、营业推广、公共关系促销方式外，应更加注重对旅游消费者体验性需求的满足，多开展一些体验式促销活动，如情景促销、氛围促销、感情促销、网络促销、特色促销等，同时要注意应用新媒体开展促销活动。

5.旅游人员管理策略

旅游服务是人与人高度接触的活动。由于旅游服务的不可分离性，服务的生产与消费过程往往是紧密联系在一起的，旅游从业人员与游客在服务和接受服务的过程中存在着互动关系，并且直接影响着游客对服务的质量感知。因此，旅游服务人员的素质、行为，接受服务的游客的素质和行为，以及两者之间的协调、配合程度，会直接影响旅游服务营销的效果。旅游企业应高度重视旅游从业人员的培养和管理，不断提高旅游从业人员的综合素质和服务水平。

6.旅游营销有形展示策略

无形服务需要通过有形展示来增强说服力。有形展示是影响游客旅游体验的重要因素。旅游企业可以利用的有形展示主要有三种：①环境要素。空气质量、温度、气氛、整洁度等都属于环境要素。这类要素主要用于增强游客的舒适度，赢得游客的好感。②形象设计要素。这类要素是游客最易察觉的刺激要素，包括美学和功能等。旅游目的地及旅游企业可通过包括形象定位、实施方案在内的系统形象设计来凸显其个性特色。③社交要素。这类要素是指通过旅游从业人员良好的服务形象展示，满足游客对旅游服务质量的期望，赢得游客对旅游体验的良好评价。

7.旅游营销服务过程策略

旅游营销服务过程是指旅游产品或服务交付给顾客的程序、任务、日程、活动等。服务是“真实的瞬间”，它不可预知、不可储存，只有对“过程”精心策划，才能有效地利用服务时间调节服务供求；只有把握好服务的易变性和不可储存性，才能使游客更好地参与服务的全过程。

学以致用1-2　　互联网经济下旅游营销有何变化？

（1）通过文献查询，了解互联网经济下旅游营销手段和活动有哪些变化。

（2）根据自己的旅游经历撰写一篇旅游日记，谈谈旅游企业应如何开展营销活动。

技能训练

一、场景设计

王伟在与组员充分讨论后，决定利用双休日对上次参观的旅游企业进行二次考察。本次考察的主要目的是了解该企业近期开展了哪些市场营销活动，其旅游服务营销组合策略有哪些，以及游客对这些营销活动的反应如何。为此，王伟小组提前一周做好了现场考察的准备工作。

二、实训目的

本实训应使学生了解并掌握旅游营销的内涵和本质，了解旅游服务营销组合的内容，建立对旅游企业市场营销、旅游服务营销组合的直观认知。

三、实训步骤

1.联系被调研的旅游企业

指导教师事前联系相关企业，并协商好参观时间、路线，安排好交通工具及互动交流等相关事项。

2.考察前的准备

（1）文献准备：在考察前一周，小组成员分别通过网络、杂志等媒体对该企业近期开展的营销活动进行查询，并利用课余时间开展小组讨论，对收集到的资料进行汇总、整理分析，找出企业开展的主要营销活动。

（2）知识准备：考察前对相关基础理论知识进行回顾，熟悉旅游企业近期开展的营销活动。

（3）材料准备：考察前，列出本次考察的主要目标和游客访谈提纲，组员必须带好笔、笔记本、手机或照相机等，做好考察记录工作。

（4）计划准备：考察前应制订出考察计划，明确考察目的、考察时间、交通工具、任务分工、联络方式、考察费用等事项。

（5）纪律要求：外出调研时，组员必须听从指挥、遵守纪律、注意交通安全，并表现出良好的礼貌，维护学校形象。

3. 实地考察

（1）小组成员一同前往旅游企业，由王伟统一购买旅游景区的门票，并明确小组集合的时间和地点。

（2）进入景区后，两人一组开展考察活动。在考察过程中，一方面体验旅游营销项目，另一方面调查游客对这些旅游项目的体验和感受。

（3）考察结束后，王伟召集小组成员，一起安全返校。

4. 校内讨论及报告撰写

回校之后，由王伟主持召开小组会议，请小组同学根据考察目的发表考察观点和心得；讨论结束之后，请每位同学就考察情况写出×××企业旅游营销认知实训报告（见表1-3）。

表1-3　×××企业旅游营销认知实训报告

<table>
<tr><td>班级</td><td></td><td>姓名</td><td></td><td>调研时间</td><td></td></tr>
<tr><td>学号</td><td></td><td>组号</td><td></td><td>主要任务</td><td></td></tr>
<tr><td colspan="6">标题

目录

正文
1. 引言
2. 考察目的
3. 考察内容
4. 考察结论

结语

附录（资料、照片等）</td></tr>
<tr><td>备注</td><td colspan="5"></td></tr>
</table>

四、技能评价

根据考察情况填写×××企业旅游营销认知考察评价表（见表1-4）。

表 1-4　×××企业旅游营销认知考察评价表

考评教师			被考评学生	
被考评小组				
考评内容	对旅游营销、旅游服务营销组合的认知能力			
考评标准	内容		分值	得分
	能够明确此次考察的主要目的		10	
	能够做好本次考察的前期准备工作		15	
	能够掌握旅游营销和旅游服务营销组合的内容		25	
	考察报告撰写规范、层次清楚、语句通顺		20	
	外出考察纪律良好（小组互评）		15	
	团队协作意识良好、职业素养有提升（小组互评）		15	
合计			100	

注：考评满分为100分，90分及以上为优秀，80～89分为良好，70～79分为中等，60～69分为及格。

项目综合训练

一、项目背景

在近几年踏青赏花游的热潮不断攀升的背景下，以“武大樱花”而出名的武汉市借“花”营销，造就了武汉赏花IP的深入人心。2019年春季，武汉市组织开展了“花点时间游武汉”主题宣传系列活动，策划举办了“花点时间游武汉”2019抖音挑战赛、2019武汉旅游达人评选、“花Young武汉48小时”斗鱼直播接力等系列活动，以定向游览、汉服巡演等特色活动，提升参与趣味性，丰富游客体验。同时，以同一话题布局多种线上渠道，除抖音外，百度、新浪、微信、微博等均有相关活动上线，结合武汉官微的花讯，被重点推广的广东、河南、湖南、湖北、北上广等地均引发强烈关注。国际摄影师、KOL及专业媒体记者也被组织起来，成为“花Young武汉48小时”的代言人，通过赏花逛景，向中国及全球传播武汉深厚的文化与美好的景色。产出内容包括图文、视频、H5等多种形式，更进一步加深了花与武汉的文化联结。为进一步沉淀武汉的赏花IP，还设计并制作出《赏花游手册》《赏花游指南》，拍摄《花young武汉》《花点时间游武汉——盛世花开》等专题产品，发布赏花线路，在目标客源地采取定向推广方式进行投放。配合国内外旅行社来汉踩线、赴广州、西安等地频频推介，彻底掀起武汉赏花游的热潮。宣传活动启动后第一个周末，超30万人来汉赏樱，黄鹤楼公园共接待游客5.4万人次，东湖樱花园一天半时间内迎来12万人入园，同比增长30%以上，外地旅游团数量达220余个。赢得抖音平台上1.7亿次视频播放量，47万次互动；百度城市名片“花点时间游武汉”搜索点击量达25万人次，辐射人群412.37万人次，新闻阅读量753.7万；新浪微博平台，“#花点时间游武汉#话题”登上微博热搜榜，相关博文阅读量超3 100万人次。

资料来源　旅业链接.实战案例：国内旅游营销经典荟萃［EB/OL］.［2021-01-30］. https://new.qq.com/omn/20210130/20210130A03MX100.html.

二、实训任务

分小组研讨以下问题：

(1)“花点时间游武汉”为什么获得成功？武汉都做了哪些营销工作？

(2) 针对这次主题宣传活动，你有哪些营销创意？

(3) 从守正创新的角度对“花点时间游武汉”进行评价。

三、实训目的

了解并掌握市场营销、旅游市场营销的核心概念、本质，理解并掌握市场营销组合、旅游服务营销组合的主要内容，能够根据项目资料进行旅游服务营销创意的策划。

四、实训步骤

(1) 自由组合成小组，每组3～4人。

(2) 小组开展自由讨论，撰写分析报告，并制作PPT。

(3) 各小组选派一名代表进行汇报。

五、实训评价

本综合训练项目的评分见表1-5。

表1-5 **综合训练项目评分表**

考评教师		被考评小组	
被考评小组成员			
考评标准	内容	分值	得分
	主题鲜明、条理清楚、逻辑性强	20	
	运用所学知识分析问题的能力强	25	
	创新思维强，营销知识运用熟练	25	
	表述清晰、语速适中、仪表大方	10	
	计算机操作技能熟练，PPT制作精美	10	
	遵守旅游行业从业人员职业道德规范	10	
合计		100	

注：考评满分为100分，90分及以上为优秀，80～89分为良好，70～79分为中等，60～69分为及格。

项目同步测试

一、选择题（请选出适合的答案）

1.市场营销的核心是（ ）。

A.生产　　B.分配　　C.交换　　D.促销

2.从营销理论的角度看，企业市场营销的最终目标是（ ）。

A.满足消费者的需求　　B.获取利润

C.生存和发展　　D.把商品推销给消费者

3.市场可以表述为（ ）。

A.商品交换的场所　　B.商品交换关系

C.商品交易过程　　D.具有购买力的顾客群

4.旅游的特征包括（　　）。

A.异地性　　B.消遣性

C.暂时性　　D.多样性

5.在旅游市场营销学中，组成市场的最基本要素有（　　）。

A.旅游者　　B.旅游权利　　C.人口

D.购买力　　E.购买意愿

6.4P营销组合是指（　　）。

A.产品策略　　B.市场细分　　C.有形展示策略

D.定价策略　　E.分销渠道　　F.市场调查

G.促销策略

测一测 1-1

选择题

二、判断题（判断下列各题是否正确。正确的在括号内打“√”，错误的打“×”）

1.市场营销就是推销和广告。（　　）

2.游客之所以购买旅游产品，根本目的就在于获得并拥有产品本身。（　　）

3.市场调研是一切营销工作的基础。（　　）

4.营销管理的实质是需求管理。（　　）

5.旅游市场具有全球性、波动性、季节性、多样性等特点。（　　）

6.旅游服务营销组合是对企业可控因素和不可控因素的有机整合。（　　）

测一测 1-2

判断题

三、简答题

1.旅游市场的内涵与特征是什么？

2.旅游市场营销的内涵以及相关核心概念有哪些？

3.旅游市场营销的基本活动有哪些？

4.营销组合有哪些？旅游服务营销组合有哪些？

项目学习评价

旅游市场营销认知能力与素养测评表见表1-6。（在□中打“√”，A掌握，B基本掌握，C未掌握）

表1-6　旅游市场营销认知能力与素养测评表

专业知识能力	评价指标	自测结果
旅游市场认知	1.旅游的内涵与特征 2.市场的内涵与类型 3.旅游市场的内涵与特征	□A □B □C □A □B □C □A □B □C
旅游市场营销认知	1.市场营销的内涵和基本活动 2.旅游市场营销的核心概念 3.市场营销组合理论 4.旅游服务营销组合	□A □B □C □A □B □C □A □B □C □A □B □C

续表

职业能力与素养	评估标准		自测结果
自我学习	1. 能进行时间管理，并阅读相关的专业书籍 2. 能选择适合自己的学习和工作方式 3. 能将已经学到的知识在现实中加以运用		□A □B □C □A □B □C □A □B □C
文献搜索	1. 能根据不同的需要去搜寻、获取并选择信息 2. 能筛选信息，并进行信息分类 3. 能使用多媒体等手段来展示信息		□A □B □C □A □B □C □A □B □C
与人交流	1. 能把握交流的主题、时机和方式 2. 能理解对方谈话的内容、准确表达自己的观点 3. 能获取并反馈信息		□A □B □C □A □B □C □A □B □C
团队协作	1. 能明确自己在团队中的地位和作用 2. 能同合作者进行有效沟通，学会换位思考		□A □B □C □A □B □C
解决问题	1. 能说明学习中出现的问题并指出其主要特征 2. 能制订出解决问题的计划并组织实施 3. 能对解决问题的方法适时做出总结和修改		□A □B □C □A □B □C □A □B □C
职业素养	1. 能诚实守信，遵守旅游行业从业人员职业道德规范 2. 能够守正创新，有增值性成长		□A □B □C □A □B □C
学生自评		学生签字	
教师评语			
成绩		教师签字	

2 项目二　旅游营销环境分析

项目目标

通过本项目的学习，学生应掌握旅游营销环境的分类；能够理解并掌握旅游营销宏观环境、微观环境的内涵和基本构成要素；深刻理解旅游营销环境的分析方法，培养学生分析旅游营销环境的基本能力、国际化的战略视野和创造伟大的精神。

项目导入

看动画2-1

旅游营销环境的分析

随着旅游业的快速发展，有些旅游景区面临着新的发展问题，如旅游环境变得日益复杂、旅游项目与产品陈旧、旅游中高端管理人才缺乏、景区管理混乱等，都影响着旅游景区的长足发展。现拟安排学生在指导教师的带领下，对南京夫子庙景区（其他地区可选择本地的景区景点）的环境开展调研，以提升景区品质，促进景区的可持续发展。为此，他们应准备哪些基本知识和技能呢？

项目分析

思维导图2-1

项目二

为更好地完成专业认知实习任务，同学们应充分准备如下知识与技能：

1. 理解并掌握旅游营销环境的分类。
2. 理解旅游营销宏观、微观环境的内涵与本质。
3. 掌握旅游营销宏观、微观环境的基本构成要素。
4. 掌握旅游营销宏观、微观环境的分析方法，并能够加以应用。

任务一　旅游营销宏观环境分析

任务目标

1. 知识目标

- 理解并掌握旅游营销宏观环境的内涵。
- 理解并掌握旅游营销宏观环境的基本构成要素。
- 理解并掌握旅游营销宏观环境的分析方法。

2. 能力目标

- 能够描述旅游营销宏观环境的本质。
- 能够科学区分旅游营销宏观环境的不同类型。
- 能够运用有效的方法分析旅游营销宏观环境。

3. 素养目标

- 提升对本专业的认知度、理解度和职业热爱。
- 提高学生对宏观环境的敏感度。
- 培养学生对环境资料进行收集和分析的意识、能力。
- 培养学生诚实守信和守正创新的职业素养。
- 培养学生国际化的战略视野和创造伟大的精神。

任务导入

夫子庙秦淮风光带位于南京市秦淮区，以夫子庙古建筑群为中心、以十里秦淮为轴线、以明城墙为纽带，串联起众多全国重点文物保护单位、省级和市级文物保护单位，以儒家思想与科举文化、民俗文化等为内涵，集自然风光、山水园林、庙宇学堂、街市民居、乡土人情、美食购物、科普教育、节庆文化于一体，是南京历史文化荟萃之地，也是中国著名的开放式国家5A级旅游景区和中国旅游胜地。在指导教师的安排下，张文拟带领小组成员考察、分析夫子庙景区的宏观环境，以归纳出景区旅游业的发展特征，并对夫子庙景区的发展环境开展科学评价。为此，他们需要学习并掌握哪些旅游营销宏观环境分析的基本理论知识呢？

知识积累

一、旅游营销宏观环境的内涵

微课堂2-1

旅游营销宏观环境分析1（双语）

营销环境是指对企业营销活动有着直接或间接影响的各种外部力量和相关因素的集合。市场营销环境的内容既广泛又复杂，一般来说主要包括宏观营销环境和微观营销环境。宏观营销环境又称为间接环境，是指能对企业营销活动产生间接影响的各种社会力量和因素；微观营销环境又称为作业环境，是指能对企业营销活动产生直接影响的社会力量和因素。

旅游营销宏观环境是指对旅游企业的运行产生间接影响的外部社会力量和因素，主要包括人口环境、经济环境、政治法律环境、社会文化环境、自然环境、科技环境等因素。

宏观环境对旅游企业的营销活动有着重要影响，但是旅游企业对宏观环境却无法控制。因此，旅游企业为谋求生存和发展，必须时刻观察这些社会力量的变化，并据此制定和调整企业的营销策略。

学以致用2-1 **旅游环境分析对旅游营销活动有哪些帮助？**

首先查询资料，然后开展头脑风暴：

帮助1：挖掘旅游企业所具有的内部优势；

帮助2：明确面临的潜在的外部市场威胁；

帮助3：发现和利用现有的市场机会；

帮助4：制定市场营销战略和策略；

……

二、旅游营销宏观环境的要素分析

（一）政治、法律环境

旅游企业的营销活动总要受到政治与法律环境的规范、强制和约束，在跨国营销中更是如此。

政治和法律环境是指那些影响社会上的各种组织和个人行为的法律、政策、政府机构以及其他一些压力集团。

政治环境是指对旅游企业的营销活动有一定影响的各种政治因素的综合，包括一个国家（或地区）的政治制度、政治体制、政治局势、政府在旅游企业营销方面的方针政策等因素。政局不稳或政治观念冲突等都有可能引起社会动乱，阻碍旅游业务活动的顺利开展。

法律环境是指国家或地方政府颁布的各项法规、法令和条例等。它对市场消费需求的形成和实现具有一定的调节作用。旅游企业研究并熟悉法律环境，既能保证自身严格依法管理和经营，也可运用法律手段保障自身的权益。

政治、法律环境对旅游企业市场营销活动的影响主要体现在两个方面：一是保障作用；二是规范作用。由此可以归纳出市场营销活动中旅游企业相应的策略，主要包括以下几个方面：

（1）旅游企业的市场营销活动要遵守目标市场即目标客源国的相关法律、法规。

（2）旅游企业的市场营销活动要服从国家有关发展策略的要求。

（3）旅游企业要积极利用国家政策给市场营销带来的机会，尽量争取对旅游企业、旅游产品以及旅游者皆有利的法律、法规和政策的出台。

（4）旅游企业要积极运用法律、法规武器，维护自身在营销活动中的合法权益。

（二）经济环境

经济环境主要是指旅游企业的市场营销活动所面临的外部经济条件，包括经济发展阶段、国民经济运行状况、地区与行业发展状况、社会购买力水平四个方面。

1.经济发展阶段

美国经济学家罗斯托认为，一国经济的发展可以划分为六个阶段，即传统社会阶段、经济起飞前阶段、经济起飞阶段、经济成熟阶段、生活高消费阶段以及追求高质量生活阶段。每个阶段的经济发展状况都会对社会的旅游需求起到直接或间接的制约作用，进而对旅游企业的营销活动产生很大影响。

2.国民经济运行状况

客源国国民经济运行状况既可以直接影响该国国民收入的高低，还可以影响客源国的经济政策。当经济过热时，国家就会采取紧缩的财政货币政策；当经济衰退时，国家就会采取扩张或积极的财政货币政策，增加社会需求。而任何经济政策的变动，客观上都会影响到旅游企业的营销活动。

3.地区与行业发展状况

在当今市场经济条件下，各地区、各部门的经济发展水平并不平衡，这种状况势必要进行调整。正是调整行为的产生，给旅游企业带来了难得的机会。旅游企业要根据与其联系紧密的行业或部门的发展状况，制定合适的营销措施，以适应各行业协调发展的需要。

4.社会购买力水平

社会购买力是构成市场需求和影响市场规模的重要因素，是一系列经济因素的函数。社会购买力水平取决于国民经济的发展水平以及由此决定的国民平均收入的水平，并直接或间接地受旅游者收入、旅游产品价格水平、旅游者支出状况、储蓄和旅游者信贷等经济因素的影响。

按范围的不同，居民收入可分为名义收入、实际收入、可支配收入和可任意支配收入等。

名义收入是指居民各种货币收入的总和。实际收入是指在名义收入以内能够形成购买力的那一部分货币收入。在一定的社会形态下，名义收入往往呈现出稳定或增长的态势；而实际收入可能会随着国家经济发展状况、政治因素等的变化呈现出减少的趋势。在通常情况下，物价指数的变化可以直接影响到居民实际收入的变化。名义收入的增长如果快于物价上涨的速度，则实际收入将会上升；反之，实际收入将会下降。

可支配收入是指旅游者及其家庭的全部收入扣除税收和其他强制征收的费用后剩余的收入部分。可任意支配收入是指旅游者及其家庭的可支配收入扣除用于生活必需品开支后的收入部分。

居民个人或家庭所获取的实际收入，并不能全部用于消费，其中一部分要用于支付税费和其他必要的费用，剩余部分才可以用于安排个人或家庭的生活必需开支。如果除掉以上两部分的开支后还有剩余，就形成了可任意支配收入，可任意支配收入方可用于其他产品（包括旅游产品在内）的消费支出。

看动画2-2

你知道什么是恩格尔定律吗?

知识拓展2-1　　你知道什么是恩格尔定律吗?

德国统计学家恩斯特·恩格尔（Ernst Engel）1857年在研究家庭开支变化时发现了一个规律，即随着居民及其家庭收入的增加，用于食品方面的开支占其总收入的比重越来越低，人们把这一定律称为恩格尔定律，把反映这一定律的系数称为恩格尔系数。国际上通常使用一国的恩格尔系数来确定该国居民的富裕程度。一般认为，恩格尔系数大于50%的国家，其居民较为贫穷；恩格尔系数介于30%～50%的国家，其居民较为富裕；恩格尔系数小于30%的国家，其居民最为富裕。旅游客源地客源丰富的国家或地区，其恩格尔系数一般在30%以下。

购买力的强弱不仅取决于收入的多少，还取决于居民当期储蓄和信贷的水平。用公式表示如下：

购买力=收入-储蓄+信贷

居民的储蓄习惯和储蓄计划往往会影响到他们的当期购买力水平。在居民收入一定的情况下，储蓄数额越大，当期购买力越弱；反之，储蓄数额越小，当期购买力越强。居民的信贷计划同样会影响其购买力水平，信贷的高低与购买力水平正相关，任何消费信贷都会提高居民的当期购买力水平。

此外，货币汇率对出境游或入境游的游客影响较大。货币汇率是指一个国家的货币与他国货币兑换的比例。货币汇率越高，表明用本国货币购买他国产品的能力越强；反之，就越弱。旅游客源国货币汇率的高低反映了该国居民对旅游目的地国家或地区的旅游产品购买力水平的高低。

影响购买力的因素还包括生活观念和消费观念的变化、社会文化和社会风气的变化等。旅游企业营销人员要经常观察经济环境的变化，并对不断变化的环境做出正确的分析和判断，这样才能制定出行之有效的营销战略。

微课堂2-2

旅游营销宏观环境分析2（双语）

（三）社会文化环境

旅游企业所面对的社会文化环境一般是指在一种社会形态下已经形成的信息、价值观念、宗教信仰和道德规范以及世代相传的风俗习惯等被社会所公认的各种行为规范，其影响和支配着人们的生活方式、消费结构和消费方式、主导需求等。人们在某种社会生活中，久而久之必然会形成某种特定的文化。这种文化对企业营销活动和居民消费的影响是多层次、全方位、渗透性的。社会文化环境的形成主要包括以下五个方面：

1.认识体系

认识体系由感知、思维方式、世界观、价值观、信仰、艺术、伦理道德、审美观、语言文字等构成。其中，世界观和价值观最为重要，是这个体系的核心。价值观是人们对社会生活中各种事物的态度、评价和看法。社会价值观所反映的思想观念、道德行为准则、社会习惯和风气，实际上代表了社会的意志（包括广大旅游者的意志），任何企业的营销活动都应当在符合社会价值观的条件下开展，如果企业在经营中违反社会价值观，最终将会失败。因此，旅游企业在开展市场营销活动时，应对各个国家、地区、种族、民族、人群等不同的价值观给予充分的关注和重视。

2.宗教信仰

宗教信仰往往影响着信教人群的旅游需求以及消费行为。对游客的宗教信仰自由要给予充分的尊重，因为这既是对客观存在的尊重，也是对游客基本权利的尊重，更是对社会发展的内在规律的尊重。旅游企业在生产或组织旅游产品时，要尊重游客的宗教习惯，该忌讳的要尽量回避。

3.风俗习惯

风俗习惯是指人们世世代代相传的民风和习惯。国家不同、地区不同、民族不同，往往风俗习惯也不同，进而人们在生活方式、购买偏好、饮食习惯以及服饰装扮方面也大相径庭。旅游企业开展营销活动时必须考虑并尊重人们的风俗习惯，有针对性地开展营销工作。

学以致用2-2　　饮食风俗习惯对旅游企业的营销工作有何影响?

俗话说“百里不同风，千里不同俗”，说起我国南北方的饮食差异，还真是十分有趣，因为地理环境、自然气候和历史文化等多重因素的影响，北方以小麦种植为主，南方则以水稻种植为主。所以北方美食大多为面食，南方则以米粉做的糕点为主，南北方的饮食文化也就十分不同。南方人爱吃米饭，而北方人爱吃面条。在吃食上，“北咸南甜”是总体的饮食差异。北方冬季漫长而严寒，很难吃到新鲜蔬菜，因此人们储存大白菜过冬，为延长保存期而将其做成腌菜，久而久之便养成了吃咸的习惯。而南方由于地理位置与气候条件的关系，甘蔗等糖类作物比较多见，再加上南方人在制作美食时习惯放糖，因此南方食糖这一特征是比较明显的。如今，交通便利、人口流动频繁，南北方不同地区的文化交流和融合也日益密切，饮食差异也在逐渐缩小。在南方水乡你也能吃到猪肉炖粉条，在北方小镇你也能吃到菠萝焗饭。人们在享受不同地区美食的同时，也结交着天南海北的朋友。四海一家亲，不管是南方人还是北方人，都是中华民族的儿女，博大精深的民族精神就像一根纽带，牵连着我们每个人的心。

资料来源　佚名.南北方的饮食差异居然这么大［EB/OL］.［2020-10-15］. https://baijiahao.baidu.com/s?id=1680607927938558240&wfr=spider&for=pc.

讨论：

（1）分析上述饮食风俗习惯对旅游企业的营销工作有何影响。

（2）通过文献查询，了解全国各民族的风俗习惯、文化差异。

4.文化禁忌

旅游企业开展营销活动时要尊重客源地人们的文化习惯，切忌违反目标顾客群的文化禁忌，要注意自身的语言和行为不能与客源地的人们或目标顾客的禁忌相冲突。

5.教育水平

教育水平是指旅游者受教育的程度。不同的文化修养表现出不同的审美观，商品的选购原则和方式也不同。教育水平的不同对旅游企业营销活动的影响主要体现在以下几个方面：

（1）对选择目标市场的影响。处于不同教育水平的国家或地区，对旅游产品的需求不同；处于不同教育水平的游客，对旅游产品的需求亦不同。

（2）对旅游商品营销的影响。文化不同的国家和地区的旅游者，对旅游商品的包装、装潢、附加功能和服务的要求有差异。通常，文化素质高的客源地或旅游者要求包装典雅华贵，对附加功能也有一定的要求。例如，包装不仅要好看，还要环保和实用。

（3）对营销调研的影响。在受教育程度高的国家或地区，旅游企业的营销调研活动可以雇用当地的调研人员或委托当地的调研公司或机构完成具体项目；而在受教育程度低的国家或地区，开展调研要有充分的人员准备和适当的方法。

（4）对经销方式的影响。旅游企业产品目录、服务项目说明书的设计要考虑目标市场的受教育状况。如果目标市场是文盲率很高的地区，就不仅要有文字说明，更重要的是应配以图形、图片，并要派人现场演示。

（四）人口环境

企业还要关注的一个重要因素是人口，因为市场是由人组成的，人口的数量直接决定着市场规模和潜在的市场容量。人口的年龄结构、地理分布、家庭状况以及人口密度、人口流动等因素会对市场格局产生深刻影响，并直接影响企业的市场营销活动和管理。

旅游市场是由有现实或潜在需求且有货币支付能力的消费群体构成的。市场的构成要素有三个，即人口、购买欲望和购买力。旅游企业必须注意人口环境的变化趋势。下面从人口规模、人口增长速度和人口结构三方面来进行分析。

1.人口规模

人口规模，即总人口的数量多少。从总体上来看，一个国家或地区的市场规模大小与人口规模成正比。统计一个国家或地区的人口总数及人均收入，就可以大致了解该国或该地区的市场容量。

2.人口增长速度

客源地国家或地区的人口增长速度对旅游企业营销活动的影响体现在两个方面：一是人口增长促使社会总需求增长，从而给旅游企业的营销活动带来新的市场机会；二是人口增长过快会限制经济发展，从而限制人均国民收入的提高，有可能导致旅游市场的需求下降。

3.人口结构

人口结构主要包括性别结构、年龄结构、家庭结构、民族结构、城乡结构和地区分布六个方面的内容。

（1）性别结构。性别不同，在购买习惯与购买行为上就会存在很大的差别。

（2）年龄结构。不同年龄的旅游者对旅游产品或服务的需求也不相同。随着人均寿命的延长和人们生育观念的转变，人口出生率逐年下降，老年人所占的比重逐年提高，逐渐形成了一个庞大的“银发市场”。

（3）家庭结构。随着家庭规模的减小，家庭数目增多，休闲观光旅游市场将会蓬勃发展。

（4）民族结构。不同民族的旅游者，其生活习惯、价值观念、消费模式、文化水平等方面都会有一定的差异。旅游企业的营销活动要注意开发适合的旅游产品来满足不同市场的需求。

（5）城乡结构。城镇居民和农村居民因生活环境、消费观念等不同，对旅游产品的需求在某种程度上也存在着差异。

（6）地区分布。居住在不同地区的人，由于地理位置、气候条件、自然资源、风俗习惯的不同，不仅存在着不同的旅游需求，而且在旅游产品的购买习惯和购买行为上也存在较大的差异。

（五）自然环境

自然环境是人类和一切生物赖以生存和发展的物质基础。旅游业与其他行业相比，与自然环境的关系更为密切，因为很多景区都以自然资源为其生存和发展的基础。自然资源的丰富与否、是否有特色等会直接影响一个国家或地区旅游业的发展。

现代大工业的发展，造成自然资源大量浪费，环境污染日益严重。旅游活动也是一个对自然资源进行开发、利用的过程。人们对自然环境的影响和干预越大，自然环境对人类的反作用也就越大。自然环境中很多吸引游客的因素，如茂密的森林、洁净的沙滩、清澈的河水、众多的野生动植物和清新的空气，可能会因为人类的破坏而逐渐消失。

学以致用2-3　　　你了解环境变化和人类活动对历史文化类景区的影响吗？

在千百年的风雨侵蚀和人为作用的影响下，许多历史文化类景区已出现衰败的迹象，如敦煌石窟的壁画和雕塑，频受威胁；北京故宫、天坛、颐和园的汉白玉浮雕、铜制品，正遭受酸雨的侵蚀；又如秦始皇陵，据说它高约120米，底边周长约2 167米，这座由人工用黄土堆砌的陵墓，经过2 000年的风化侵蚀，目前高度已降至64.97米。

资料来源　孙翠芳.旅游景区的环境保护与可持续发展［J］. 经济视角（下），2009（7）.

讨论：

（1）通过文献调研，了解我国历史文化类景区的旅游资源。

（2）通过文献调研，了解环境变化和人类活动对历史文化类景区旅游资源的影响。

因此，对自然资源依赖性强的旅游业更要注意避免给自然环境造成负面影响。近年来，越来越多的旅游企业在开发和建设中采取各种措施，保护环境，减少对生态的破坏。例如，中国香港迪士尼乐园通过举办论坛，获得社区对改善香港绿色空间的支持。

旅游企业在市场营销活动中不仅要注意与自然环境的融合，还要提高保护自然环境的意识，以及实施保护自然环境的行为，这些都有利于提升旅游市场营销的效能。

（六）科技环境

科技可能是影响人类社会最引人注目的因素。旅游营销人员应充分了解新技术的发展趋势，以使旅游企业能够抓住技术发展带来的机遇。

学一学2-1

科技赋能
旅游更美好

知识经济是工业文明以来技术发展积累的结果，也是人类社会达到的一个新的发展阶段。科技的进步创造出许多新的旅游市场营销方式、手段，也为旅游企业改善经营管理提供了技术保障。

1.科技对旅游企业的影响

科技的进步使得企业可以利用新的生产方法、新的工艺等生产出高质量的产品，同时，可以降低产品成本、提高生产效率。旅游设施设备、旅游服务等各个方面，无不深受现代科技的影响。

首先，科技的发展为旅游企业提高工作效率提供了物质条件，如交通运输技术的改进，信息、通信设备的改善。在现代商业中，自动售货、邮购、电话预订、网络预订方式的发展既方便了旅游者，又提高了旅游企业的效率；自动监控系统能保护旅游者的安全；饭店的中央预订系统、旅行社的业务信息管理系统、航空公司的电子售票技术等，都提高了旅游企业的综合效率和效益。

其次，科技的发展为旅游企业产品开发提供了技术手段。例如，深圳的世界之窗、桂林的《印象·刘三姐》、常州恐龙园等都巧妙地运用了声、光、电等高科技手段，开发出了美轮美奂的旅游产品。

最后，科技的发展使得促销的手段更加有效。例如，广播、电视、网络等现代信息传媒业的发展，使得企业的产品信息能够及时、准确地传递给旅游者，提高了旅游企业的营销人员市场调研的及时性和预测的准确性。

听一听2-1

OTA在线旅游

2.科技对旅游者的影响

科技让游客出行更便捷。随着互联网技术的发展以及旅游用户预订习惯的转变，游客从PC端向移动端转移，移动互联下的OTA模式逐步凸显。如越来越多的旅游者在网上挑选旅游线路、购买机票、预订饭店等；微信、支付宝和信用卡的使用让旅游者免去了携带现金的麻烦。

此外，科技让沟通变得更顺畅。网络的普及，使得口碑传播的范围更广。如近年来很多游客会通过大众点评、美团、小红书、抖音等App平台上发布的各个餐馆的评分以及评价意见等信息，再选定餐馆。

科技的进步使得传统的旅游方式面临着巨大压力，对旅游企业的管理能力和人员素质也提出了更高的要求。

文旅相彰2-1 **建设现代化文旅产业体系**

党的二十大报告明确提出：建设现代化产业体系。坚持把发展经济的着力点放在实体经济上，推进新型工业化，加快建设制造强国、质量强国、航天强国、交通强国、网络强国、数字中国。构建优质高效的服务业新体系，推动现代服务业同先进制造业、现代农业深度融合。

根据《“十四五”文化和旅游发展规划》，到2025年，我国社会主义文化强国建设取得重大进展。文化事业、文化产业和旅游业高质量发展的体制机制更加完善，治理效能显著提升，人民精神文化生活日益丰富，中华文化影响力进一步提升，中华民族凝聚力进一步增强，文化铸魂、文化赋能和旅游为民、旅游带动作用全面凸显，文化事业、文化产业和旅游业成为经济社会发展和综合国力竞争的强大动力和重要支撑。文化产业体系更加健全，文化产业结构布局不断优化，文化及相关产业增加值占GDP比重不断提高，文化产业对国民经济增长的支撑和带动作用得到充分发挥。旅游业体系更加健全，旅游业对国民经济综合贡献度不断提高，大众旅游深入发展，旅游及相关产业增加值占GDP比重不断提高，国内旅游和入境旅游人次稳步增长，出境旅游健康规范发展。展望2035年，我国建成社会主义文化强国，国民素质和社会文明程度达到新高度，国家文化软实力显著增强。文化事业更加繁荣，文化产业和旅游业的整体实力和竞争力大幅提升，优秀文艺作品、优秀文化产品和优质旅游产品充分满足人民群众美好生活需要，文化和旅游发展为实现人的全面发展、全体人民共同富裕提供坚强有力保障。

资料来源　习近平. 高举中国特色社会主义伟大旗帜　为全面建设社会主义现代化国家而团结奋斗——在中国共产党第二十次全国代表大会上的报告［EB/OL］.［2022-10-25］. http://www.gov.cn/xinwen/2022-10/25/content_5721685.htm；文化和旅游部. 文化和旅游部关于印发《"十四五"文化和旅游市场发展规划》的通知（文旅市场发〔2021〕48号）［EB/OL］.［2021-05-17］. http://www.gov.cn/zhengce/zhengceku/2021-07/10/content_5623979.htm.

思政元素：现代化产业体系　文化强国　中华文化影响力

头脑风暴：结合文旅产业发展远景规划，思考如何深刻理解党的二十大报告中提出的建设现代化产业体系。

典型案例2-1

岳麓山景区营销宏观环境分析

岳麓山景区位于国家历史文化名城湖南省长沙市的岳麓区，包括麓山景区、天马山景区、橘子洲景区、岳麓书院、新民学会旧址等5个核心景区，是国家5A级旅游景区。岳麓山景区是典型的城市型旅游目的地，旅游资源丰富，旅游环境复杂，现通过调研对岳麓山景区的旅游环境进行分析。

一、自然地理环境分析

1. 地质地貌

在距今3.2亿年的古生代时期，本区位于古海洋和古陆地的边缘，海水时深时浅，时进时退，滨海区沉积了厚实的夹带薄层的石英砂岩，与砂页岩、页岩、砂砾岩一道，被称为"岳麓山砂岩"。在距今约7 000万年的中生代末期，"岳麓山砂岩"发生了皱褶、断裂和抬升，形成了今天岳麓山地貌的基本骨架。从地貌类型看，本区由低山、丘陵、河谷平原、江心洲组成。其中，岳麓山海拔300.8米，属低山；天马山景区是丘陵；橘子洲景区是江心洲，为洲滩地貌。岳麓山地质构造稳定，山体独立，坡度坦缓，不存在泥石流、滑坡等地质灾害的威胁。

2. 气候

本区属于亚热带季风性湿润气候，气候温和，年平均气温为16.9℃～17.5℃；最冷月1月气温在4℃以上。本区四季分明：春季温暖，夏季暑热，秋季凉爽，冬季湿冷。全年无霜期约为275天，年平均总降水量丰沛，约为1 422.4毫米，故岳麓山适宜旅游的时间很长。岳麓山景区平均海拔278米，虽不典型，但略显一定的山地垂直气候带特征，具有开发高档休闲旅游产品的条件。

3. 水文

本区以地表水为主，全年水资源总量约1 647万立方米。巨大的过境水量是本区特征。湘江段常年水位为33.8米～35.1米，洪水位超过40米，枯水位25.19米。每年3月雨季开始，进入汛期，7月后水位开始回落，秋冬水位最低。湘江水量年际变化大，特大洪峰加上受洞庭湖水顶托和倒灌，橘子洲易发生被淹现象。橘子洲将湘江分成东西两条河道，主河道在东侧。靳江河、龙王港为湘江的两条一级支流。本区湖泊不连续地镶嵌在岳麓山、天马山与湘江之间的河谷平原地带，有桃子湖、后湖、西湖。桃子湖、后湖已被规划为水景区，西湖为水景休闲文化园。

4.生物和土壤

岳麓山植物资源丰富，拥有各类植物资源174科、597属、977种。其中，蕨类植物22科、33属、41种；裸子植物8科、20属、28种；被子植物119科、381属、696种。岳麓山清风峡地段的植被群落为落叶阔叶混交林，枫树居多。深秋时节，构成“万山红遍，层林尽染”的景色。岳麓山珍奇古木多，往往单株构景。如古麓山寺内的六朝松，树龄1 700年；云麓宫旁边的古银杏树龄有1 000多年；古麓山寺前面的元樟树龄有700多年。按世界动物地理区划，岳麓山属于东洋界、华中区。据统计，本区有哺乳动物21种，隶属7目12科；鸟类129种，隶属16目37科。岳麓山、天马山、凤凰山基本上是石英砂岩风化物上发育的地带性红壤，植被覆盖的地方有机质含量较高，但总体土层薄，石质含量多。

二、人文社会环境分析

1.历史沿革

从原始农业社会起，长沙开始出现城市聚落的雏形。秦统一六国后，长沙郡为36郡之一。汉改郡为国，长沙王陵墓群就选址在岳麓山北侧的咸嘉湖岸阶地上，今已被辟为王陵公园。在魏晋南北朝时，岳麓山始建湖南第一家佛教寺庙——麓山寺。南北朝时，刘宋王朝的《南岳记》中载有“南岳周围八百里，回雁为首，岳麓为足”，称岳麓山处南岳72峰之末，故名岳麓。唐代文坛群星均登临过岳麓山，留下墨宝。例如，李邕为古麓山寺题碑，杜甫留下了《岳麓山道林二寺行》等多篇诗作。到了北宋，官府出资创立了岳麓书院；到了南宋，岳麓书院由理学大师朱熹与张栻主持，成为全国四大书院之首。后历代帝王题额赐书，岳麓山声誉更振。今橘子洲被列为潇湘八景之一的“江天暮雪”，源自北宋米芾，明清时期一直是我国传统文化传播的基地之一。晚清外强入侵，岳麓山与各阶段革命者均有密切关联。毛泽东、蔡和森等革命家经常聚会于橘子洲头、爱晚亭，并在周家台子创建了新民学会，为中国革命事业留下了辉煌的足迹。中华人民共和国成立后，本区先后属长沙市的西区、岳麓区所辖。

2.文化教育

岳麓山景区中的三所大学——中南大学、湖南大学、湖南师范大学，先后被国家确定为“211工程”重点建设大学，它们与岳麓山景区相互增辉，而且岳麓山有不少显性和隐性的旅游资源就分布在这三所大学校园中。

三、社会经济环境分析

本区隶属于长沙市岳麓区。岳麓区原来为农业区，1972年后，橘子洲大桥、银盆岭大桥相继建成，岳麓区迅速成为长沙市的新城区。

第一阶段（1960年以前），农业区围绕着岳麓山景区。这一阶段的岳麓山东麓除几栋大学校园的建筑外，周围大都是传统农业区。岳麓山相对河东城区来说是郊野景区。

第二阶段（1960—1980年），半农-半市区围绕着岳麓山景区。岳麓山前几所大学，依托狭窄弯曲的麓山路，形成带状的串珠式校区分布，也成为长沙市的城区；而岳麓山后山依然是农业区。后因交通状况改观，岳麓山景区成为长沙城区的城市公园。

第三阶段（1980年至今），校园围绕着岳麓山景区。岳麓山周围的几所大学用地由线状延伸改成面状扩展，各校的校园范围逐步推到江边，麓山路、潇湘大道同时贯穿校区，农业区基本消失，大量农村人口变成城市居民。与此同时，岳麓山景区的范围扩展到天马山、凤凰山、橘子洲、新民学会旧址，岳麓山成为校园围绕的景区。

近年来，岳麓区第一产业的比重大幅缩减，工业不准进入，第三产业占绝对优势，既有高新科技引领下的外延型产业，也有为校园服务的传统服务业。

1982年，长沙市被国务院公布为全国首批24座历史文化名城之一。1988年，岳麓书院、黄兴墓被确定为国家级文物保护单位；2009年，树立在橘子洲头的青年毛泽东雕像在国内外旅游市场产生了极大影响；2001年，岳麓山景区升级为国家4A级旅游景区；2012年1月，岳麓山景区被评为国家5A级旅游景区。

综上，岳麓山景区旅游环境呈现出以下特征：景区规模大，景、城交融；景区类型丰富，“山、水、洲、学”尽显风采；历史文化厚重、湖湘文化摇篮；大学区隐性旅游资源丰富；市民休憩、健身是岳麓山景区最重要的功能；对长沙市第三产业的带动作用巨大。

资料来源　周大庆. 岳麓山旅游区旅游环境分析与评价［J］. 湖南第一师范学院学报，2014（6）：100-106.

技能训练

一、场景设计

张文带领小组成员准备利用课余时间去图书馆、计算机房、夫子庙景区（也可选择其他景区）开展文献资料查阅和实地调研，希望通过对文献资料和现场资料的收集，了解景区的旅游营销宏观环境。为此他们提前一周做好了市场调研的准备工作，决定按计划开展文献查阅和实地调研。

二、实训目的

本实训应使学生了解并掌握旅游营销宏观环境的内涵和本质，了解旅游营销宏观环境的构成要素，能够分析各要素对旅游企业（景区）的影响。

三、实训步骤

1.调研前的准备

（1）文献准备：在调研前一周，通过网络、杂志、报纸等媒体对景区目前的各类环境因素及相关资料进行查询，并利用课余时间开展小组讨论，将收集到的资料汇总、整理分析。

（2）知识准备：调研前，对相关基础理论知识进行回顾，熟悉旅游营销宏观环境的影响因素。

（3）材料准备：调研前，列出本次调研的主要目标和景区管理人员的访谈提纲，调研者必须带好笔、笔记本、手机或照相机等，做好调研记录。

（4）计划准备：调研前，应制订出调研计划，明确调研目的、调研时间、任务分工、联络方式、调研费用等事项。

（5）纪律要求：调研过程中要加强管理，组员必须听从指挥、遵守纪律，并表现出良好的礼貌礼节，体现旅游专业学生的良好形象。

2.文献资料查阅和实地调研

（1）根据调研计划和分工划分出小组，不同小组确定各自的时间，分别前往学校图书馆、计算机房和调研景区。

（2）两人一组开展调研活动。在图书馆和计算机房，通过二手资料，重点了解景区的经济、文化、自然、政治和法律环境。通过实地调查和对景区管理人员的访谈等，重点了解景区的人口环境、消费者购买力水平等。

（3）调研结束后，由组长召集各小组成员集中讨论，请小组成员根据调研目的发表调研观点和心得，最后整理汇总相关资料。

3.报告的撰写

根据各小组的讨论情况，请每位同学撰写×××景区旅游营销宏观环境分析报告（见表2-1）。

表2-1　×××景区旅游营销宏观环境分析报告

班级		姓名		调研时间	
学号		组号		主要任务	
（参考岳麓山景区营销宏观环境分析） 标题 目录 正文 结语 附录（照片和参考资料）					
备注					

四、技能评价

根据调研情况填写×××景区旅游营销宏观环境调研评价表（见表2-2）。

表2-2　××× 景区旅游营销宏观环境调研评价表

考评教师		被考评学生	
被考评小组			
考评内容	旅游营销宏观环境及构成要素的认知能力		
考评标准	内容	分值	得分
	能够明确此次调研的主要目的	10	
	能够做好本次调研前期的准备工作	15	
	能够掌握旅游营销宏观环境及构成要素的内容	25	
	调研报告撰写规范、层次清楚、语句通顺	20	
	调研纪律良好（小组互评）	15	
	团队协作意识良好，职业素养有提升（小组互评）	15	
	合计	100	

注：考评满分为100分，90分及以上为优秀，80～89分为良好，70～79分为中等，60～69分为及格。

任务二 旅游营销微观环境分析

任务目标

1.知识目标

- 理解并掌握旅游营销微观环境的内涵。
- 理解并掌握旅游营销微观环境的基本构成要素。
- 理解并掌握旅游营销微观环境的分析方法。

2.能力目标

- 能够描述旅游营销微观环境的本质。
- 能够科学区分旅游营销微观环境的不同类型。
- 能够运用有效的方法分析旅游营销微观环境。

3.素养目标

- 提升对本专业的认知度、理解度和职业热爱。
- 增强学生对微观环境的敏感度。
- 培养学生对环境资料收集和分析的意识、能力。
- 培养学生诚实守信、守正创新、技能宝贵、创造伟大的职业素养。

任务导入

张文等同学在完成了夫子庙景区旅游营销宏观环境分析的任务后，想进一步了解景区的旅游营销微观环境，以便能够清晰、完整地描述夫子庙景区的旅游营销环境。要出色地完成此次任务，他们应该学习并掌握哪些旅游市场营销微观环境的基本理论知识呢？

知识积累

一、旅游营销微观环境的内涵

旅游营销微观环境又称直接营销环境，是指那些与旅游企业紧密相关，直接影响与制约旅游企业营销活动的各种社会力量和因素的综合。旅游营销微观环境的要素主要包括旅游企业自身、旅游供应商、旅游中间商、旅游消费者、竞争者和社会公众等。

二、旅游营销微观环境的要素

（一）旅游企业自身

旅游企业自身是旅游营销微观环境中不可或缺的重要因素。所有旅游企业在开展正常的营销活动时，都必须有一个完整的内部管理系统来执行各项管理职能。一般而言，主要由旅游产品研发部、旅游产品生产组合部、财务部、人力资源部以及旅游市场营销部等构成。旅游企业要实现市场营销管理目标，必须建立一个高效的顾客价值系统，这个系统要求旅游企业各部门之间工作必须协调一致、相互支持和配合，这样才能实现既定的营销目标。旅游企业的内部环境主要包括企业文化、营销理念、组织结构、资金状况、营销能力、社会声誉等。

（二）旅游供应商

旅游供应商是指向旅游企业及其竞争对手提供生产旅游产品所需的各种资源的组织或个人。如向旅游企业提供客房的酒店、提供旅游线路的供应商、提供旅游资源的景区景点、提供交通运输服务的运输企业、提供旅游纪念品的厂商等。

旅游产品是一种综合性产品，其生产需要旅游供应商连续、适时地提供生产所需的各种资源。旅游供应商是旅游企业整个“顾客价值传递系统”中的重要一环，包括提供能源、设备、劳务、资金等。

对旅行社而言，供应商主要包括旅游风景区（点）、交通运输部门、宾馆、饭店、娱乐场所等。旅游交通部门的供应商通常有旅游交通站点、交通管理部门、车船公司、航空公司等。

供应商主要从价格、质量、及时性与稳定性等方面影响着旅游企业的营销活动：一方面，供应商提供的产品质量和价格直接关系到旅游产品质量的好坏与成本的高低；另一方面，供应商掌握供应商品的价格变化情况并尽可能地加以控制，使综合报价中利润的构成达到最大限度。因此，旅游企业在选择旅游供应商时，应选择那些信誉好、产品质量好、价格合理、效率高的供应商。在与主要的供应商保持长期良好合作关系的同时，旅游企业应当采取供货来源多样化的措施，以避免由于过分依赖一家或少数几家供应商而处于被动境地。

学以致用2-4　　你如何应对这样的变化？

某餐馆经理要在旅游高峰期的某个周末开展一次促销活动，拟推出一道活龙虾特色菜。于是他打电话给海产品供应商，供应商承诺为这次促销提供200只活龙虾，价格优惠。星期五的早晨，这位供应商打来电话，说从青岛运来的龙虾缺货，星期六上午才能到货。餐馆经理现在不得不寻找其他供货渠道，否则已经预订的客人在周五晚上就会大失所望。

讨论：假设你是餐馆老板，你会怎么做？

学一学2-2

“一带一路”为何旅游先行

（三）旅游中间商

旅游中间商是指帮助旅游企业寻找顾客或直接同顾客进行交易的商业性企业，是旅游供应商与旅游者之间的桥梁和纽带，包括那些协助旅游企业推广、销售旅游产品给最终旅游者的组织和个人。

旅游企业选择中间商时，首先，要清楚自身的目标市场，以及目标市场需要什么；自己的营销目标是什么；需要哪些旅游商品，质量标准如何，数量多少，产品的市场重点在哪里，进入市场的策略是什么等。其次，寻找并选择适合的中间商，在这一过程中，要注意中间商的商誉、资金状况、人员素质、履行职责的效果以及中间商的可控程度等。选择好中间商后，旅游企业可根据中间商的组团能力、企业规模、销售计划、预订计划、汇款情况等因素，实施分类管理和差别优惠待遇。

（四）旅游消费者

旅游消费者就是目标市场，是旅游产品的购买者、使用者和信息的传播者，是旅游营销的中心。旅游消费者是影响旅游营销活动最基本、最直接的环境因素，可分为个体旅游消费者和组织旅游消费者。

1.个体旅游消费者

个体旅游消费者是旅游产品和服务的直接购买者，包括购买旅游产品和服务的个人、家庭，如观光旅游者、度假旅游者、商务旅游者、会议旅游者、体育旅游者等。个体旅游消费者购买旅游产品和服务是为了满足个人或家庭物质和精神生活的需要，并无谋利的动机。

个体旅游消费者人数众多，市场比较分散，构成比较复杂，包括各种类型、各个阶层的人。由于个体旅游消费者的年龄、性别、文化、偏好、习惯差异较大，因此旅游企业应根据这些差异提供个性化服务。此外，由于大多数个体旅游消费者对旅游产品的专业知识比较缺乏，其购买行为极具诱导性，因此旅游企业可根据这一特点做好旅游产品的宣传工作，有效地引导旅游者的购买行为。

2.组织旅游消费者

组织旅游消费者是指为开展业务或奖励员工而购买旅游产品和服务的企业或机关团体。例如，企业为创建企业文化，组织员工假日出游；企业为奖励优秀员工，组织他们外出旅游；富裕的农民组织的旅游活动；政府为接待来访客人、出访等购买旅游服务等。

组织旅游消费者应是旅游市场营销的重要目标。组织购买旅游产品的数量虽少，但购买的规模却比较大。由于购买旅游产品或服务的费用由企业承担，企业在价格上不像个体旅游者那么注重，所以组织旅游消费者对旅游产品和服务的需求受价格变动的影响较小。在这样的情况下，旅游企业利润率比较可观。但经营组织旅游，一定要注重旅游产品的质量，质量的好坏决定了活动组织的成败。旅游企业开展市场营销活动时，要注重把握旅游产品或服务的质量水平。

（五）竞争者

一家旅游企业要想成功，必须能够比竞争者更好地满足目标市场上旅游者的需要。营销人员不仅要针对目标顾客的需要而且要针对同一市场上的竞争者的战略，对自己的战略做出相应的调整。竞争者一般可分为愿望竞争者、属类竞争者、产品形式竞争者和品牌竞争者。

1.愿望竞争者

愿望竞争者之间的竞争相对间接一些，往往表现为较为特殊情形下可以形成的竞争。例如，消费者要选择一种万元消费品，他希望选择的可能有电脑、电视机、摄像机、出国旅游等，这时电脑、电视机、摄像机以及出国旅游之间就存在着竞争关系，成为愿望竞争者。

2.属类竞争者

属类竞争者之间的竞争又称平行竞争，是指提供不同类别的产品去满足同一种需求的竞争者。比如，旅游者前往旅游目的地可以乘坐飞机、高铁、大巴，那么航空、铁路、公路之间的竞争就属于属类竞争。

3.产品形式竞争者

产品形式竞争者是指提供规格、性能等方面不同的同类产品以满足同一需求的竞争者。比如，外出旅游的客人要住宿，有三星级酒店和四星级酒店供其选择，抑或三星级酒店有标准客房和豪华客房可供选择，这些酒店之间、客房之间就存在着竞争，从而形成产品形式竞争者。

4.品牌竞争者

品牌竞争者是指满足同一需求的同种形式的产品的不同品牌的竞争者。比如，旅游者外出就餐，就面临着不同快餐品牌（企业）的选择，这些不同的快餐品牌之间就存在着竞争，并且这种竞争是直接的，有时也是最残酷的。我们把品牌旅游企业之间形成的竞争叫作品牌竞争者之间的竞争。

在分析竞争者时我们可以发现，品牌竞争者在市场竞争的不同阶段所处的地位有很大差异。按照旅游企业市场占有率的高低排列，可以把具有相同目标市场的旅游企业分为四类，即旅游市场领导者、旅游市场挑战者、旅游市场跟随者和旅游市场补缺者。

（1）旅游市场领导者，是指占有40%以上的市场份额，在价格制定、产品开发、渠道建设以及营销策略拟定等方面起领军作用的旅游企业。旅游市场领导者在旅游市场竞争中处于绝对优势地位，其他市场角色难以与之抗衡。

（2）旅游市场挑战者，是指在旅游市场上占据次要位置、有潜在能力对市场领导者或其他竞争者采取进攻态势并希望夺得市场领导者地位的旅游企业。这类企业是最具活力、最富有想象力的竞争者，它们善于运用市场营销工具并制定行之有效的营销策略来挑战市场领导者，只要努力并持之以恒，有朝一日就有可能成为新的一代市场领导者。

（3）旅游市场跟随者，是指那些在产品、价格、渠道和促销等营销策略方面都模仿或跟随市场领导者的旅游企业。旅游市场跟随者的市场份额一般在20%以下，处于比较弱势的地位。其经营方式和经营行为一般不会挑战市场领导者，其制定的营销策略以适合或满足企业的自身发展为前提，有“小富即安”的经营理念，所以在旅游行业中具有较为和善的经营形象。

（4）旅游市场补缺者，又称旅游市场利基者，利基译自英语单词“niche”，有“洞里乾坤”之意，后被引入营销理论体系。旅游市场补缺者的市场份额很小，一般在10%以内，是指那些专门为规模不大的细分旅游市场提供旅游产品或旅游服务的旅游企业。

（六）社会公众

社会公众是指对组织实现其目标的能力感兴趣或产生影响的社会团体或个人。社会公众对旅游营销活动的成败会产生实际或潜在的影响。旅游企业面对的社会公众主要包括：

1.金融公众

金融公众是指能影响旅游企业取得资金能力的集团，包括银行、投资公司、保险公司等。

2.媒介公众

媒介公众是指能刊载、播送新闻、特写和评论的机构。媒介公众对旅游企业的赞扬可以提高企业的声誉；对旅游企业的曝光，会使旅游企业的形象受损，效益下降。

3.政府公众

政府公众是指企业的主管部门和企业的监管机构，如旅游行政管理、市场监督管理、卫生检疫、消防、技术监督、司法及公安等部门。旅游企业的活动要符合政府的要求，力争到政府对企业营销活动的最大支持。

4.行动团体公众

行动团体公众是指有权对旅游企业的营销活动做出质询的团体和组织，如旅游者权益保护组织、环境保护组织、少数民族组织等。这些组织与社会舆论会对旅游企业的营销活动产生重要影响，甚至能影响立法机构的立法、政府政策的制定等。

5.企业周边的社区居民

旅游营销活动具有很强的地域性和文化性，旅游企业越来越注重将其营销活动融入当地社区居民的生活当中。例如，2005年上海旅游节组委会将节庆成功的标准概括为：让人民大众参与，让人民大众满意。组委会将最初的“领导检阅式”和“综艺晚会”开幕式改为普天同庆、万民同乐的大巡游；旅游节期间，让上海市民以主人翁的姿态欢迎海外朋友，从而取得了非常好的效果。

6.普通公众

普通公众是指不直接购买旅游企业产品，但影响旅游者对旅游企业及其产品看法的个人。普通公众有可能是旅游产品的潜在购买者。

7.内部公众

内部公众是指旅游企业全体员工。旅游企业通常是劳动密集型服务企业，旅游企业的员工同时扮演着生产者、销售者、推销者和服务者等多种角色。因此，要保证旅游产品的质量，旅游企业必须从绩效制度、企业文化等方面加强对员工素质的培养。

综上所述，社会公众对旅游企业的生存和发展会产生巨大影响。因此，旅游企业必须采取积极、适当的措施，主动处理好与社会公众的关系，自觉加强与有关单位的联系，让社会公众更多地了解企业、认可企业。特别是要与报刊、电台、电视台、网站等媒体以及学术单位、教学科研机构、政府机构等经常联系，这样能更容易、更有效地树立企业的良好形象，促进市场营销活动的顺利开展。此外，公共关系的打造和维护不仅是营销部门或公关部门的事情，更应该得到旅游企业全体员工的积极参与和支持。

知识拓展2-2　　**你了解旅游企业营销环境的SWOT分析法吗？**

SWOT分析法是用于客观分析和研究一个企业或一种产品发展中面临的现实情况的一种方法。SWOT是英文单词strength（优势）、weakness（劣势）opportunity（机会）、threat（威胁）开头字母的缩写。SWOT分析法现已被广泛地应用于对旅游产品开发的战略分析上。SWOT分析的一般步骤如图2-1所示。

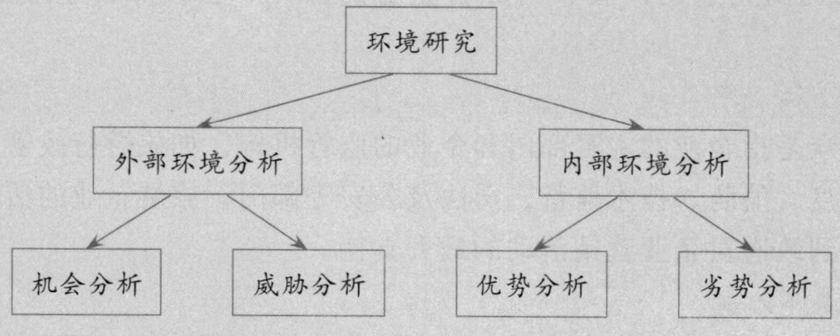

图2-1　SWOT分析的一般步骤

1.环境分析

环境分析是指运用各种调查研究方法，分析旅游企业、旅游产品所处的各种环境，即外部环境和内部环境。外部环境包括机会因素和威胁因素，它们是外部环境中对旅游企业的发展有直接影响的有利因素（又称营销机会，指对旅游企业的市场营销管理富有吸引力的领域，在这些领域，企业将拥有竞争优势或有得到更多营销成果的可能性）和不利因素（又称营销威胁，是指营销环境中出现的不利发展趋势及由此形成的挑战）。这些都属于客观因素，一般归属为自然、经济、政治、社会、人口、产品和服务、技术、市场、供应商、竞争等的不同范畴。内部环境包括优势因素（优势反映旅游企业的实力，代表它相对于竞争对手的强处）和劣势因素（劣势则反映旅游企业的缺陷，代表它相对于竞争对手的弱处）。它们是旅游企业在其发展过程中自身存在的积极和消极因素，属主动因素，一般归属为管理、组织、经营、财务、销售、人力资源、技术等不同范畴。在调查分析这些因素时，不仅要考虑旅游企业的历史与现状，而且要考虑旅游企业的未来发展。

2.构造SWOT矩阵

在环境分析的基础上，将各种因素按轻重缓急或影响程度等排序，构造SWOT矩阵。在此过程中，将那些对旅游企业的发展有直接、重要、迫切、久远等影响的因素优先排列出来，而将那些间接、次要、不急、短暂的影响因素排列在后面。

3.制订行动计划

在完成环境分析和SWOT矩阵的构造后，便可以制订相应的行动计划了。制订行动计划的基本思路是：发挥优势因素，克服劣势因素，利用机会因素谋求发展，化解威胁因素，以避免损失。

SWOT战略见表2-3。

微课堂2-3

旅游企业营销环境的SWOT分析法

表2-3　SWOT战略

条件		企业外部环境	
		机会（O）	威胁（T）
企业自身条件	优势（S）	SO战略： 依靠内部优势 利用环境机会	ST战略： 依靠内部优势 规避环境威胁
	劣势（W）	WO战略： 克服内部劣势 利用环境机会	WT战略： 克服内部劣势 规避环境威胁

技能训练

一、场景设计

张文准备带领小组成员利用课余时间去图书馆、计算机房和夫子庙景区（也可选择其他景区）开展文献资料查阅和实地调研，他希望通过对文献资料和现场资料的收集，了解景区的旅游营销微观环境有哪些。为此他们提前一周做好了调研的准备工作，决定按计划开展文献查阅和实地调研。

二、实训目的

本实训应使学生了解并掌握旅游营销微观环境的内涵和本质以及旅游营销微观环境的构成要素，能够分析各要素对旅游企业（景区）的影响。

三、实训步骤

1.调研前的准备

（1）文献准备：在调研前一周，通过网络、杂志、报纸等媒体对影响景区的微观环境因素及相关资料进行查询，并利用课余时间开展小组讨论，将收集到的资料汇总、整理分析。

（2）知识准备：调研前，对相关基础理论知识进行回顾，熟悉旅游营销微观环境的影响因素。

（3）材料准备：调研前，设计出本次调研的主要目标和针对景区相关部门及景区上下游企业、竞争对手、目标消费者的访谈提纲和调研问卷；调研者必须带好笔、笔记本、手机或照相机等，做好调研记录。

（4）计划准备：调研前，应制订出调研计划，明确调研目的、调研时间、交通工具、任务分工、联络方式、调研费用等事项。

（5）纪律要求：调研过程中要加强管理，无论是校内调研还是校外调研，组员必须听从指挥、遵守纪律，并表现出良好的礼貌礼节，树立学校和旅游专业学生的良好形象。

2.文献资料查阅和实地调研

（1）根据调研计划和分工，按小组实施调研。确定了调研时间后，各小组分别前往景区及被调研企业。

（2）两人一组开展调研活动。在景区的调研活动中，通过实地调查、对景区管理人员的访谈、问卷调查等方式，了解旅游企业、消费者等微观环境的构成因素；在对景区相关上下游企业的调研中，通过问卷调查等方式，重点了解景区所涉及的旅游供应商、旅游中间商、主要竞争者等微观环境影响因素。

（3）调研结束后，由组长召集调研小组成员集中讨论，请小组成员根据调研目的发表调研观点和心得，最后整理汇总相关资料。

3.报告的撰写

根据小组讨论情况，请每位同学撰写×××景区旅游营销微观环境调研报告（见表2-4）。

表2-4　×××景区旅游营销微观环境调研报告

班级		姓名		调研时间	
学号		组号		主要任务	
标题 目录 正文 结语 附录（照片和参考资料）					
备注					

四、技能评价

根据调研情况填写×××景区旅游营销微观环境调研评价表（见表2-5）。

表2-5　×××景区旅游营销微观环境调研评价表

考评教师		被考评学生	
被考评小组			
考评内容	对旅游营销微观环境及其构成要素的认知能力		
考评标准	内容	分值	得分
	能够明确此次调研的主要目的	10	
	能够做好本次调研前期的准备工作	15	
	能够掌握旅游营销微观环境构成要素的内容	25	
	调研报告撰写规范、层次清楚、语句通顺	20	
	调研纪律良好（小组互评）	15	
	团队协作意识良好、职业素养有提升（小组互评）	15	
合计		100	

注：考评满分为100分，90分及以上为优秀，80～89分为良好，70～79分为中等，60～69分为及格。

项目综合训练

一、项目背景

2022年3月13日晚，北京2022年冬残奥会宣告闭幕。继夏季奥运会在北京成功召开后，此次冬奥会重回北京，首都北京成为了双奥之城，同时激起了全国人民对冰雪运动的热情。据《北京2022年冬奥会和冬残奥会遗产报告集（2022）》统计，截至2021年10月，全国冰雪运动参与人数为3.46亿人，居民参与率达24.56%，实现了

"带动三亿人参与冰雪运动"的目标。本次冬奥会在京举行，不仅带动了全民健身风，而且带动了相关产业的发展。

文创产品。"冰墩墩""雪容融"等冬奥周边一物难求。不只"冰墩墩"，本届冬奥会推出的众多文创产品，都将文化与创意深度结合，处处展现出厚德载物、海纳百川的中国风。冬奥会上的中国风范，传统又时尚，精致又简约，文化大国的人文气质再一次通过奥运会这一世界级交流平台得到彰显。

网红打卡地。中国运动员谷爱凌、苏翊鸣夺冠的跳台，位于石景山区的首钢园，现在对外开放，吸引了众多市民游客参观。据悉，首钢滑雪大跳台"雪飞天"在赛后并不会被拆除，根据初步方案，赛后其主要用于举办世界级赛事、专业运动员训练、承接首发首秀首展商业活动、市民文化娱乐等场景，增加普适性和惠民性，一年四季都将得到充分利用。与此同时，本身作为工业遗产的首钢园，也成功转型京西一大"网红打卡地"。

商务休闲好去处。自2016年北京冬奥组委会入驻首钢办公区开始，园区逐渐从无人问津的老工业遗址变为创新园区，并引入了餐饮、商业、住宿等多种业态。好的奥运场馆通过合理的规划，也可以成为旅游的"流量担当"。就像为夏季奥运会建造的鸟巢和水立方，两个场馆不仅可供游客参观，同时还能承办各类大型演出和赛事活动，其后续效益已经远远超过了奥运场馆本身。

交通出行。2019年底，京张高铁开通，从北京到张家口仅需50分钟的车程。后冬奥时代，京张体育文化不会局限于冬季旅游，而是以冰雪为媒，将这条"体育文化旅游带"打造为全季节宜游的旅游目的地。

资料来源 佚名.冬奥闭幕后给北京旅游带来哪些发展［EB/OL］.［2020-10-15］. https://www.sohu.com/a/530307340_121123911.

二、实训任务

分小组研讨以下问题：

（1）冬奥会的申办成功，揭示了北京旅游业的市场环境有哪些变化？

（2）冬奥会的举办给北京旅游业带来了什么影响？

（3）运用SWOT分析法分析北京旅游企业将如何应对后冬奥时代。

三、实训目的

了解并掌握旅游市场营销环境的内涵和本质，理解并掌握旅游市场营销宏观、微观环境的构成要素，能够根据项目资料，运用SWOT分析法，进行旅游企业营销战略和策略的分析。

四、实训步骤

（1）自由组合成小组，每组3～4人。

（2）小组开展自由讨论，撰写分析报告，并制作PPT。

（3）各小组选派一名代表进行汇报交流。

五、实训评价

本综合训练项目的评分见表2-6。

表 2-6　　　　**综合训练项目评分表**

考评教师		被考评小组	
被考评小组成员			
考评标准	内容	分值	得分
	主题鲜明、条理清楚、逻辑性强	20	
	运用所学理论知识分析问题的能力强	25	
	守正创新思维强，营销知识运用熟练	25	
	表述清晰、语速适中、仪表大方	20	
	计算机操作技能熟练，PPT制作精美	10	
合计		100	

注：考评满分为100分，90分及以上为优秀，80～89分为良好，70～79分为中等，60～69分为及格。

项目同步测试

一、选择题（请选出适合的答案）

1.旅游市场营销微观环境的构成因素包括（　　）。

A.公众　　B.竞争者　　C.旅游中间商
D.旅游供应商　　E.旅游消费者

2.居民收入可分为（　　）。

A.名义收入　　B.实际收入
C.可支配收入　　D.任意可支配收入

3.社会文化环境的构成要素包括（　　）。

A.伦理道德　　B.价值观念　　C.宗教信仰
D.风俗习惯　　E.生活方式

4.SWOT分析法中的"O"代表（　　）。

A.优势　　B.劣势　　C.机会　　D.威胁

5.按照旅游企业市场占有率的高低排列，可将具有相同目标市场的旅游企业分为（　　）。

测一测 2-1

选择题

A.市场领导者　　B.市场跟随者　　C.市场补缺者　　D.市场挑战者

6.旅游营销公众包括（　　）。

A.金融公众　　B.媒体公众　　C.社团公众　　D.政府公众
E.社区公众　　F.内部公众　　G.一般公众

二、判断题（判断下列各题是否正确，正确的在括号内打"√"，错误的打"×"）

1.自然因素是旅游营销环境的内部环境因素。（　　）

2.经济环境是指影响旅游企业营销活动的内部经济因素的总合。（　　）

3.购买力的大小不仅取决于收入的高低，还取决于居民当期储蓄和信贷的水平。

（　　）

4. 旅游市场跟随者的市场份额一般在30%以下。（　　）

5. 旅游中间商最主要的代表是旅游饭店。（　　）

6. 旅游企业的优劣势具有历史、规范、竞争和关键领域四个评价标准。（　　）

测一测 2-2

判断题

三、简答题

1. 简述旅游市场营销环境分析的意义。

2. 旅游市场营销微观环境有哪些构成要素？

3. 科学技术环境给旅游企业的市场营销活动带来了哪些变化趋势？

4. 旅游企业创造和保持竞争优势的途径有哪些？

项目学习评价

旅游营销环境分析能力与素养测评表见表2-7。（在□中打“√”，A掌握，B基本掌握，C未掌握）

表2-7　　旅游营销环境分析能力与素养测评表

专业知识能力	评价指标	自测结果
旅游营销宏观环境认知与分析	1. 旅游营销环境的内涵与分类 2. 旅游营销宏观环境的内涵、本质与特征 3. 旅游营销宏观环境的构成要素 4. 旅游营销宏观环境的构成要素分析	□A □B □C □A □B □C □A □B □C □A □B □C
旅游营销微观环境认知与分析	1. 旅游营销微观环境的内涵、本质与特征 2. 旅游营销微观环境的构成要素 3. 旅游营销微观环境的构成要素分析 4. 旅游企业SWOT分析法	□A □B □C □A □B □C □A □B □C □A □B □C
职业能力与素养	评估标准	自测结果
自我学习	1. 能进行时间管理，并阅读相关专业书籍 2. 能选择适合自己的学习和工作方式 3. 能将已经学到的知识在现实中加以运用	□A □B □C □A □B □C □A □B □C
文献搜索	1. 能根据不同的需要去搜寻、获取并选择信息 2. 能筛选信息，并进行信息分类 3. 能使用多媒体等手段来展示信息	□A □B □C □A □B □C □A □B □C
与人交流	1. 能把握交流的主题、时机和方式 2. 能理解对方谈话的内容，准确表达自己的观点 3. 能获取信息并反馈	□A □B □C □A □B □C □A □B □C

续表

职业能力与素养	评估标准		自测结果
团队协作	1.能明确自己在团队中的地位和作用 2.能同合作者进行有效沟通，学会换位思考		□A □B □C □A □B □C
解决问题	1.能指出学习中出现的问题及其主要特征 2.能制订出解决问题的计划并组织实施 3.能对解决问题的方法适时做出总结和修改		□A □B □C □A □B □C □A □B □C
职业素养	1.能诚实守信，遵守旅游行业从业人员职业道德规范 2.能够守正创新，有增值性成长		□A □B □C □A □B □C
学生自评		学生签字	
教师评语			
成绩		教师签字	

3 项目三 旅游市场营销调研

项目目标

通过本项目的学习，学生应掌握旅游市场营销调研的内涵、类型；能够理解并掌握旅游市场营销调研方案的设计与实施；了解并掌握旅游市场营销调研的资料整理与分析方法，并能够在实践中加以运用；掌握旅游市场营销调研报告的基本结构和撰写要求，培养学生开展旅游市场营销调研、数据分析和撰写调研报告的基本能力，培养学生学习报国的情怀和知行合一的职业精神。

项目导入

中青旅以共青团中央直属企业中国青旅集团公司为主发起人，于1997年11月26日创立，同年12月3日公司股票在上海证券交易所上市，是我国旅行社行业首家A股上市公司、北京市首批5A级旅行社。中青旅旗下拥有中青旅会展、乌镇、山水酒店、遨游网、百变自由行等一系列国内知名旅游企业和产品品牌，在北京、上海、东京、温哥华、香港、广州、天津、南京、杭州、深圳等海内外30余个核心城市设有分支机构。假设A公司是中青旅下属一家企业，现A公司拟进一步开发大学生旅游市场，受A公司委托，本校承接了本地大学生旅游需求的调研任务，在A公司营销专员和指导教师的带领下，同学们将开展相关市场调研活动，并撰写调研报告提交给A公司。请问：他们应具备哪些基本知识和技能？

看动画3-1

旅游市场的营销调研

项目分析

思维导图3-1

项目三

为更好地完成调研任务，同学们应充分准备如下知识与技能：

1.理解并掌握旅游市场营销调研的内涵、类型。

2.理解旅游市场营销调研方案的设计与实施。

3.掌握旅游市场营销调研的资料整理与分析方法。

4.学会旅游市场营销调研报告的基本撰写方法。

任务一　调研方案设计与实施

任务目标

1.知识目标

- 理解并掌握旅游市场营销调研的内涵、分类和内容。
- 理解并掌握旅游市场营销调研方案的设计。
- 理解并掌握旅游市场营销调研方案的实施。

2.能力目标

- 能够描述旅游市场营销调研的内涵，区分调研类型。
- 能够设计、制订旅游市场营销调研方案。
- 能够运用调研方法组织开展旅游市场营销调研。

3.素养目标

- 培养学生对旅游市场营销调研工作的认知度、理解度和职业热爱。
- 增强学生对旅游市场信息的洞察、捕捉能力。
- 培养学生的团队精神、组织协调能力和交流沟通能力。
- 培养学生诚实守信、守正创新的职业素养。
- 培养学生学习报国、技能宝贵、知行合一的职业精神。

任务导入

古人云：“读万卷书，行万里路。”在旅游群体中，大学生不容忽视。大学生作为旅游市场上的一个特殊群体，具有一定的经济独立能力和自我生活能力以及相对宽松的时间；同时，大学生较其他群体有着更多的探知需求和冒险精神。为出色地完成A公司委托本校对本地大学生旅游需求进行调研的任务，同学们应该学习并掌握哪些旅游市场营销调研方案设计与实施的基本理论知识呢？

知识积累

一、旅游市场营销调研的认知

（一）旅游市场营销调研的概念

毛泽东有一句至理名言：“没有调查，没有发言权。”市场营销调研是一种有目的的活动，是一个系统工程，是对那些可用来解决特定营销问题的信息、资料、数据等进行收集、整理、分析和报告的过程。

美国市场营销协会提出：“市场营销调研把消费者、客户、大众和市场人员通过信息联结起来，而营销者借助这些信息可发现和确定营销机会、营销问题，开展、改善、评估和监控营销活动，并加深对市场营销过程的认识。”

旅游市场营销调研是运用科学方法，有目的、有计划地收集、记录、整理、分析和报告有关旅游市场的各种信息和资料，以了解旅游市场发展及变化的现状和趋势，解决旅游企业面对的市场问题，为旅游企业的经营决策提供科学依据的活动。

旅游市场营销调研的目的是为旅游企业的决策者或管理部门提供参考依据，既可能是为制定旅游企业长远性的战略规划提供参考依据，也可能是为制定某一阶段或针对某一问题的具体政策或策略而提供参考依据。可见，市场营销调研在旅游企业经营管理中至关重要。

知识拓展3-1 **你了解尚普咨询公司吗?**

尚普咨询成立于2008年，作为独立的商业咨询机构，它既是专业的市场研究公司，也是取得涉外调查许可资质的咨询机构，致力于为企业战略决策提供专业解决方案。

尚普咨询自成立以来，一直作为独立的市场研究团体为企业、政府、科研院所提供战略转型、市场进入、行业投资可行评估、竞争对手研究、消费者研究、海外市场开拓等方面的咨询与服务。尚普咨询已拥有国内最全面的数据渠道来源，已成为中国证监会核准申报项目较多的IPO辅导咨询研究机构。

尚普咨询多次荣获“中国市场调查客户满意最佳品牌”“中国行业诚信企业奖”“中国市场调研行业具有影响力企业”等荣誉。

（二）旅游市场营销调研的类型

根据市场营销调研的目标和要求的不同，旅游市场营销调研可以划分为探测性调研、描述性调研、因果性调研和预测性调研四种类型。

1.探测性调研

探测性调研是指旅游市场调研人员对所调查的问题不太清楚或不知从何处着手时所采用的调研方法。探测性调研的目的是帮助旅游企业的市场调研人员发现问题，初步确定问题范围。一般情况下，探测性调研采用非正式的调查方式，具有比较强的灵活性和直觉性，而且较多地运用二手资料或经验总结。因此，在进行探测性调研时，旅游企业的市场调研人员要具有丰富的工作经验和敏锐的洞察力。

2.描述性调研

描述性调研是在对问题有了初步了解之后，需要对已经找出的问题进行如实反映和具体回答时采用的方法，主要解决顾客需要什么、何时需要、如何满足顾客的需要等问题。描述性调研的特点是通过对调查问题的描述，寻找解决问题的答案，主要通过掌握其过去和现在的资料来进行研究。大多数市场营销调研都属于描述性调研，如对市场潜力和市场占有率、产品的消费群结构、竞争企业的状况等的描述。通过描述性调研，我们可以发现其中的关联因素，但是描述性调研并不能说明两个变量哪个是因、哪个是果。与探测性调研相比，描述性调研的目的更加明确，研究的问题更加具体、深入。

3.因果性调研

因果性调研是在描述性调研阐明问题的基础上，进一步分析问题出现的原因，旨在发现和寻找相关经济现象之间的因果关系。因此，因果性调研以描述性调研的结论为前提条件，针对某一现象的产生收集资料，运用逻辑推理和统计分析等方法找出各因素之间的因果关系。在旅游市场营销调研的过程中，旅游企业一般把目标销售额、市场占有率和利润等设为因变量，而把旅游企业可控制的因素如产品、价格、分销、促销以及企业外部不可控制的因素定义为自变量。通过定性和定量研究，帮助旅游企业的营销决策者评价和选择活动方案。

4.预测性调研

预测性调研是旅游企业为了推断和测量旅游市场的未来变化与发展而进行的调研。它是指在收集和整理信息资料的基础上运用科学的预测方法，分析市场在未来一定时期内的变化情况，其主要目的是掌握市场机会，制订有效的营销计划。预测性调研对旅游企业制订经营计划、进行科学决策、避免较大风险和损失具有十分重要的意义。

上述四种调研类型在实际运用中是相互联系、逐步深入的。探测性调研旨在收集旅游市场的一些基本信息，以便发现问题、提出问题；描述性调研旨在说明所发现的问题；因果性调研旨在分析问题产生的原因；预测性调研旨在估计问题的发展变化趋势。

（三）旅游市场营销调研的内容

为了制定正确的市场营销决策，旅游企业的市场调研人员必须有针对性地收集相关的资料和信息。这些资料和信息构成了旅游市场营销调研的主要内容。通常情况下，旅游市场营销调研主要包括以下一些内容：

1.旅游市场营销环境调研

旅游市场营销环境调研主要是对旅游企业不可控制的宏观环境的调研。它包括对政治法律环境、经济环境、科技环境、自然环境和社会环境等的调研。

（1）政治法律环境调研，主要是了解政府的方针、政策和各种法令、条例，特别是旅游经济政策法规，如价格、税收、环境保护、消费者权益等。

（2）经济环境调研，主要是了解人口及其增长速度、国内生产总值、家庭收入、人均收入水平、可支配的收入、可任意支配的收入、消费水平、物价水平等。

（3）科技环境调研，主要是了解新技术、新工艺、新材料的研发速度、变化趋势、应用和推广等。

（4）自然环境调研，主要是了解地形、地貌、气候、自然旅游资源等。

（5）社会环境调研，主要是了解国民受教育程度和文化水平、职业构成、民族分布、宗教信仰、风俗习惯等。

2.旅游市场营销需求调研

旅游市场营销需求调研是旅游市场营销调研的核心部分，包括市场容量调研、顾客调研和购买行为调研。

（1）市场容量调研，主要是了解现有和潜在人口的变化、收入水平、本企业的市场占有率、购买意向等。

（2）顾客调研，主要是了解购买本企业产品或服务的团体或个人的有关情况，如民族、年龄、性别、文化、职业、地区等。

（3）购买行为调研，主要是了解各层级顾客的购买欲望、购买动机、购买习惯、购买时间、购买地点、购买数量、品牌偏好等情况，以及顾客对本企业产品和其他企业提供的同类产品的喜好程度。

3.旅游市场营销竞争状况调研

竞争状况调研的目的在于了解旅游企业及其产品在市场竞争中的地位和竞争力，主要是现有竞争对手和潜在竞争对手调研。现有竞争对手调研围绕五个问题展开，即谁是我们的竞争者？其战略是什么？其目标是什么？其优势和劣势是什么？其反应模式是什么？调研的具体内容包括以下两个方面：

（1）竞争对手基本情况调研，如调查竞争对手的数量、经营规模、组织结构、人员素质、营销战略与策略、营销网络、市场覆盖率、市场占有率、财务状况、优势和劣势等。

（2）竞争对手的产品调研，如调查竞争对手的产品结构、产品研发、产品价格、销售渠道以及销售状况、市场口碑等。

4.旅游市场营销组合调研

旅游企业的市场营销组合是指旅游企业为了增强自身的竞争实力，在选定旅游目标市场的基础上，综合运用旅游企业可以控制的产品、价格、分销渠道和促销等要素，进行最优化组合，实现旅游企业的目标。因此，对营销组合中的四大要素（4P）的调研是旅游市场营销组合调研的重要内容之一。

（1）旅游产品调研。这主要是了解旅游者对旅游线路、交通、住宿和导游等的评价；旅游线路设计、旅游新产品开发及老产品淘汰；旅游商品的品牌、形象设计是否易于记忆、引人联想。此外，旅游产品调研还包括对协作单位的调研，因为旅游产品的质量受多方面因素的影响，协作单位能对此产生直接作用。

（2）旅游价格调研。这主要是了解旅游者对各种旅游产品价格变化的反应及他们可接受的价格点，旅游产品的批发价格与零售价格、团体优惠价格的确定，以及竞争者的定价策略与定价方法。

（3）旅游产品分销渠道调研。这主要是了解各国、各地旅行社的情况，特别是与企业有联系的旅行社，包括旅游产品的销售状况、潜在销售量、利润、资金的使用情况、经营能力、在所在地区的市场占有率以及各国、各地旅游者对这些旅行社、营业部和驻外办事处的印象。

（4）旅游产品促销调研。这主要是了解在各种市场情况下，采用哪种促销方式对企业最有利；企业如何选择促销方式、促销媒体，如何进行促销设计，更能引起旅游者的兴趣。此外，也要调研竞争者的促销方式和策略等。

学以致用3-1　　如何理解旅游市场营销调研的概念和内容？

（1）通过文献查询，加强对旅游市场营销调研概念的理解。

（2）通过对相关资料的收集，进一步明确旅游市场营销调研的内容。

（3）结合自己的理解和认知，举例说明旅游市场营销调研的内容。

（四）旅游市场营销调研的方式

旅游市场营销调研的方式可进行如下划分：

1.按照调研的侧重点划分

按照调研的侧重点，旅游市场营销调研可分为定量调查和定性调查。定量调查的结果依赖于统计分析，希望通过对较多的个体的测量，推测出由大量个体构成的总体的情况。而定性调查是围绕一个特定的主题取得有关定性资料的一种调查方法，如用来考察游客的态度、感觉、动机、反应，或者用来了解问题的性质以及发展方向。在旅游市场营销调研的实际操作中，定量调查与定性调查及其所获取的信息具有互补性。

2.按照选择调查对象的方式划分

按照选择调查对象的方式，旅游市场营销调研可分为全面普查和重点调查。全面普查是指对调查对象总体所包含的全部单位进行调查。其优点是获得的数据全面，能够正确反映客观实际；缺点是由于工作量大，会耗费大量的人力、物力、财力，调查周期较长。重点调查是选择有代表性的单位或个人作为调查对象，进而推导出一般结论。其优点是用较少的人力、物力、财力，在较短的时间内完成有关调查；缺点是由于调查对象并非全部，调查结果难免有一些误差。

3.按照抽样方法划分

听一听3-1

抽样调查的一般步骤

按照抽样方法，旅游市场营销调研可分为随机抽样调查和非随机抽样调查。随机抽样调查是从母体中任意抽取样本，每个样本都有相等的机会，这样的事件发生的概率是相等的，因此可以根据调查样本来推断母体的情况。其一般分为简单随机抽样调查、分层随机抽样调查和分群随机抽样调查。非随机抽样调查是指市场调查人员在选取样本时并不是随机选取的，而是先确定某个标准，再选取样本数。每个样本被选择的机会并不是相等的。

4.按照调查所采用的具体方法划分

按照调查所采用的具体方法，旅游市场营销调研可分为询问法、观察法和实验法。询问法是针对被调查的事项向被调查者提出问题并获得所需资料的一种方法。它又可分为面谈询问法、邮寄调查法、电话调查法和书面调查法。观察法是对相关事实和行为进行监测与记录的一种方法。实验法是通过实验来取得有关市场第一手资料的调查方法。

学以致用3-2　　**收集旅游市场营销调研方案，并进行对比分析**

通过网上搜索或图书馆查阅资料的方式，收集三个旅游企业市场营销调研方案的经典案例，了解调研方案的主要结构和内容，对比分析其特色与效果。

二、旅游市场营销调研方案的设计

微课堂3-1

旅游市场营销调研方案的设计

旅游市场营销调研方案的设计是对调研工作的各个方面和全部过程的通盘考虑，包括整个调研过程的全部内容。旅游市场营销调研方案设计是否科学、可行，是整个调研成败的关键。旅游市场营销调研方案的设计步骤如图3-1所示。

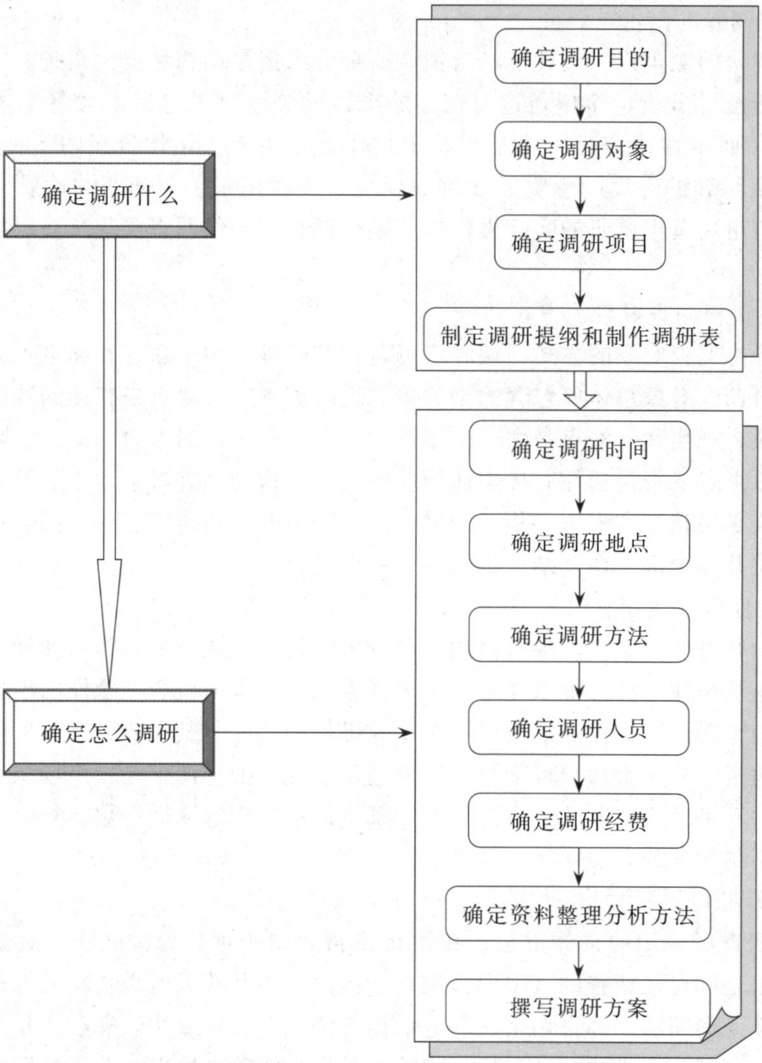

图 3-1　旅游市场营销调研方案的设计步骤

（一）确定调研目的

确定调研目的是调研设计的首要问题，是指明确调研要解决哪些问题，通过调研要取得什么样的资料，取得这些资料有什么用途等。衡量一份调研设计是否科学，主要看方案的设计是否体现了调研目的和要求，是否符合客观实际。

（二）确定调研对象

调研对象是根据调研目的而选定的调研活动参与者。确定调研对象主要是为了解决向谁调查和由谁来提供资料的问题，与调研目的、类型紧密相关。调研对象数量的确定与调研目标、调研费用有直接关系，直接影响到调研结果的可信程度，即如果要提高调研可信度，就必须增加样本数量和调研费用。

（三）确定调研项目

调研项目是指对调研对象进行调研的主要内容，即取得资料的项目，一般是表明调研对象特征的各项标志（如品质标志和数量标志）。如调研对象是旅游者，则可供选择的调研项目包括性别、民族、年龄、住址、收入、职业、文化程度等内容。如调研对象是某一具体的旅游产品，则调研项目可以包括旅游产品质量、销售数量、购买时间等。调研项目是为了取得资料而设置的，是调研内容的具体化，每个项目都要有确切、具体的说明，并注意项目之间的关联性。

（四）制定调研提纲和制作调研表

调研项目确定后，可对其进行科学的分类和排列，形成调研提纲和调查表，以方便调查登记和汇总。调查表一般由表头、表体和表脚三部分组成。表头包括调查表的名称、调研单位名称、调查性质等。表头的内容主要作为核实和复查调研单位的依据。表体包括调研项目、栏号和计量单位等，是调查表的主要部分。表脚包括调查者的签名和调查日期等，目的是明确责任，发现问题时便于查询。调查表分单一表和一览表两种。单一表是每张调查表上只登记一个调研单位的资料，一览表是一张调查表上登记多个单位的调研资料。调查表拟定后，为便于正确填表、统一规格，还要附填表说明。

（五）确定调研时间

调研时间是指调研工作的开始时间和结束时间。为了提高信息资料的时效性，在可能的情况下，调研期限应适当缩短。此外，在调研时要明确调研资料所反映的是调研对象从何时起到何时止的资料；如果所要调研的是时点现象，就要明确规定统一的标准调研时点。

（六）确定调研地点

在调研方案中，要明确规定调研地点。调研地点和调研单位通常是一致的，但也有不一致的情况，当不一致时，有必要确定调研地点。

（七）确定调研方法

在调研方案中，还要规定采用什么方式或方法取得调研资料。如是全面调研还是重点调研；是采用文案调研法，还是询问法，或是观察法和实验法等。

（八）确定调研人员

旅游企业可以根据调研项目建立临时的调研机构，从本企业内部抽调部分人员，或从外部临时聘用一部分人员组成，并对调研人员进行合理的任务分工，以确保调研工作保质保量按时完成。

（九）确定调研经费

调研经费的多少应根据调研目的、调研范围、调研的难易程度而定。调研经费一般包括劳务费、问卷印刷费、差旅费、设备使用费、数据录入费、数据分析费、调研报告撰写费、资料费等。在制定调研预算时，应留有一定的余地，并有一定的灵活性，即预算金额要有一个上下调整幅度。

（十）确定资料整理分析方法

采用实地调查法收集的原始资料大多是零散的、不系统的，只能反映事物的表象，无法深入研究事物的本质和规律性，这就要求对大量原始资料进行加工汇总，使之系统化、条理化。目前，这种资料处理工作一般由计算机进行，在设计中应予以考虑，包括采用何种操作程序以保证必要的运算速度、计算精度及达到特殊目的。随着经济理论的发展和计算机的运用，越来越多的现代统计分析技术可供我们在分析资料时选择，如回归分析、相关分析、聚类分析等。每种分析技术都有其自身的特点和适用性，因此应根据调研要求，选择最佳的分析方法并在方案中加以规定。

（十一）撰写调研方案

旅游市场营销调研方案的格式如下：

×××旅游市场营销调研方案

1.前言：简明扼要地介绍调研活动产生的背景及原因。

2.调研目的与意义：说明调研活动要解决的问题以及通过调研要实现的最终目标。

3.调研内容与范围：明确调研活动的调研内容与范围。

4.调研方式与方法：调研活动采用的方式、方法及原因，说明调研活动中此类调研方式与方法的应用过程。

5.调研进度与预算安排：明确调研活动的时间、调研经费的安排。

6.附件部分：包括调研人员名单、专长、分工以及相关细节和说明文件等。

三、旅游市场营销调研方案的实施

这一阶段的主要工作就是按照调研方案进行实质性的资料收集，即通过间接调研收集二手资料和直接调研收集一手资料，完成信息资料的收集任务。该阶段通常包括调研前期准备、调研资料来源选择和调研方法选择等环节。

（一）调研前期准备

1.人员准备

市场调研属于咨询类活动，因此市场调研人员需要具备一定的专业素质。例如，需具有良好的职业道德修养、严谨的工作作风、谦虚的工作态度、良好的心理素质等。同时，调研人员需具有很好的口头表达、随机应变、文字表达、组织协调等能力。

2.物质准备

所谓“工欲善其事，必先利其器”，为了保障市场营销调研工作的顺利开展，需准备一些必要的调研装备或材料，如调查问卷、调查表等调研用具；身份证、工作证、学生证、介绍信等身份资料；笔、纸、录音设备、照相设备、馈赠物品、宣传资料、交通地图等辅助用具。

3.业务准备

调研前需召开协调会议，针对调研目的、调研方法、问题事项、调研问卷的回收时间等做好协商工作，并协调各项调研事项，部署统一行动。调研人员需做足功课，充分了解自己所要调研的各类事项，全面掌握与本次调研相关的调研对象的信息。例如，需熟悉调研问题的先后顺序并对调研内容有深刻理解；需研究调研区域的地图、交通工具、调研对象的作息时间等；需研究并掌握调研活动方法及询问、访谈、记录的技巧等。

（二）调研资料来源选择

一手资料的获取需要实地调研，应事先做好调研地点、调研环境、时间节点等的安排，以避免同一调研地点有另一家市场调研公司同时进行调研等现象的发生。

对于二手资料，首先应寻找旅游企业内部的相关资料，如企业内部以会计统计为基础的报告系统和档案资料；营销部门、人力资源部门和总经理办公室等储存的相关资料。然后收集来自图书馆、行业组织、新闻媒体、各级政府部门及其统计机构、信息经营单位（国家机关所属事业单位设立的独立核算的信息经营机构、大公司的信息部、民营信息经营单位）等部门的外部资料。

调研资料的收集者应将每次查找资料的时间、地点、主要内容及联系人员的联络方式列表记录下来，以备参考。

学以致用3–3　　如何理解并分析旅游市场营销调研问卷的结构？

通过网上搜索或图书馆查询资料等方式，收集某旅游企业旅游市场营销调研问卷、访谈调研等案例，分析其结构并进行研讨。

（三）调研方法选择

在旅游企业市场营销调研活动中，最常见的调研方法主要有五种：问卷调研法、访问调研法、观察调研法、实验调研法和文案调研法。

1.问卷调研法

问卷调研法是通过设计调研问卷，让被调研者按照问卷的要求回答问题，以便收集信息资料的一种调研方法。它是旅游市场营销调研中较常用的也较为有效的一种方法，是用于收集第一手资料的最普遍的工具。问卷调研法的关键在于设计一份既符合调研需要，又能获得足够、适用和准确信息的问卷。

（1）调研问卷设计的原则。

①主题明确。根据调研目的确定主题，问题明确，突出重点。

②结构合理。问题的排序应有一定的逻辑，符合被调研者的思维程序。

③通俗易懂。调研问卷中的语言要平实，语气要诚恳，要避免歧义和使用专业术语。对于敏感问题，应采取一定的技巧，使问卷具有较强的可答性和合理性。

④长度适宜。问卷中所提出的问题不宜过多、过细、过繁，要言简意赅，回答问卷的时间不应太长，一份问卷的回答时间通常不要多于10分钟。

⑤适于统计。设计时要考虑问卷回收后的数据统计、汇总和处理。

（2）调研问卷的结构。一般来说，一份正式的调研问卷由标题、前言、被调研者的基本情况、正文、编码、结束语和附录七部分组成。

①标题。标题要简明扼要，易于引起回答者的兴趣，如“我与旅游广告——旅游公众广告意识调查”，而不是简单地采用“问卷调查”这样的标题。

②前言。前言部分主要包括问候语、调研者的自我介绍、调研主题、调研目的与意义以及向被调研者致意等。最好强调本次调研与被调研者的利害关系，以取得被调研者的信任和支持。

③被调研者的基本情况。其主要是指被调研者的一些基本特征，如针对游客的调研，主要是指游客的性别、年龄、民族、文化程度、职业、收入等。通过对这些项目的调研，调研者可以对调研资料进行统计分组、分析。在实际调研过程中，应根据调研目的、要求而定，并非多多益善。

④正文。正文是问卷的核心部分。根据调研主题，设计若干问题要求被调研者回答。这主要包括：对调研对象的行为、行为后果及态度、意见、感觉、偏好等进行调

研。正文占整个问卷的2/3～4/5，其他部分只占很小的比例。

⑤编码。编码是将问卷中的调研项目变成数字的工作过程，大多数调研问卷均需编码，以便分类整理，易于进行计算机处理和统计分析。所以，在设计问卷时，应确定每一个调研项目的编号，从而为相应的编码做准备。

⑥结束语。结束语通常置于问卷的最后，有的问卷也会省略。结束语要简短明了，用来对被调研者的合作表示感谢，也可以设置开放题，征询被调研者的意见、感受以及其他补充说明等。

⑦附录。附录部分可以把被调研者的个人档案列进去，也可以对某些问题附带说明。附录可根据各调研主题的不同而增加内容。

（3）调研问卷的提问方式。提问方式在一定程度上决定了调研问卷质量的高低。在具体设计问题时，一般有两种提问方式：封闭式提问和开放式提问。

①封闭式提问。该提问方式是指旅游企业的调研人员事先准备好提问的问题以及所有可能的答案供被调研者选择。这种提问方式便于统计，但答案的伸缩性较小，较常用于描述性和因果性调研。

1.是非判断题：您以前是否去过黄山旅游？　　□是　　□否

2.选择题："您此次来南京旅游的目的是什么？"（请您在选项后的括号里画"√"）

A.观光（　）　B.度假（　）　C.商务（　）

D.健康疗养（　）　E.探亲访友（　）　F.其他（　）

3.语义差别法："请问您对此次江苏五日游的整体感受如何？"（请您在同意的选项括号里画"√"）

A.非常满意（　）　B.满意（　）　C.一般（　）

D.不太满意（　）　E.非常不满意（　）

4.排列顺序题：请根据服务质量的优劣程度为本酒店的下列服务进行排序（　）。

A.入住登记服务　B.餐饮服务

C.客房服务　D.健身娱乐服务

②开放式提问。该提问方式是指由旅游企业的调研人员提出问题，不准备任何可供选择的答案，由被调研者以文字形式自由地表达出来，不受任何限制。一般来说，开放式提问运用于探测性调研阶段，以了解人们的想法和需求。但是由于开放式提问获得的结果不易统计和分析，因此在调研问卷中只占很小一部分。

典型案例3-1　　**××乡村旅游市场经营者调研问卷**

尊敬的女士/先生：

您好！

我们是××大学的学生，非常感谢您在百忙之中接受我们的调查！本次调查的主要目的是了解乡村旅游发展中的新需求及新问题，为本地乡村旅游的健康发展提供正确的政策建议，希望得到您的大力支持！我们将对反馈信息严格保密，不会被用作研究之外的其他目的。

单位名称：　　姓名：　　性别：　　年龄：

1.您经营的乡村旅游项目的类型是（　　）。

A.民俗村　B.观光果园　C.观光农园　D.观光垂钓园

E.观光养殖园　F.观光度假园　G.其他

2.您认为当前制约乡村旅游业发展的最主要因素是（　　）。

A.交通　B.接待设施　C.资金　D.人才

E.经营管理水平　F.政策　G.其他

3.您希望政府在哪些方面做更多的工作？（　　）

A.政策扶持　B.基础设施建设　C.财政投入　D.招商引资

E.员工培训　F.宣传营销　G.其他

4.您期望接待的游客类型是（　　）。

A.团体游客　B.散客　C.本地游客　D.外地游客

5.您对游客有什么意见或希望？（　　）

A.注意环保　B.保持周围环境的乡村风貌

C.延长停留时间　D.其他

6.您认为还应该再改善哪些公共服务？（　　）

A.道路交通条件　B.路标及指示牌　C.电力、电信

D.用水设施　E.村容村貌　F.其他

7.您还希望改进哪些方面？（　　）

A.住宿设施　B.餐饮特色　C.用餐环境

D.厨师　E.住宿档次　F.其他

8.您希望乡村旅游的经营方式是（　　）。

A.本村人经营　B.外来资本注入，本村人经营

C.外地人经营　D.本村人和外地人独立经营

9.您所期望的乡村旅游发展模式是（　　）。

A.个体经营　B.自主联合经营　C.在政府主导下联合经营

10.您认为乡村旅游未来的发展方向是什么？________________

调研人：　调研时间：　调研地点：

2.访问调研法

访问调研法是旅游企业的市场营销调研人员以口头或书面的形式询问被调研者，以收集与营销调研计划有关的信息的一种方法。它可分为面谈式访问、电话式访问和邮寄式访问。

（1）面谈式访问。它是旅游企业的市场营销调研人员当面访问被调研者以获取有关信息的一种方法。面谈式访问的优点是能直接获取被调研者的意见，获得第一手的真实资料，方式灵活，启发性好，伸缩性强；缺点是调查时间长、费用大，调研结论常受到调研者和被调研者主观因素的影响。

（2）电话式访问。它是旅游企业的市场营销调研人员根据抽样要求选取样本，用电话访问被调研者，以此获取有关信息的一种方法。电话式访问的优点是获取信息的速度快、节省时间、费用较低、回答率较高；缺点是样本不完善，只限于可以通电话

的人，且受通话时间的限制，提问不能太多，不能进行深入的交谈，因此很难判断所得信息的真实性。

（3）邮寄式访问。它是旅游企业的市场营销调研人员将设计好的调查表电邮或邮寄给被调研者，请被调研者根据要求填写调查表，填好后按时回邮或者寄回的一种获取有关信息的方法。该方法是目前国内外市场营销调研中被广泛采用的一种方法。它的优点是调研范围广，不受地域的限制，费用较低，且没有调研人员的参与，可避免产生主观偏见；缺点是问卷的回收率不受控制，且部分信息反馈时间长，容易影响资料的时效性和有效性。

3. 观察调研法

观察调研法是旅游企业的市场营销调研人员通过观察调研对象的行为表现及客观事物的状态，获得第一手信息资料的一种调研方法。它是旅游者行为研究中最常用的调研方法。例如，调研人员通过观察旅游者的旅游消费过程，可以了解旅游者的需求、兴趣、动机和态度。观察调研法的优点是观察结果比较客观，所取得的资料真实性较高；缺点是观察所需的时间较长，并且只能观察到表面现象，因而很难了解其内在原因。

4. 实验调研法

实验调研法是旅游企业的市场营销调研人员通过特定的小规模实验来测试某一产品或某项营销措施的效果，在获取相关信息之后决定是否进行推广的一种方法。常用的实验调研法有以下两种：

（1）实验室实验。它是指在特定控制的环境下进行的实验。实验室实验常用于传播媒体的选择和广告效果的研究。

（2）现场实验。它是指在市场上进行的小范围的实验。例如，把旅游新产品先投放到有代表性的目标市场上进行试销，了解目标受众的反应，收集相关信息，再对这些信息进行分析、预测，最后决定是否进行全面推广。

实验调研法的优点主要是客观性强，有很好的实际应用价值；主要缺点是时间较长，费用较高，较难选择合适的实验对象。旅游企业在改变产品、价格、广告宣传、分销渠道时，均可使用实验调研法。

5. 文案调研法

文案调研法是通过收集各种二手资料，从中提取与旅游企业的市场营销活动有关的信息并对这些信息进行统计分析的一种调研方法，又称间接调研法。文案调研法的优点在于所花费的时间少，费用不高，能够为旅游企业的市场营销活动提供大量的信息；缺点是信息量太大，需要对信息进行认真的甄别和遴选。

文旅相彰 3-1　　文化和旅游资源普查工程

“十四五”期间，我国将深入推进中华文化资源普查工程，协同推进旅游资源普查工作。坚持保护优先，在保护中发展、发展中保护，以优秀人文资源为主干，深入挖掘和阐释其中的文化内涵，把历史文化与现代文明融入旅游业发展，提升旅游品位，在依法保护管理、确保文物安全的前提下，推动将更多的文物和文化资源纳入旅游线路、融入旅游景区景点，积极传播中华优秀传统文化、革命文化和社会主义先进文化。

具体要求如下：

深入推进中华文化资源普查工程。加强普查成果梳理研究和挖掘阐释。建设准确权威、开放共享的中华文化资源公共数据库。建立文化资源宣传展示平台，分期分批向社会公布重要文化资源。融入国家文化大数据体系建设，实施多种形式的普查数据利用研究与推广项目。

组织实施旅游资源普查。通过普查，为统筹旅游资源开发和保护、科学制定旅游规划提供依据。建立中国特品级旅游资源名录，促进优质资源向优质产品转化。科学整理特色旅游资源及分布情况并做好推介工作。

资料来源 国务院.国务院关于印发“十四五”旅游业发展规划的通知（国发〔2021〕32号）[EB/OL].［2022-01-20］. http://www.gov.cn/zhengce/content/2022-01/20/content_5669468.htm.

思政元素：守正创新

头脑风暴：

（1）文化和旅游资源普查工作的重要意义和价值是什么？

（2）如何针对本地文化和旅游资源有效开展普查工作？

（3）如何理解“坚持保护优先，在保护中发展、发展中保护”的重要意义？

技能训练

一、场景设计

江苏省有高等院校160多所，其中43%的高校坐落在省会南京。南京大学生旅游市场（也可选择本地大学生市场）开发受到A公司的高度重视。受A公司的委托，南京旅游职业学院承接了南京江宁大学城大学生旅游市场的调研任务，张勇等同学将参与本次调研。本次调研主要是在课余时间利用图书馆、网络等收集资料，对南京江宁大学城17所高校的大学生开展实地和网络调研，目的是了解大学生的旅游需求。为此，张勇等同学提前一周做好了相关调研的准备工作，决定按计划开展实地调研。

二、实训目的

本实训应使学生了解并掌握旅游市场营销调研的主要内容和主要方法、旅游市场营销调研方案的设计、调研问卷制作的方法和技巧，能够有效开展旅游市场营销调研活动。

三、实训步骤

1.调研前的准备

（1）资料准备：在调研前一周，张勇等同学通过图书馆、网络、杂志、报纸等渠道对南京（或本地）大学生的旅游需求状况、A公司的相关资料进行查询，并利用课余时间开展小组讨论，将收集的资料汇总、整理分析。

（2）知识准备：调研前，对相关基础理论知识进行回顾，熟悉旅游市场营销调研方案的设计与实施，理解并掌握旅游市场营销调研的方法。

（3）材料准备：调研前，列出本次调研的主要目标和实地调研的访谈提纲，设计好调研问卷；调研者必须带好笔、笔记本、手机或照相机等，做好调研记录。

（4）计划准备：调研前，应制订出调研计划，明确调研目的、调研时间、任务分工、联络方式、调研费用等事项。

（5）纪律要求：调研过程中要加强管理，组员必须听从指挥、遵守纪律，并表现出良好的礼貌礼节，展现旅游专业学生的良好形象。

2.文案和实地调研

（1）按照调研计划和分工，根据江宁大学城17所高校（或本地高校）的分布情况，将调研人员分为17个调研组，每个调研组又分为若干个小组，明确分工与职责；根据调研计划的时间安排，各小组前往所负责的高校开展调研活动。

（2）进入被调研学校后，两人一组开始调研（可采用问卷调研法和访谈调研法等）。

（3）调研结束后，由组长召集小组成员集中讨论，小组成员根据调研目的发表调研观点和心得，最后整理、汇总相关资料。

3.撰写调研报告

根据讨论情况，请每位同学写出×××大学生旅游需求调研报告（见表3-1）。

表3-1 **×××大学生旅游需求调研报告**

<table>
<tr><td>班级</td><td></td><td>姓名</td><td></td><td>调研时间</td><td></td></tr>
<tr><td>学号</td><td></td><td>组号</td><td></td><td>主要任务</td><td></td></tr>
<tr><td colspan="6">标题
目录
正文
1.前言
2.调研目的与意义
3.调研内容与范围
4.调研方式、方法
5.调研进度安排
6.调研预算安排

结语

附录（调研问卷、访谈提纲等）</td></tr>
<tr><td>备注</td><td colspan="5"></td></tr>
</table>

四、技能评价

根据调研情况填写×××大学生旅游需求调研评价表（见表3-2）。

表3-2 ×××大学生旅游需求调研评价表

考评教师		被考评学生	
被考评小组			
考评内容	旅游市场营销调研的内容、方案设计与实施的认知及实践能力		
考评标准	内容	分值	得分
	能够明确此次调研的主要目的	10	
	能够做好本次调研前期准备工作	15	
	能够掌握旅游市场营销调研的内容	25	
	调研报告撰写规范、层次清楚、语句通顺	20	
	调研纪律良好（小组互评）	15	
	团队协作意识良好、职业素养有提升（小组互评）	15	
合计		100	

注：考评满分为100分，90分及以上为优秀，80～89分为良好，70～79分为中等，60～69分为及格。

任务二 调研资料整理、统计与分析

◎ 任务目标

1.知识目标

- 理解并掌握旅游市场营销调研资料整理、统计的含义、步骤与内容。
- 理解并掌握旅游市场营销调研资料整理、统计的基本方法。
- 理解并掌握旅游市场营销调研资料的分析方法。

2.能力目标

- 能够描述旅游市场营销调研资料整理、统计的含义。
- 能够科学地整理旅游市场营销调研资料。
- 能够运用有效的方法分析旅游市场营销调研资料。

3.素养目标

- 提升学生的数理统计分析思维。
- 增强学生对调研资料的观察与收集意识。
- 培养学生对调研资料的处理、分析能力。
- 培养学生诚实守信、守正创新的职业素养。
- 培养学生学习报国、技能宝贵、知行合一的职业精神。

◎ 任务导入

张勇等同学按计划完成了南京江宁大学城（或选择本地）大学生旅游需求的调研任务，收集了大量的资料和数据，现需对调研资料和数据进行整理、统计、分析。为此，他们应该学习并掌握哪些旅游市场营销调研资料整理、统计、分析的基本理论知识呢？

知识积累

学一学3-1

“一带一路”旅游大数据

一、旅游市场营销调研资料的整理、统计

（一）旅游市场营销调研资料整理、统计的含义

旅游市场营销调研资料的整理、统计是指根据旅游市场营销调研的目的、任务和要求，运用科学的方法对调研资料进行审核、分类、汇总和显示，使之系统化和条理化，适用于分析和解释。

（二）旅游市场营销调研资料整理、统计的程序和内容

旅游市场营销调研资料的整理、统计是由一系列具体工作组成的，这些工作既有相对独立性，又有相互的关联性。通常，旅游市场营销调研资料的整理、统计包括以下五大方面的工作：

1.现场控制

现场控制是指在旅游市场营销调研资料收集的同时进行的，对收集工作的监控和对某些资料的处理与分析工作。其目的是尽可能地减少调研资料收集阶段出现的各种偏差和错误，提高所收集到的资料的准确性，尤其是原始资料的收集。调研人员在调研刚结束时应对取得的资料进行初步整理与分析，及时补充遗漏、规范记录，完善所收集到的资料。

2.逻辑处理

逻辑处理是指对调研资料进行只涉及形式而不涉及内容的某些加工工作。这主要包括鉴别、分类、编码、合并、比较和筛选六类具体工作。

（1）鉴别。鉴别是指对资料的真实性、准确性、系统性与适用性等做出判断并得出结论。为了保证最终形成的资料的质量和价值，必须加强对各种资料的鉴别工作，主要是从收集到的原始资料、处理方法及处理形成的资料三方面进行鉴别分析。鉴别方法主要有分析判断法、核对法、比较法、佐证法等。

（2）分类。分类是指根据调研的目标和要求，按照一定的标准和口径，对收集到的资料按性质、特点、用途等标准进行归类。资料的分类要根据调研项目的特点和实际的工作需要进行，分类的关键是分类依据与标准的确定，而资料分类处理的中心工作是分类体系的建构和分类表的设计。

（3）编码。编码是将各类资料用代码来表示的过程。代码是用来代表事物的记号，可以用数字、字母或特别的符号及相应组合来表示。编码与分类紧密相关，是一项重要的工作，特别是在应用计算机处理的情况下，由于计算机是通过代码来识别事物的，因此编码是必不可少的环节。分类是人类认识事物的基础，科学数据分类编码的目的在于准确地识别数据，实施对数据的有效管理，并能按类别开发利用数据，实现数据共享。因此我们在对调研资料的编码过程中，要遵循科学数据分类及编码规则。

（4）合并。合并是指对某些性质相同、内容相似的资料进行归并。在许多情况下，合并能起到减少资料数量、提高资料质量的作用，但合并必须以不影响资料反映

的内容和使用为前提。

（5）比较。比较是指对不同资料的适用性和价值大小等所做的对比。调研所获得的资料通常很多，各自的适用性和价值存在差异，通过比较可以发现它们之间的差异，以区分优劣。

（6）筛选。筛选是指在鉴别和比较的基础上，选择那些适用性强、价值大的资料，淘汰那些不适用、无价值的资料以及一些没有必要保存的适用性差、价值小的资料。筛选是资料处理中的基本工作。

3.数据处理

数据处理是指对资料所做的定量运算、分析和处理。它大致包括三方面的工作：

（1）数字运算。数字运算主要是对那些定量化的市场信息数据，根据需要所进行的各种数字计算，比如加、减、乘、除和求极值等。

（2）统计分析。统计分析是指根据统计学原理，运用统计方法，对有关信息资料进行计算，比如求平均数、中位数、概率分布等。

（3）建模与解模。建模与解模是指根据所调研与预测事物的内在关系和发展规律，建立相关数学模型，并通过解模运算，得出某些预测结果。数据处理的结果，往往能形成新的资料，能揭示事物的发展趋势和规律，有利于人们更深刻、更全面地认识事物。

4.系统研究

系统研究是在充分掌握各种资料的前提下，运用系统思维推理，对相关问题进行全面的科学研究，以得到正确的结论。系统研究是从总体上把各种资料联系起来加以考察，其原则是将内部与外部因素、局部与全局、历史与现状及未来、静态与动态、定性与定量相结合。系统研究还要采用辩证的方法，以正确认识客观事物的本质。

5.编写

编写是指对经过处理和分析形成的资料按要求的格式规范写作成文。它通常包括以下几种形式：原文转发、文字压缩、重新改写、对经过处理与分析后形成的新信息进行编写。编写要符合简明、准确、科学、统一的原则。

学以致用3-4　　旅游市场营销调研的资料如何进行逻辑处理？

（1）逻辑处理在调研资料整理中起什么样的作用？

（2）调研项目收集到的资料应从哪几个方面进行逻辑处理？

（三）旅游市场营销调研结果的呈现

1.统计表

通过处理加工，调研者可以获得反映旅游市场经济现象总体特征的综合资料，这是旅游市场营销调研工作的初步成果，这些成果需要以一定的形式显示出来，以便人们分析和利用。统计表是表现统计资料的一种基本形式（见表3-3），也是应用最为广泛的一种形式。掌握统计表的编制和应用，是旅游市场营销调研人员必须具备的基本技能。

表3-3　　参加乡村旅游的目的统计表

目的	娱乐放松	远离城市喧嚣	体验乡村生活	交际需要	品尝农家饭	其他
比例	35.3%	27.3%	22.3%	6.4%	3.5%	5.2%

2.统计图

统计图是根据经过加工的统计数字资料，运用几何图形或具体事物的形象或地图等绘制的表明研究对象数量关系和数量特征的图形，是人们用来展示调研资料处理结果的另一种常用形式。与统计表相比，统计图对问题的表现具有更鲜明、形象、生动、直观的特点。常用的统计图有饼图（如图3-2所示）、直方图、柱形图和折线图等。

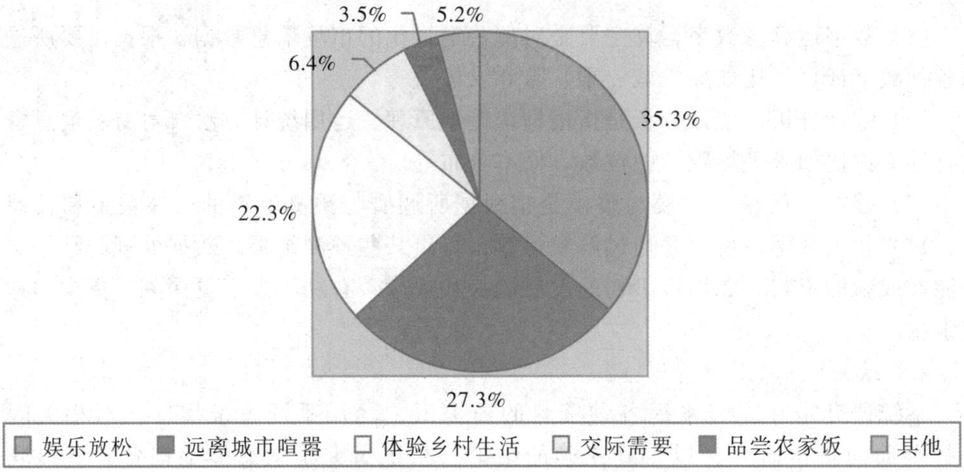

图3-2　参加乡村旅游的目的统计图

知识拓展3-2　　**你知道可以用应用软件绘制统计图表吗？**

统计数据处理分析的应用软件，根据其依附于或独立于计算机的某种操作程序的不同情形，大致可以分为附属型统计应用分析软件和独立型统计应用分析软件。附属型统计应用分析软件是指依附于某种计算机操作程序的数据处理分析软件，如Microsoft Office中的Excel电子表格应用软件；独立型统计应用分析软件，是指能够独立安装在Windows操作系统环境下的数据处理分析软件，如SAS、SPSS等。利用以上应用软件可实现统计图表的制作。

听一听3-2

SPSS统计分析

二、旅游市场营销调研资料的分析

（一）旅游市场营销调研资料的静态分析

旅游市场营销调研资料的静态分析是指在旅游市场营销调研取得的数据资料的基础上，对数据的集中趋势、离散程度、相对程度等的分析。

1.数据的集中趋势分析

集中趋势是指一组数据向某一中心值靠拢的倾向。反映数据集中趋势的指标主要有平均数、中位数和众数三种（见表3-4）。

表 3-4　　反映数据集中趋势的主要指标

指标	定义与解释
平均数	平均数是数列中全部数据的一般水平，是数据规律性的一个基本特征，是反映集中趋势的最基本、最常用的测度值。平均数包括算术平均数、调和平均数和几何平均数。其中，算术平均数是根据总体或样本的全部单位的标志值计算的，又可分为简单算术平均数和加权算术平均数
中位数	中位数是一组数据按从小到大的顺序排列后，处于中间位置的数值。中位数将全部数据分成两部分，一部分比中位数大，另一部分比中位数小，它是一个位置代表值。中位数既可以以未分组资料为基础来确定，也可以由分组资料来确定，其大小只取决于位置。在某些情况下，用中位数反映现象的一般水平比平均数更具有代表性，尤其是对两极分化严重的数据，更是如此
众数	众数是总体中出现次数最多的标志值，也是测定数据集中趋势的一种方法。它克服了平均数指标会受极端值影响的缺陷。从分析角度看，众数反映了总体中最大多数的数据的代表值，可以使我们在实际工作中抓住事物的主要矛盾，有针对性地解决问题。但若出现双众数现象，则可能说明调查总体不具有同质性，资料可能来源于两个不同的总体。这类结果既可以用来检查方案设计中的总体一致性问题，也可以用来帮助验证数据可靠与否

2.数据的离散程度分析

离散程度反映的是各数据值远离其中心值的程度，也称集中趋势。反映数据集中趋势的各指标值对一组数据的代表程度取决于该组数据的离散程度。数据离散程度越高，说明数据集中趋势的各指标值对该组数据的代表性越差；离散程度越低，则其代表性越好。反映数据离散程度的指标主要有极差、平均差、标准差和标准差系数等（见表3-5）。

表 3-5　　反映数据离散程度的主要指标

指标	定义与解释
极差	极差（也称全距）是数据中最大值与最小值的差，用来说明总体中标志值的变动范围。一般来说，极差越大，平均数的代表性越小。所以，极差可以一般性地检验平均数的代表性大小。但是极差不能反映所有数据的变化，只受极端值的影响，其有效性有限
平均差	平均差是总体各单位标志值与其算术平均数离差绝对值的算术平均数。它与平均数代表性的关系与极差基本一致。不同的是，平均差的计算由于涉及总体中的全部数据，因而能更综合地反映总体数据的离散程度
标准差	标准差是总体各单位标准值与其平均数离差平方的算术平均数的平方根。它是测量数据离散程度最常用的指标，其数值大小与平均数代表性的大小反方向变化。标准差在实际工作中应用广泛。其计算公式为： $\sigma=\sqrt{\frac{1}{N}\sum_{i=1}^{N}(x_i-\mu)^2}$ 式中：σ 为标准差；x_i 为一组标准值（实数）；μ 为平均数 标准差反映了每一个数据值与算术平均数之间离差的大小。其数值的大小受数据本身绝对水平的影响，即数据本身绝对水平高的，其标准差就大；数据本身绝对水平低的，其标准差就小
标准差系数	标准差系数又称均方差系数、离散系数，是一组数据的标准差与其相应的算术平均数的比值，是反映标志变动程度的相对指标。其计算公式为： $V\sigma=\sigma/x\times100\%$ 式中：$V\sigma$ 为标准差系数；σ 为标准差；x 为算术平均数

3.数据的相对程度分析

相对程度分析是统计分析的重要方法，是反映现象之间数量关系的重要手段。它通过对比的方法反映现象之间的联系程度，表明现象的发展过程，在市场调查分析中经常使用。数据的相对程度分析主要有结构相对指标、比例相对指标、比较相对指标和强度相对指标。

表3-6　数据的相对程度分析的主要指标

指标	定义与解释
结构相对指标	结构相对指标是指总体各部分数值与总体数值对比求得的比重或比率，用来表明总体内部的构成情况。它从静态上反映总体的内部构成，揭示事物的本质特征。其动态变化可以反映事物的结构发展变化趋势和规律性。结构相对指标是在资料分组的基础上计算出来的，总体中各组比重之和等于100%
比例相对指标	比例相对指标是指在同一总体内不同组成部分的指标数值对比的结果，用来表明总体各部分之间的比例关系，通常用百分数表示，也可以用一比几或几比几的形式表示
比较相对指标	比较相对指标是指同类指标在不同地区或单位之间对比的结果，用来表明同类现象在不同地区或不同单位之间的差异，可用倍数（系数）、百分数表示。对比的指标可以是绝对数，也可以是相对数或平均数
强度相对指标	强度相对指标是指两个性质不同但有一定联系的总量指标之间对比的结果，用来表明某一现象在另一现象中发展的强度、密度和普遍程度。与其他相对指标不同，它是不同类现象指标的对比。强度相对指标以双重计算单位来表示，是一种复名数

（二）旅游市场营销调研资料的动态分析

动态分析就是应用统计方法研究经济现象数量方面的发展变化过程，是统计分析中的一种重要方法。动态分析的依据是时间数列，是指同一总体现象的统计指标数值按其发展的时间先后顺序排列而成的数列。时间数列由两个基本要素构成：一是资料所属时间；二是各时间上的指标数值。动态分析常用的方法有水平分析和速度分析两种。

1.水平分析

水平分析的指标主要有发展水平、平均发展水平、增长量和平均增长量（见表3-7）。

表3-7　水平分析的主要指标

指标	定义与解释
发展水平	时间数列中的每个指标数值称为发展水平。它反映现象在不同时间发展达到的规模和水平。发展水平一般是绝对数，也可以是相对数或平均数。在动态分析中，通常需要将两个时期的水平进行比较，作为比较基础的那一时期的指标水平为基期水平，作为研究时期的指标水平为报告期水平
平均发展水平	平均发展水平又称为序时平均数，是对时间数列中各个时期的发展水平加以平均而得到的平均数。平均发展水平是对同一现象在不同时间上的数值差异的抽象化，从动态上说明其在某一段时间内发展的一般水平
增长量	增长量是时间数列中报告期水平与基期水平之差。它反映了社会经济现象在一定时期内报告期比基期增减的绝对数量。增长量的数值有正有负，正数表示增加的绝对量，负数表示减少或降低的绝对量
平均增长量	平均增长量是时间数列中逐期增长量的平均数，反映现象的平均增长水平

2.速度分析

速度分析的指标主要有发展速度、平均发展速度、增长速度和平均增长速度（见表3-8）。

表3-8　　速度分析的主要指标

指标	定义与解释
发展速度	发展速度是反映社会经济现象发展变化情况的动态相对数。它根据两个不同时期的发展水平对比而求得，结果一般用百分数或倍数表示。由于采用的基期不同，发展速度有环比发展速度和定基发展速度之分
平均发展速度	平均发展速度是指各期环比发展速度的序时平均数。由于环比发展速度是根据同一现象在不同时期发展水平的对比而得出的动态相对数，因此在实际工作中，通常采用几何平均法和方程法
增长速度	增长速度是反映现象增长程度的动态相对数。它可以根据增长量与基期发展水平对比求得，说明报告期水平比基期水平增长了若干倍（或百分之几）。根据采用的基期的不同，增长速度可分为环比增长速度和定基增长速度
平均增长速度	平均增长速度是各期环比增长速度的序时平均数。它表明现象在一定时期内逐期平均增长变化的程度。根据增长速度与发展速度之间的运算关系，平均增长速度的计算公式如下：平均增长速度=平均发展速度-1

学以致用3-5　　开展我国旅游收入资料的动态分析

（1）通过图书馆或网络查询等方式，收集我国近5年的旅游收入资料，并进行基本的动态分析。

（2）撰写分析报告，并进行分组交流汇报。

技能训练

一、场景设计

在完成任务一的基础上，张勇等同学在专业教师的指导下，准备利用课余时间，对南京江宁大学城17所高校（或本地高校）大学生旅游需求调研收集的数据资料进行整理、统计和分析。为保证数据资料整理、统计和分析的准确无误，张勇等同学提前做好了准备工作，并按计划开展了调研数据资料的整理、统计与分析。

二、实训目的

本实训应使学生了解并掌握旅游市场营销调研资料整理、统计与分析的含义、方法。

三、实训步骤

1.整理、统计与分析前的准备

（1）知识准备：回顾、熟悉旅游市场营销调研资料整理、统计与分析的相关知识。

（2）资料准备：准备好调研所收集到的相关数据资料、信息。

（3）设施设备准备：准备好相关的笔、笔记本、电脑、应用软件等，做好数据整理、统计、分析记录工作。

（4）计划准备：写出本次整理、统计与分析的计划，明确整理、统计与分析的目的、时间、任务分工、方法等事项。

2.资料整理、统计与分析

（1）根据整理、统计与分析的计划和分工，小组成员实施调研资料的整理、统计与分析。

（2）整理、统计与分析后，由组长召集小组成员对分析结果进行集中讨论，请小组成员根据整理、统计、分析的结果发表心得。

3.撰写分析报告

根据各小组讨论的情况，请每位同学写出×××旅游调研资料整理、统计与分析报告（见表3-9）。

表3-9　×××旅游调研资料整理、统计与分析报告

班级		姓名		整理、统计、分析时间	
学号		组号		主要任务	
标题 目录 正文 　1.整理、统计、分析的资料 　2.整理、统计、分析的方法 　3.整理、统计、分析的结果 结语 附录（原始调研数据、资料）					
备注					

四、技能评价

根据实训情况填写×××调研资料整理、统计、分析评价表（见表3-10）。

表3-10　×××调研资料整理、统计、分析评价表

考评教师		被考评学生	
被考评小组			
考评内容	旅游市场营销调研资料整理、统计与分析的应用能力		
考评标准	内容	分值	得分
	能够明确此次任务的主要目的	10	
	能够做好本次调研资料整理、统计、分析的前期准备工作	15	
	能够掌握旅游市场营销调研资料整理、统计与分析的方法	25	
	报告撰写规范、层次清楚、语句通顺	20	
	任务实施过程中纪律良好（小组互评）	15	
	团队协作意识良好、职业素养有提升（小组互评）	15	
合计		100	

注：考评满分为100分，90分及以上为优秀，80～89分为良好，70～79分为中等，60～69分为及格。

任务三　调研报告撰写

任务目标

1. 知识目标

- 理解并掌握旅游市场营销调研报告的内涵。
- 理解并掌握旅游市场营销调研报告的结构。
- 理解并掌握旅游市场营销调研报告的撰写技巧。

2. 能力目标

- 能够描述旅游市场营销调研报告的特点。
- 能够编制旅游市场营销调研报告。
- 能够运用技巧撰写旅游市场营销调研报告。

3. 素养目标

- 增强学生对旅游市场营销调研报告的系统认知。
- 培养学生的提炼与总结能力。
- 培养学生严谨的写作态度和撰写能力。
- 培养学生知行合一的职业精神。

任务导入

张勇等同学在完成了南京江宁大学城（或本地）大学生旅游需求调研数据资料的整理、统计和分析任务后，开始对调研结果进行提炼、总结，并撰写南京江宁大学城大学生旅游需求调研报告，提交给A公司。为此，他们应该学习并掌握哪些旅游市场营销调研报告的基本理论知识呢？

知识积累

一、旅游市场营销调研报告的内涵认知

旅游市场营销调研报告是调研人员对调研所获取的信息进行分析研究后形成的书面报告。它具有针对性、新颖性、时效性和科学性等特点。旅游市场营销调研报告不是单纯地报告旅游市场的客观情况，还要通过对事实的分析研究，寻找旅游市场的发展变化规律。这就需要撰写者掌握科学的分析方法，通过分析得出科学的调研结论，并在此基础上提出解决问题的合理方法、意见和建议等。

二、旅游市场营销调研报告的基本结构

由于旅游市场营销调研项目、调研人员的不同，旅游市场营销调研报告的撰写也有所不同，但其基本结构是相同的，一般包括扉页、目录、摘要、引言、正文、结论

与建议、附件等七个部分。其具体结构如下：

某地大学生旅游需求调研报告

扉页：标题、委托单位、调研单位、报告完成日期

目录：章节标题及页码、附件及页码

摘要：调研目的、调研对象、内容与方法、结论与建议

引言：调研项目背景及发展情况、文献回顾和综述、调研目的与意义、对调研报告主要内容的概括

正文：调研方案执行情况、资料统计分析情况

结论与建议：（略）

附件：访问提纲、调研问卷、有关抽样细节的补充说明、工作进度安排、原始资料的来源、调研获取的原始数据图表

（一）扉页

扉页通常单独占一页，内容包括以下几项：调研报告的标题；委托进行旅游市场营销调研的单位名称；执行该旅游市场营销调研项目的单位名称、地址、电话及E-mail；旅游市场营销调研报告完成日期等。其中，标题可分为单行标题和双行标题。单行标题是用一句话概括调研报告的主题，一般由调研对象及内容加上“调研报告”四个字组成，如“南京自驾游需求的市场调研报告”。双行标题由正标题加副标题组成，一般用正标题表达调研的主题，副标题用于补充说明调研对象和主要内容，如“自驾游需求的市场调研报告——以南京为例”。

（二）目录

目录是整个调研报告的检索部分，应该较为完整地列出调研报告各章节的标题、附件所在的页码，以便使用人员对报告结构有一个清晰的了解，帮助其找出调研报告中相关资料的位置。

（三）摘要

摘要是市场调研报告的内容提要，是对调研成果及结论的综述。摘要主要包括以下内容：调研的目的、对象、内容与方法、结论及建议等。一般来说，摘要必须回答“研究什么”“怎么研究”“得到了什么结果”“结果说明了什么”等问题。摘要的撰写有以下要求：内容应简洁清楚、高度概括；语言文字应通俗、精练；尽量避免应用过于专业的用语或技术性术语。

（四）引言

引言主要介绍调研报告的基本内容和轮廓。它通常包括以下四项内容中的全部或其中几项：

（1）介绍某研究领域的背景、目前的水平及发展状况等。

（2）对相关领域的文献进行回顾和综述，包括前人的调研/研究成果、已经解决的问题，并适当加以评价或比较。

（3）提出目前尚未解决或急需解决的问题以及解决这些问题的新办法、新思路，从而引出调研课题的目的与意义。

（4）概括调研报告的主要内容或勾勒其大体轮廓。

值得注意的是，上述四项内容所占的篇幅存在较大的差异性。一般来说，对于研

究背景、发展状况、文献综述、研究意义等内容，应做较详细的介绍；研究目的及内容可以简短一些，研究结果可以省略。这一点与摘要不同，摘要中的目的、内容、方法、结果、结论等内容所占篇幅大体相同，而且摘要必须把主要调研或研究结果列出来。

（五）正文

正文是调研报告的主体部分或者说核心部分。它主要是运用科学、合理的分析方法对调研所收集的资料进行深入的分析、推断，并对市场的发展变化趋势和规律进行预测。正文部分通常包括以下两方面内容：

1.介绍调研方案的执行情况

（1）调研地区。说明调研选择的区域及理由。

（2）调研对象。说明是从什么样的对象中抽取样本进行调研的。

（3）样本容量。说明选取的样本总数，以及确定样本容量时考虑的因素。

（4）样本结构。说明抽样方法及样本结构如何，是否具有代表性。

（5）资料收集的方法。说明调研方法，如询问法、观察法、实验法等。

（6）实施过程及问题处理。说明调研是如何实施的，调研过程中遇到了什么问题，是如何处理的等。

（7）调研员介绍。对调研员的资格、条件以及训练情况做简略的介绍。

（8）资料整理、统计、分析的方法及工具。说明处理资料的有关方法及工具等。

（9）调研完成情况。介绍调研完成率，说明未完成部分及调研无效的原因。对调研结果的介绍要尽量简洁，把方法及采用的原因说清楚即可。

2.资料分析

资料分析，即对调研所获取的大量数据进行审核、整理、统计与分析。这部分内容需要考虑以下两方面的因素：一是客观、全面地分析市场调研所获得的材料和数据；二是合理安排内容结构，做到层次清楚、条理分明。

（六）结论与建议

结论即调研与预测的结果，是用简洁明了的语言对调研前所提出的问题做出明确的答复；建议则是针对调研得出的结论，进行理性分析后提出的见解或解决问题的对策。建议最好具有可行性和可操作性，即说明应采取哪些具体的措施或要处理哪些已经存在的问题。

（七）附件

附件是对报告的补充或更详尽的说明，每一份附件都应该按顺序标上编号。附件一般包括访问提纲、调研问卷、有关抽样细节的补充说明、工作进度安排、原始资料的来源、调研获取的原始数据和图表等内容。

关于调研报告的结构并没有统一的规定，以上只是介绍了调研报告的典型格式。实际上，调研报告的格式可以根据委托者或决策者的需求进行调整。

三、旅游市场营销调研报告的撰写技巧

写好一份旅游市场营销调研报告必须掌握一定的写作技巧，主要包括叙述技巧、说明技巧、议论技巧和语言运用技巧。

（一）叙述技巧

旅游市场营销调研报告的叙述主要用于开头部分，主要是叙述摘要、引言、调研的目的、过程和结果。这部分内容应该概略地陈述，不需要对事件的细枝末节详加介绍，从而给人以整体、全面的认识。此外，可以按时间顺序叙述，如介绍调研对象的历史、现状及未来的发展状况等。

（二）说明技巧

旅游市场营销调研报告常用的说明技巧有：数字说明、图表说明、分类说明、对比说明和举例说明等。

1.数字说明

市场运作离不开数字，反映市场发展变化情况的旅游市场营销调研报告要运用大量数字，以增强调研报告的精确度和可信度。

2.图表说明

旅游市场营销调研报告的撰写要充分利用图表进行分析说明，因为图表相对于文字，在说明市场现象中的某种数量关系及变化趋势等问题时，可以收到更为明显的效果。在使用图表时，要按照各自的格式要求进行绘制，并对图表进行分析说明。

3.分类说明

旅游市场营销调研中所获资料杂乱无章，根据主题表达的需要，可将资料按一定的标准分为几类，然后分别予以说明。例如，将所收集的数据资料按问题性质或不同层次进行分类，每类前冠以小标题。

4.对比说明

旅游市场营销调研报告中的有关情况、数字说明，往往采用对比的形式，以便全面深入地反映市场变化。对比要清楚事物的可比性，在同一标准的前提下作切合实际的比较。

5.举例说明

为说明旅游市场的发展变化情况，举出具体、典型的事例，也是常用的方法。在旅游市场营销调研中会遇到大量的事例，调研者应从中选取有代表性的事例进行说明。

（三）议论技巧

旅游市场营销调研报告常用的议论技巧有归纳论证和局部论证两种。

1.归纳论证

旅游市场营销调研报告是在拥有大量材料之后，做分析研究，得出结论，从而形成论点的过程。这一过程主要运用议论方式，所得结论是从具体事实中归纳出来的。

2.局部论证

旅游市场营销调研报告不同于议论文，不可能是全篇论证，只是在情况分析、对未来进行预测的过程中做局部论证。例如，对旅游市场情况从几个方面进行分析，每一个方面形成一个论证过程，用数据等资料做论据去证明其结论。

（四）语言运用技巧

调研报告的语言运用需要注意以下几个方面：

第一，旅游市场营销调研报告中数量词用得较多，在引用数字时要准确无误、客观、真实，不能随意篡改。

第二，为使语言表达准确，撰写者应熟悉有关专业术语并合理使用。

第三，在行文时少用“我认为”“我的意见”等第一人称写法，这样会使人感觉不是用事实在说话，而是撰写人的意图，一般应使用“调研表明”等词语。

第四，要依据事实下结论，不能使用一些似是而非的词，如“也许”“可能”等词。

知识拓展3-3　　你知道调研报告中的数字如何运用吗？

（1）公历、世纪、年代、年、月、日和时间应使用阿拉伯数字，如20世纪90年代、1991年6月；星期几则一律用汉字。注意年份一般不用简写，如“1989年”不能写为“89年”。

（2）计数与计量应使用阿拉伯数字，如250-100、1/16、25%等。应注意：不具有统计意义的数字中的一位数，可以用汉字，如一个人、九本书等。

（3）数字构成的词、词组、惯用语或具有修辞色彩的语句应当用汉字，如第三世界、“十三五”规划、相差十万八千里等。

（4）邻近的两个数并列连用表示概数时应当用汉字，如三五天、五六百元、十之八九等。

四、撰写旅游市场营销调研报告应注意的问题

（一）要做到通俗易懂

由于旅游市场营销调研报告是给旅游企业决策者做参考时使用的，所以应使用简短、清楚的语句将所分析的事项阐述清楚，切忌使用不当的华丽词语。

（二）篇幅要适当

旅游市场营销调研报告常见的一个错误认识是“篇幅越长，质量越高”。实际上，对于篇幅冗长、复杂的调研报告，使用者往往因难以把握重点而产生反感的心理。因此，篇幅并不代表质量，只有让报告使用者满意的报告才是高质量的报告，所以撰写旅游市场营销调研报告时要力求简明扼要、重点突出。

（三）避免只列图、表不做解释

在用图、表说明某一调研问题时，要对图、表进行简要、准确的解释。如果只将图、表展示出来而不做解释，使用者就不能快速了解图、表所要说明的问题，也可能会对这些图、表产生怀疑，进而影响报告本身的可信度。

（四）要实事求是，尊重客观事实

旅游市场营销调研报告的内容必须真实、准确，这就要求调研报告所使用的信息资料必须符合客观实际，撰写者不能为了迎合委托方的需求，故意篡改或增删数据；同时，要注意信息资料的全面性，避免因结论和建议的片面性而对决策者产生误导。

（五）报告中引用他人的资料，应加以详细注释

这是大多数人常忽视的问题之一。通过注释指出资料的来源，以供使用者查证，也是对他人研究成果的尊重。注释应详细、准确，如被引用资料的作者姓名、书刊名

称、所属页码、出版单位和时间等都应予以列明。

（六）版面设计合理

版面设计包括字体的类型、字号、大小、颜色、字间距、空白位置的应用、插图及颜色的使用等。调研报告的版面要设计得大方、美观，有助于阅读。另外，打印报告时应使用质量好的纸张，打印和装订都要符合规范，这样会增强报告的专业性，以提高读者的信任感。

项目综合训练

一、项目背景

牛首山又名天阙山，是金陵四大名胜之一，因山顶东西双峰形似牛头双角而得名。“一座牛首山，半部南京史。”牛首山风光秀美，素有“春游牛首”之美誉。山内佛顶宫供奉着佛教界至高圣物——释迦牟尼佛顶骨舍利。整个文化旅游区涵盖佛顶圣境、宝相献花、隐龙禅谷、谧境禅林、天阙小镇五大功能区，致力于打造融佛禅文化、金陵文化、生态景观于一体的生态胜景、文化圣境、休闲胜地。

仲春时节，“春牛首”是市民踏青的好去处；与此同时，一批富有牛首山特色的文创纪念品也受到市民的青睐。例如，牛首山吉祥物“牛小禅”，Q版小牛被做成各种造型，有的在打坐，有的在睡觉，“呆萌”感十足。

江宁区牛首山景区崇尚佛教文化，如何把这样的文创产品做得既出彩又能让大家接受呢？设计方笑言：“秘诀就是接地气！”既要把禅意表现出来，也要把牛首山的特点表现出来。

资料来源　佚名．江宁区牛首山乡村旅游系列文创纪念品受青睐［EB/OL］．［2016-03-23］．http：//service.njaf.gov.cn/26974/201603/t20160322_3878846.html.

二、实训任务

分小组研讨以下问题：

（1）“遇见牛首山”文创旅游产品为什么受市民的青睐？

（2）对于“秘诀就是接地气”，你如何理解？

（3）为了设计出“接地气”的旅游文创产品，现针对游客开展牛首山旅游文创产品需求调研（也可选择本地旅游文创产品开展调研），通过对调研数据资料的整理、统计和分析，撰写调研报告。

三、实训目的

了解并掌握旅游市场营销调研的核心概念、本质，理解并掌握旅游市场营销调研的方案设计与实施，能够对项目调研资料进行整理、分析，撰写出调研报告。

四、实训步骤

（1）自由组合成小组，每组3～4人。

（2）小组开展自由讨论，整理分析资料，撰写调研报告，并制作PPT。

（3）各小组选派一名代表进行汇报交流。

五、实训评价

本综合训练项目的评分见表3-11。

表 3-11　**综合训练项目评分表**

考评教师		被考评小组	
被考评小组成员			
考评标准	内容	分值	得分
	主题鲜明、条理清楚、逻辑性强	20	
	运用所学理论知识分析问题的能力强	25	
	创新思维强，调研知识运用熟练	25	
	表述清晰、语气适中、仪表大方	20	
	计算机操作技能熟练，PPT 制作精美	10	
合计		100	

注：考评满分为 100 分，90 分及以上为优秀，80～89 分为良好，70～79 分为中等，60～69 分为及格。

项目同步测试

一、选择题（请选出适合的答案）

1. 确定调研目标，包括（　　）。

A. 明确客户为什么要进行调研

B. 客户想通过调研获得什么信息

C. 客户利用已获得的信息做什么

D. 市场调研与市场预测有时可以互相替代

2. 衡量调研设计是否科学的标准，主要就是看（　　）。

A. 方案的设计是否体现了调研目标的要求

B. 方案是否符合客观实际

C. 方案设计是否体现了企业领导人的意愿

D. 方案设计能否满足多种用途

3. 入户调研的优点有（　　）。

A. 信息获取的直接性

B. 调研组织的灵活性

C. 调研过程的可控制性

D. 调研数据的准确性

4. 要降低拒访率，调研者需要做到（　　）。

A. 衣装得体

B. 言语诚恳、胆大心细

C. 材料证明齐全

D. 依据被调查者的心理活动进行访谈

5. 市场营销调研资料整理与分析的意义在于（　　）。

A.资料整理提高了调研资料的价值

B.资料整理可以激发新信息的产生

C.资料整理可以对前期工作起到纠偏作用

D.加速了调研结论的总结

测一测 3-1

选择题

6.编写调研报告的语言要求有（　　）。

A.篇幅应该足够长

B.语言应该精确、凝练

C.可以面面俱到，使报告内容尽量完整无缺

D.杜绝晦涩难懂的语句、俚语和陈词滥调

二、判断题（判断下列各题是否正确，正确的在括号内打“√”，错误的打“×”）

1.市场调研采用的方式不同，所需的费用也不同。（　　）

2.在实地调研活动中，调研人员应该灵活变通、因地制宜，以求取得较好的调研效果，不可因循守旧，死板地去处理一些意想不到的复杂情况。（　　）

测一测 3-2

判断题

3.实地调研是收集二手资料的方法之一。（　　）

4.定性分析法是对收集到的资料进行逻辑分析。（　　）

5.统计图是用各种图形表现统计资料的一种形式。它以统计资料为依据，借助于几何线、形、事物的形象和地图等形式。（　　）

6.市场调研报告提交的过程就是沟通的过程。（　　）

三、简答题

1.简述市场调研的程序。

2.调研前应该做好哪些准备工作？

3.最常见的调研资料收集方法有哪些？

4.简述旅游市场营销调研报告的含义。

项目学习评价

旅游市场营销调研能力与素养测评表见表3-12。（在□中打“√”，A掌握，B基本掌握，C未掌握）

表3-12　　旅游市场营销调研能力与素养测评表

专业知识能力	评价指标	自测结果
旅游市场营销调研方案的设计与实施认知	1.旅游市场营销调研的内涵	□A　□B　□C
	2.旅游市场营销调研方案的设计	□A　□B　□C
	3.旅游市场营销调研方案的实施	□A　□B　□C
旅游市场营销调研资料的整理、分析	1.旅游市场营销调研资料的整理、统计	□A　□B　□C
	2.旅游市场营销调研资料的分析	□A　□B　□C
旅游市场营销调研报告的撰写	1.旅游市场营销调研报告的认知	□A　□B　□C
	2.旅游市场营销调研报告的结构	□A　□B　□C
	3.旅游市场营销调研报告的撰写技巧	□A　□B　□C
	4.旅游市场营销调研报告撰写的注意事项	□A　□B　□C

续表

职业能力与素养	评估标准		自测结果
自我学习	1. 能进行时间管理并阅读相关专业书籍		□A　□B　□C
	2. 能选择适合自己的学习方式		□A　□B　□C
	3. 能将已经学到的知识在现实中加以运用		□A　□B　□C
文献搜索	1. 能根据不同需要去搜寻、获取并选择信息		□A　□B　□C
	2. 能筛选信息，并进行信息分类		□A　□B　□C
	3. 能使用多媒体等手段来展示信息		□A　□B　□C
与人交流	1. 能把握交流的主题、时机和方式		□A　□B　□C
	2. 能理解对方谈话的内容，准确表达自己的观点		□A　□B　□C
	3. 能获取并反馈信息		□A　□B　□C
团队协作	1. 能明确自己在团队中的地位和作用		□A　□B　□C
	2. 能同合作者进行有效沟通，学会换位思考		□A　□B　□C
解决问题	1. 能说明学习中出现的问题并指出其主要特征		□A　□B　□C
	2. 能制订出解决问题的计划并组织实施		□A　□B　□C
	3. 能对解决问题的方法适时做出总结和修改		□A　□B　□C
职业素养	1. 能诚实守信，遵守旅游行业从业人员职业道德规范		□A　□B　□C
	2. 能够守正创新，有增值性成长		□A　□B　□C
学生自评		学生签字	
教师评语			
成绩		教师签字	

4 项目四 旅游市场细分与定位

项目目标

通过本项目的学习，学生应理解旅游市场细分在整个旅游市场营销中的作用和地位，了解旅游市场细分的基本原则，掌握旅游市场细分的基本依据和应用方法，了解目标市场选择的模式与策略制定，理解并掌握目标旅游市场的选择与旅游企业市场定位的方法，培养学生技能宝贵、创造伟大、知行合一的职业素养和职业精神。

项目导入

民宿在中国台湾的发展有很长的历史，最早大规模发展民宿的地区是垦丁公园。早在20世纪80年代，垦丁公园为解决住宿设施不足的问题，有空屋的人家会挂起民宿招牌或直接到饭店门口、车站等地招徕游客，形成一种简单的旅游住宿形态。目前，民宿已发展成为一种结合当地人文、自然景观、生态、环境资源及农林牧渔生产活动，有别于传统饭店、宾馆等的住宿体验，给游客以温馨亲切的家的感觉的旅游接待设施和旅游体验产品。

看动画4-1

旅游市场细分与定位

坐落在南京汤家家温泉村的“美泉沐浴文化民宿”拟对南京汤家家温泉民宿（也可选择本地民宿）市场开展调查研究，并在市场调研的基础上，通过市场细分与目标市场的选择，制定行之有效的定位策略，提高其市场竞争力。如果本校专业教师承接了此项目，并拟带领同学们完成此项工作，同学们应准备哪些基本知识和技能呢？

项目分析

思维导图4-1

项目四

为更好地完成项目任务，同学们应充分准备如下知识与技能：

1.理解并掌握旅游市场细分的内涵与作用。

2.理解并掌握旅游市场细分的标准，科学细分市场。

3.能够掌握市场细分的方法，科学选择目标市场。

4.能够掌握市场定位的方法，科学进行目标市场定位。

任务一　旅游市场细分

任务目标

1. 知识目标

- 理解并掌握旅游市场细分的内涵与特征。
- 理解并掌握旅游市场细分的标准。

2. 能力目标

- 能够运用市场细分的方法进行旅游市场细分。
- 能够科学描述细分旅游市场的基本特征。

3. 素养目标

- 提升对旅游营销工作岗位的认知度、理解度和职业热爱。
- 培养学生科学调查的意识和能力。
- 培养学生团队协作的精神和合作能力。
- 培养学生诚实守信、守正创新职业素养。
- 培养学生技能宝贵、创造伟大、知行合一的职业素养和职业精神。

任务导入

南京汤家家温泉村位于南京汤山镇北，远离都市喧嚣，自然环境优美，交通便捷，人文历史底蕴深厚，形成了集温泉养生、温泉民宿、农家技艺展示等于一体的自然温泉村。汤家家温泉民宿更是独具特色，已有20多家特色鲜明的民宿对游客营业。其中，“美泉沐浴文化民宿”便隐逸于这山水清流之间。为科学确定“美泉沐浴文化民宿”的客源市场范围和重点市场，现拟安排赵丽等同学在专业教师和民宿管家小马的带领下开展“美泉沐浴文化民宿”旅游市场调研工作，并在调研的基础上科学细分市场，为其目标市场的选择提供科学依据。同学们想要出色地完成此次工作任务，应该学习并掌握哪些旅游市场细分的基本理论知识呢？

知识积累

旅游市场细分是旅游目标市场选择的前提。任何一家旅游企业都不可能服务于旅游市场上的全部旅游者，而只能满足一部分旅游者的相关需求。因此，为解决旅游市场需求的“无限性”与旅游企业资源“有限性”之间的矛盾，旅游企业首先必须根据实际情况对旅游市场进行细分。

微课堂4-1

旅游市场细分（双语）

一、旅游市场细分认知

（一）旅游市场细分的概念

市场细分是指企业依据消费者（或用户）在需求上的各种差异，把整体市场划分为在需求上大体相近的若干个市场部分，形成不同的细分市场，从而有利于企业选择目标市场和制定营销策略的一切活动的总称。

旅游市场细分是指依据游客需求的差异性，旅游企业把整体旅游市场划分为在需求上大体相似的若干个游客群，形成不同的细分市场。旅游市场细分的目的是使同类旅游市场中同一细分市场上的旅游者的需求具有更多的共同性，不同细分市场之间的需求具有更多的差异性，以使旅游企业明确有多少细分市场及各细分市场需求的主要特征。旅游市场细分在本质上并不是对整体市场的地域范围或数量规模的划分，而是对不同旅游者按照需求特征的差异性和相似性进行的客观上的分类，具体可以从以下三个方面进行解析：

（1）市场细分是以市场需求的差异性和相似性为客观基础的。同一细分市场的旅游者的需求具有某些共同特点，他们对某一特定产品或服务的需求差异较小，而在各个不同的细分市场之间，旅游消费者的需求则存在着较大的差别。

（2）进行市场细分的标准是不同旅游者的消费特征，如需求特征、购买动机、购买行为特征等。它使市场消费的特征更加鲜明，有利于旅游企业制定合理有效的营销策略。

（3）市场细分的最终目的是使旅游企业现有的生产能力、产品供应等能够最大限度地满足旅游者的需求，以实现旅游企业的经营目标，维持和提高旅游企业的市场占有率。

学以致用4-1 **你了解STP战略吗？**

现代战略营销的核心可以被描述为STP战略，即Segmenting（细分，确定细分变量和细分市场，勾画细分市场的轮廓），Targeting（目标，评估每个细分市场的吸引力，选择目标细分市场）和Positioning（定位，为每个目标细分市场确定可能的定位观念，选择、发展和沟通所挑选的定位观念）。

讨论：通过文献调研，详细了解STP战略，谈谈你对STP战略的理解。

听一听4-1

STP战略

（二）旅游市场细分的功能

1.有利于寻找市场机会

旅游企业通过市场调研和市场细分，可以了解各个游客群的需求情况和这些需求目前被满足的程度，从而发现哪些游客群的需求没有得到满足或没有得到充分满足。在满足水平较低的市场，就可能存在着最好的市场机会。

2.有利于制定营销策略

旅游企业通过市场细分，选择目标市场，可以有的放矢地采取适当的市场营销策略。首先，企业可以按照目标市场的需求变化，及时、正确地调整产品结构，使其适销对路；其次，企业可以科学地调整和安排分销渠道、价格策略、广告宣传等，使产品能顺利、迅速地送达目标市场；最后，企业还可以集中使用人力、物力、财力，将有限的资源集中使用在“刀刃”上，从而以最少的经营费用取得最大的经营效益。

3.有利于确定市场覆盖策略

任何企业的营销能力对整个市场来说，都是有限的。如何把有限的资源利用好，使其产生最佳的经济效益，是现代企业经营取得成功的关键。通过市场细分，实力强的大型旅游企业往往会提供质量更好的产品与服务，最大限度地吸引市场上的旅游者；而实力较弱的小型旅游企业由于资源有限，往往会集中其全部力量去吸引某一细分市场上的旅游者，从而避免同那些大型旅游企业进行直接的竞争。

4.有利于自身管理的完善

旅游企业通过市场细分，可以科学地选择其目标市场，并根据对目标市场的需求调研，科学地制定企业的营销战略。据此，旅游企业原来不适应目标市场需求的产品与服务、内部组织机构、管理制度和设备设施等将会被更新或淘汰。

二、旅游市场细分依据的确定

营销学家认为，市场包含着无数的购买者，每个购买者的需求和欲望千差万别，他们的购买着眼点各不相同，这就是消费需求的“异质性”理论。该理论是进行市场细分的理论基础。要想进行市场细分，就必须寻找细分的依据和标准。一般来说，旅游市场细分的依据和标准可以概括为四类：地理标准、人口标准、消费者心理标准和消费者行为标准，每一类标准又包含了一系列的细分因素。

学以致用4–2　　**你知道市场细分的依据和标准吗？**

市场细分的依据和标准，见表4–1。

表4–1　　**市场细分的依据和标准**

划分标准	细分因素
地理标准	国界、区域、地形、气候、城乡、人口密度、交通条件、其他
人口标准	国籍、种族、民族、宗教、职业、受教育程度、性别、年龄、收入、家庭人数、家庭生命周期、其他
消费者心理标准	生活方式、性格、购买动机、旅游偏好、其他
消费者行为标准	追求利益、对广告的反应、出游频率、渠道信赖度、价格敏感度、品牌忠诚度、其他

讨论：旅游市场如何进行有效市场细分？请举例说明。

（一）地理标准

地理细分是指按照消费者所处的地理位置、自然环境来细分市场，是一种传统的细分方法。旅游者所处的地区和地理环境、条件不同，其需求和欲望也不同。生活在内陆和沿海、温带和寒带、城市和乡村的人们对同一旅游产品有各自不同的需求和偏好。地理因素是一个静态因素，人们容易辨别（见表4–2），对于分析、研究不同地区旅游者的需求特点及其发展变化趋势有一定的意义，有助于旅游企业开拓区域市场。即使在同一国家、地区、城市的旅游者，其需求与爱好也并不完全相同，有时差别也很大，因此还要进一步细分研究。

表4–2　　**旅游市场细分依据——地理标准**

地理标准典型因素	细分示例
客源国（地区）	洲、国家、地区、城市、郡县等
潜在客源地区与旅游目的地之间自然环境的差异	差异度小、差异度大、差异度中等
地区（六大旅游区）	东亚及太平洋旅游区、南亚旅游区、中东旅游区、非洲旅游区、欧洲旅游区、美洲旅游区等
空间距离	远程旅游市场、中程旅游市场、短程旅游市场等，或近距离市场、周边市场、区域性市场和世界市场等
不同客源地旅游者流向某一目的地的人次占该目的地接待人次的比例	一级市场、二级市场、机会市场等

（二）人口标准

人口细分是指依据人口统计变量因素对市场进行细分。由于旅游者的国籍、民族、性别、年龄、职业、收入、受教育程度、信仰等不同，其需求和爱好亦不同，因此形成了旅游需求的差异性，从而为市场细分提供了依据。同时，由于人口统计变量资料比较容易获得和进行衡量，因此越来越多的企业采用多种人口统计变量来进行综合市场细分，尤其是当利用单一变量无法准确划分时，可以通过性别、年龄和收入等多个变量将旅游市场划分为多个细分市场，对每个细分市场进行更细致的描述。例如，“美泉沐浴文化民宿”将月收入在8 000元以上的年轻女性、男性市场作为重点市场。除了上述人口因素外，经常用于市场细分的人口因素还有家庭生命周期（见表4-3）、家庭规模、种族、宗教等。

表4-3　　不同家庭生命周期消费群的旅游消费特征表

家庭生命周期	旅游消费特征
年轻的单身男女	有空闲时间，喜好运动、旅游，但不甚富裕
没有小孩的年轻夫妇	有较高的购买力，有空闲时间，一般喜好度假旅游
有小孩的年轻夫妇	孩子小，很少有空闲时间，难以外出旅游
成年夫妇	有七八岁的小孩，如果家庭收入状况好，常以小包价的方式旅游
中年夫妇	小孩已长大自立，家庭收入高，多采取出国旅游的方式
老年夫妇	有相当多的储蓄，对康养旅游很感兴趣，往往选择观光旅游、游轮旅游的方式

（三）消费者心理标准

消费者心理细分是指根据旅游者的生活方式、个性特点等心理特征进行市场细分。消费者心理因素是比较复杂的动态因素，常见的有旅游者个性、生活方式、购买动机、旅游偏好等（见表4-4）。旅游企业可以把个性、爱好、兴趣、价值取向、生活方式相近似的旅游者集合成群，并结合他们的行为方式有针对性地制定营销策略。比如，在上述心理因素的作用下，人们的生活方式可以分为“简朴型”“新潮型”“享乐型”“社交型”等。显然这种划分方法可以显示出不同的旅游者群体对旅游产品的心理需求特征。旅游企业需要及时了解旅游者的不同心理需求特征及其变化，并据此进行市场细分，确定自己的目标市场。

表4-4　　旅游市场细分依据——消费者心理标准

消费者心理标准典型因素	细分示例
生活方式	简朴型、新潮型、享乐型、社交型等
个性	内向型、外向型等
购买动机	求廉型、求实型、求新型、求冒险型等
旅游偏好	山水游、城市游、古迹游、购物游等

（四）消费者行为标准

旅游者的购买行为因素包括旅游者利益诉求、购买时间、购买方式、进入市场的程度、忠诚度等（见表4-5）。按进入市场的程度不同，通常可以将旅游者划分为潜在旅游者、初次旅游者和常规旅游者，依此可划分出若干不同的细分市场。一般而言，实力雄厚、市场占有率较高的旅游企业，特别注意吸引潜在旅游者，企业通过营销战略特别是广告促销策略及优惠的价格手段，可以把潜在旅游者变为旅游企业产品的初次消费者（即初次旅游者），进而再变为常规旅游者。而一些中小企业特别是无力开展大规模促销活动的旅游企业，主要注重吸引常规旅游者。在常规旅游者中，不同旅游者对旅游产品的使用频率的差别也很悬殊，还可以根据旅游者的出游频率进一步细分。

表 4-5 旅游市场细分依据——消费者行为标准

消费者行为标准典型因素	细分示例
旅游目的（利益诉求）	观光旅游市场，会议、商务旅游市场，度假旅游市场，奖励旅游市场，探亲访友旅游市场等
购买时间	旺季市场、淡季市场、平季市场
购买方式	团体市场（普通团、豪华团；观光团、专业团）和散客市场
进入市场的程度	潜在旅游者、初次旅游者、常规旅游者。
忠诚度	高度忠诚者、中度忠诚者、转移忠诚者、无忠诚度者

三、旅游市场细分程序的确定

旅游企业要科学细分旅游市场，必须掌握市场细分的程序。借鉴美国市场营销学家麦卡锡（E. J. McCarthy）的“市场细分七步法”，旅游市场细分的程序确定如下：

1.选定旅游产品市场的范围

旅游产品要进入市场，首先需要确定旅游产品市场的范围。例如，某旅游产品是以境内市场为主，还是以境外市场为主；是以高端市场为主，还是以中低端市场为主；是以观光旅游为主，还是以休闲型、疗养型旅游为主等。只有确定了自己的市场范围，才能寻找和发现新的市场机遇。

2.列举潜在旅游者的基本要求

在选定产品市场范围的前提下，旅游企业可从人口、地理、消费者行为、消费者心理等各种标准方面，大致估算潜在旅游者的需求，了解市场需求状况。例如，旅游者对疗养型旅游的需求大致包括：宁静、舒适、空气清新、有益健康等。潜在旅游者的需求并非现实需求，因而旅游企业在进入行业竞争前先要熟悉行业特征。

3.分析潜在旅游者的不同需求

在初步分析的基础上，旅游企业可以罗列出各种需求作为调研依据，对潜在旅游者进行调研，了解他们较为迫切的需求，并进行归纳、集中，选出几个因素作为市场细分的标准。

4.排除潜在旅游者的共同需求

对于粗略划分的市场而言，其共同需求固然重要，但这些共同需求只能作为设计市场营销组合的参考，而不能作为市场细分的基础，因而可以排除这些共同需求，选择具有鲜明特征的需求作为市场细分的标准。

5.划分相应的市场群

旅游企业根据各个细分市场的需求特点，为各细分市场暂时取名，形成不同的旅游群。

6.进一步分析各细分市场的具体特点

深入考察细分市场的特点，分析各细分市场的不同需求及旅游者的购买行为，了解影响细分市场的新因素，确定各细分市场有无必要再作细分或重新合并，以不断适应市场的变化。

7.对各细分市场进行综合评价

各细分市场的类型基本确定后，旅游企业要对各个细分市场进行全面的评估，测量各细分市场的规模、购买能力、购买频次、购买量等，从而在各子市场中选择与本企业经营优势和特色相一致的市场作为目标市场。

文旅相彰 4-1　　旅游空间新格局

"十四五"旅游业发展规划明确提出：综合考虑文脉、地脉、水脉、交通干线和国家重大发展战略，统筹生态安全和旅游业发展，以长城、大运河、长征、黄河国家文化公园和丝绸之路旅游带、长江国际黄金旅游带、沿海黄金旅游带、京哈—京港澳高铁沿线、太行山—武陵山、万里茶道等为依托，构建"点状辐射、带状串联、网状协同"的全国旅游空间新格局。

具体要求如下：建设跨区域特色旅游功能区。重点推动建设香格里拉民族文化旅游区、太行山生态文化旅游区、武陵山生态文化旅游区、长江三峡山水人文旅游区、大别山红色旅游区、罗霄山红色旅游区、乌蒙山民族文化旅游区、秦巴山区生态文化旅游区、长白山森林生态旅游区、大小兴安岭森林生态旅游区、中原文化旅游区、海峡西岸旅游区、南海海洋文化旅游区、北部湾海洋文化旅游区、六盘山生态文化旅游区、祁连山生态文化旅游区、南岭森林生态文化旅游区、塔里木河沙漠文化旅游区、滇黔桂民族文化旅游区、浙皖闽赣生态旅游协作区。

建设国家旅游风景道。重点推动建设川藏公路风景道、大巴山风景道、大别山风景道、大兴安岭风景道、大运河风景道、滇川风景道、滇桂粤边海风景道、东北边境风景道、东北林海雪原风景道、东南沿海风景道、海南环岛风景道、贺兰山六盘山风景道、华东世界遗产风景道、黄土高原风景道、罗霄山南岭风景道、内蒙古东部风景道、祁连山风景道、青海三江源风景道、太行山风景道、天山世界遗产风景道、乌江风景道、西江风景道、香格里拉风景道、武陵山风景道、长江三峡风景道。

资料来源　国务院.国务院关于印发"十四五"旅游业发展规划的通知（国发〔2021〕32号）[EB/OL].[2022-01-20]. http://www.gov.cn/zhengce/content/2022-01/20/content_5669468.htm.

思政元素：守正创新

头脑风暴：跨区域旅游功能区、旅游风景道的市场空间新格局对旅游市场营销有何影响？

技能训练

一、场景设计

赵丽等同学拟在民宿管家小马的带领下，利用双休日，分小组考察南京汤山国家温泉度假区汤家家精品温泉民宿村（或本地某民宿村），了解该民宿村客源市场的基本情况，以村中的“美泉沐浴文化民宿”（或本地某民宿）为例，依据市场细分标准，借鉴麦卡锡的“市场细分七步法”对温泉民宿进行市场细分。

二、实训目的

本实训应使学生了解旅游市场细分的作用，掌握旅游市场细分的依据和方法，能够运用麦卡锡“市场细分七步法”对旅游市场进行细分。

三、实训步骤

1.考察前的准备

（1）资料准备：在考察前一周，小组成员分别通过携程旅行网、去哪儿旅行网等，对民宿村民宿的数量、档次、价位、游客预订情况等开展调研；初步了解民宿村客源市场的地理特征、人口特征、消费者心理特征和消费者行为特征，并对收集的二手资料进行汇总、整理、分析，大致绘制出民宿村客源市场的比重图。

（2）知识准备：考察前，对市场细分的相关理论知识进行回顾，熟悉旅游市场细分的依据和“市场细分七步法”。

（3）材料准备：考察前，对民宿村的客源市场进行梳理，熟悉民宿村的基本情况（位置、交通路线、经营点等）；准备调研问卷50份、民宿经营者访谈提纲1份；组员必须带好笔、笔记本、手机或照相机等，做好考察记录工作。

（4）计划准备：考察前，应制订考察计划，明确考察目的、考察时间、交通工具、任务分工、联络方式、考察费用等事项。

（5）纪律要求：外出调研时，组员必须听从指挥、遵守纪律、注意交通安全，并表现出良好的礼貌礼节，维护学校的形象。

2.实地考察

（1）小组成员一起前往民宿村，由组长负责带队，明确小组集合的时间和地点。

（2）进入民宿村后，两人一组开始考察。在考察中，一方面，通过现场问卷的形式调查游客；另一方面，对民宿经营者进行访谈，听取他们对其主要客源市场的介绍。

（3）考察结束后，由组长负责召集小组成员，安全返校。

3.校内讨论及报告撰写

回校之后，由组长主持开展小组讨论，小组成员根据调研目的整理、分析调研问卷和访谈资料，并据此撰写×××民宿村客源市场现状调研报告（见表4-6）、×××民宿市场细分调研报告（见表4-7）。

表 4-6　　×××民宿村客源市场现状调研报告

<table>
<tr><td>班级</td><td></td><td>姓名</td><td></td><td>调研时间</td><td></td></tr>
<tr><td>学号</td><td></td><td>组号</td><td></td><td>主要任务</td><td></td></tr>
<tr><td colspan="6">标题
目录
正文
1.引言
2.民宿村简介
3.民宿村客源市场构成
4.民宿村客源市场特征
5.结论与建议
结语
附录（调研问卷、访谈提纲、照片和参考资料）</td></tr>
<tr><td>备注</td><td colspan="5"></td></tr>
</table>

表 4-7　　×××民宿市场细分调研报告

<table>
<tr><td>班级</td><td></td><td>姓名</td><td></td><td>调研时间</td><td></td></tr>
<tr><td>学号</td><td></td><td>组号</td><td></td><td>主要任务</td><td></td></tr>
<tr><td colspan="6">标题
目录
正文
1.引言
2.市场细分调研报告主体（参考“市场细分七步法”来写）
3.结论与建议
附录（照片和参考资料）</td></tr>
<tr><td>备注</td><td colspan="5"></td></tr>
</table>

四、技能评价

根据调研情况填写×××民宿村市场调研项目评价表（见表4-8）。

表 4-8　　×××民宿村市场调研项目评价表

<table>
<tr><td>考评教师</td><td colspan="2"></td><td>被考评学生</td><td></td></tr>
<tr><td>考评地点</td><td colspan="4"></td></tr>
<tr><td>考评内容</td><td colspan="4">对旅游市场细分的作用与细分依据的认知情况，对旅游市场细分方法的掌握情况</td></tr>
<tr><td rowspan="7">考评标准</td><td colspan="2">内容</td><td>分值</td><td>得分</td></tr>
<tr><td colspan="2">能够明确此次任务的主要目的</td><td>15</td><td></td></tr>
<tr><td colspan="2">能够设计调研问卷和访谈提纲</td><td>20</td><td></td></tr>
<tr><td colspan="2">能够深刻了解调研对象的相关资料</td><td>15</td><td></td></tr>
<tr><td colspan="2">外出参观考察纪律表现良好</td><td>15</td><td></td></tr>
<tr><td colspan="2">能够掌握市场细分的依据、细分程序等相关知识</td><td>15</td><td></td></tr>
<tr><td colspan="2">民宿旅游市场细分准确，方法运用熟练</td><td>20</td><td></td></tr>
<tr><td colspan="3">合计</td><td>100</td><td></td></tr>
</table>

注：考评满分为100分，90分及以上为优秀，80～89分为良好，70～79分为中等，60～69分为及格。

任务二　旅游企业目标市场选择与定位

任务目标

1.知识目标

- 理解并掌握目标市场的内涵与特征。
- 理解并掌握目标市场选择与定位的作用。

2.能力目标

- 能够准确选择目标市场。
- 能够科学定位目标市场。

3.素养目标

- 提升对市场营销工作岗位的认知度、理解度和职业热爱。
- 培养学生科学调查的意识和能力。
- 培养学生科学决策的意识和能力。
- 培养学生诚实守信、守正创新的职业素养。
- 培养学生技能宝贵、创造伟大、知行合一的职业素养和职业精神。

任务导入

"美泉沐浴文化民宿"于2016年10月1日正式开业，作为刚刚开业不久的温泉民宿，要想在汤山温泉民宿群中占有一席之地，需要在汤山国家级温泉度假区800多万游客中寻找属于自己的目标市场，准确进行市场定位。为此，民宿主人请本校专业教师和管家小马带领赵丽等同学在一个月内完成美泉沐浴文化民宿（或本地某民宿）目标市场的选择和定位任务。同学们想要出色地完成此次工作任务，应该学习并掌握哪些旅游目标市场选择与定位的基本理论知识、工作方法和工作流程呢？

知识积累

一、旅游目标市场认知

旅游目标市场是指旅游企业在细分市场的基础上，根据自身资源优势所选择的，主要为之服务的那部分特定的游客群体。简而言之，旅游目标市场是指在市场细分的基础上，旅游企业要进入的最佳细分市场。

目标市场与市场细分既有联系又有区别。市场细分是按旅游者的消费需求与消费行为等划分不同游客群体的过程，目标市场则是根据市场细分标准选择一个或两个以上细分市场作为旅游企业营销对象而选择的市场。可见，企业选择目标市场是在市场细分的基础上进行的。

知识拓展4-1　　你知道旅游企业为什么要选择目标市场吗?

旅游企业发展需具有精益求精、专注、创新的工匠精神，需要紧盯消费者需求变化和企业发展目标，以旅游市场细分为前提，科学精准选择目标市场，不断探索符合消费需求的战略定位。

（1）对旅游企业而言，并非所有的市场机会都具有同等的吸引力，并非每个市场都是旅游企业愿意进入和能够进入的。

（2）由于资源有限，一家旅游企业无法提供市场内每一个旅游者所需要的所有产品或服务，而只能选择企业能发挥自身优势范围内的旅游者作为自己的服务对象。

（3）旅游企业只有确定具体的服务对象，即选择目标市场，才能科学制定市场营销战略（策略），提高市场竞争力。

二、旅游目标市场的评估与选择

（一）旅游目标市场评估

1.评估旅游市场潜力

旅游市场潜力主要包括三个方面：一是市场规模，对旅游企业来说，市场规模指的是企业从目标市场获得的销售额，销售额是由该市场中的游客数量和购买水平决定的。二是发展潜力，评估目标市场时要看市场的前景而不能只看当下，一个细分市场当下的规模可能不大，但如果它有发展潜力，也是具有吸引力的。三是服务成本，不同市场中的游客，其购买期望值不同，为不同的细分市场服务，成本也就不同。为目标市场服务的成本必须与该市场的购买水平相协调，使得旅游企业能获取一定的利润。

2.评估持续盈利能力

目标市场即使有规模、有前景，企业服务于它的成本低，也并不意味着它能够使企业长期、持续盈利，企业还应考虑竞争、供应商等因素。每个旅游市场都会有竞争者、新加入者和替代者的威胁。如果进入旅游市场的壁垒低，就会导致竞争对手多，加剧市场竞争，降低盈利水平，这样的市场不宜作为旅游企业的目标市场。如果旅游企业的供应商提高价格或降低产品和服务的质量，或减少供应数量，就会影响该市场的吸引力。

3.评估持续旅游需求

持续旅游需求是指未被满足的旅游需求。其包含两层意思：一个是指目标市场对本企业的旅游产品和服务有需求、购买欲望和购买能力；另一个是指某种旅游需求未被市场上的旅游企业所满足或满足程度不够。

4.评估目标市场的特征与旅游企业总目标和资源优势的匹配程度

目标市场的特征与旅游企业总目标和资源优势的匹配程度是旅游企业选择目标市场的基础。第一，旅游企业有能力满足目标市场的旅游需求，主要体现在：一方面，企业能够根据旅游者的需求提供某种产品和服务；另一方面，企业能够发挥自己在管理和销售等方面的优势，通过适宜的渠道、强有力的营销手段去争取目标市场，从而占领该市场。第二，有吸引力的市场并不一定是最好的市场，只有符合企业长远发展目标、企业能充分利用其自身的资源条件并能发挥企业优势的市场才是最适合旅游企业的目标市场。

（二）旅游目标市场选择

选择目标市场就是确定要进入多少个细分市场，以及要进入的各个细分市场的重要程度。旅游企业往往要根据自身的实力与市场情况确定一个或几个细分市场作为自己的目标市场，并确定第一目标市场、第二目标市场、第三目标市场等，以便将自己有限的资源用在招徕最能提高企业经济效益的旅游者群体上。

因此，对旅游企业而言，选择目标市场就必须在市场细分的基础上，对各个细分市场进行充分的评估，确定其优先级和重要性；同时，对于那些值得大力培育的细分市场，企业要评估自身是否有足够强的能力，是否能形成足够强的竞争优势。围绕这些问题，旅游企业选择目标市场一般要经过以下步骤：

1.评估各类细分市场的市场容量及发展趋势

值得旅游企业大力培育的细分市场必须有足够大的市场容量。旅游企业对各类细分市场容量的评估主要包括两个方面：

（1）各细分市场的销售量及发展趋势

旅游企业需要收集历年来各类细分市场上的销售信息，如市场总销售额及其组成情况，还包括接待人数、旅游者组成情况、旅游天数等。然后，以历史统计数据为依据，预测各细分市场未来的需求量及发展趋势，并确定哪些细分市场增长潜力较大，哪些细分市场增长潜力较小甚至会萎缩。企业在进行目标市场的选择时一般应考虑增长潜力较大的细分市场。

（2）本企业产品在各类细分市场上的销售量及发展趋势

旅游企业根据自己过去积累的经营资料，对过去的销售情况进行统计分析，了解各类细分市场的销售额及其组成情况，还包括接待人数、旅游天数、住房天数、客房利用率、该细分市场接待数占企业接待总数的百分比等。为保证经营的平稳性，旅游企业需要将目前业务量比例最高的细分市场作为短期内优先开发的重点。

2.评估各细分市场的盈利能力

企业应该选择能给自己带来较大利润的细分市场作为目标市场。能给旅游企业带来较大利润的细分市场一般需求量比较大，如接待人数较多、开房间的天数较多等。有些细分市场，虽然需求量很大，但如果价格偏低，或者经营费用较高，也不会给企业带来理想的利润。因此，旅游企业在选择目标市场时，还要分析各类细分市场上旅游产品的平均价格和销售额以及各类细分市场需要的经营费用等。通过分析各类细分市场的变动成本率、固定费用率、利润率等，确定在哪些细分市场上能获取较大利润，哪些细分市场的培育费用及接待过程中的变动成本不算太高。当企业有足够的接待能力时，应该努力争取这类能使利润最大化的市场，以支付旅游企业庞大的固定成本支出。

3.评估各细分市场的季节性变化模式

旅游活动具有很强的季节性，在旅游市场上，各个细分市场在不同的季节和时间，需求模式具有较大差异。绝大多数的旅游企业在一年中有旺季、平季和淡季之分。旺季的需求量很大，企业一般不需要做大量的市场宣传和推广工作，接待的旅游者人数很多，企业的接待能力可以得到较充分的利用；平季需求量比旺季小，但也能达到一定规模；淡季的需求量则很小。因此，旅游企业要分析各个细分市场旅游者需求的旺、平、淡季，把营销力量放在那些旅游企业能充分利用其自身接待能力的细分市场上。

4.分析本企业对各类细分市场的培育能力

旅游企业选择目标市场时，除了应考虑各细分市场是否值得培育以外，还必须分析本企业对各细分市场的培育能力。因此，旅游企业必须分析自己的产品特色、设备设施情况及服务质量等，以明确本企业是否有足够强的能力招徕各细分市场上的旅游者。如果细分市场上的旅游者对同类产品和服务的要求超出了本企业现有产品和服务的范围，旅游企业就需要衡量满足这种需求所要投入的各种成本；如果企业具备满足该细分市场需求的能力，则企业需要进一步分析现有产品和服务能否高质量地满足旅游者的需求，能否改善产品和服务去满足这些需求。

5.分析竞争对手对细分市场的培育能力

旅游企业明确了准备进入的细分市场后，就能够准确地判断真正的竞争对手有哪些了。对目标市场进行选择，除了应考虑旅游企业自身的条件外，竞争对手的情况也是影响旅游企业选择进入各类细分市场的重要因素。因此，旅游企业在选择目标市场时，还必须分析竞争对手在满足各类细分市场的需求方面，与本企业相比有哪些优势和弱点，竞争对手在哪些方面强于本企业，在这些方面本企业能否赶上甚至超越它们，竞争对手是否在大力培育这些细分市场，竞争对手的产品能否满足细分市场的各种需求等。

三、旅游目标市场的模式及营销策略

（一）旅游目标市场的模式

旅游企业在对不同的细分市场进行评估后，就可以对目标市场进行选择了，那么如何选择旅游目标市场呢？一般有五种模式，如图4-1所示。

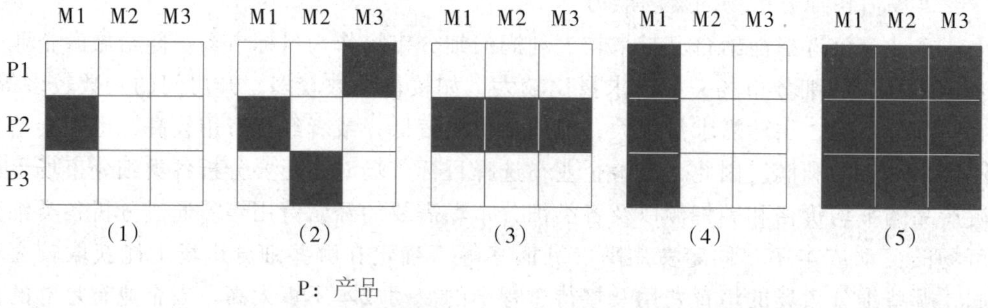

图4-1 旅游目标市场的五种模式

1.密集单一市场模式

如图4-1（1）所示，旅游企业通过密集单一营销（单一市场、单一产品），能够更加了解该细分市场的需要，快速在此领域树立特别的声誉，并在该细分市场建立起牢固的市场地位。但如果选择的该细分市场出现不景气现象，则企业将面临较大的经营风险。

2.产品-市场专业化模式

如图4-1（2）所示，旅游企业选择若干细分市场，其中每个细分市场在客观上都具有一定的吸引力，并且符合企业的目标，但各细分市场之间很少有或者根本没有任何联系，在每个细分市场上企业都有可能盈利。

3.产品专业化模式

如图4-1（3）所示，旅游企业集中提供一种旅游产品，并向各类旅游者销售该种产品。旅游企业通过这种战略，可以在该种产品方面树立起很高的声誉，从而体现企业的专业化水平。

4.市场专业化模式

如图4-1（4）所示，旅游企业专门为满足某类旅游者群体的各种需要而服务，从而获得良好的声誉。

5.完全市场覆盖模式

如图4-1（5）所示，旅游企业用各种旅游产品同时满足各种旅游者的需求，即用不同的产品和服务覆盖所有类型的旅游者，这种模式只适合大型旅游企业。但在这种模式中，旅游企业应该注意的是，仍然应该在某类产品或者某个细分市场上塑造自身的独特优势，否则容易形成“大而全”或“小而全”的局面，以致缺乏核心竞争力。

学以致用4-3　　　　目标市场选择的五种模式的优缺点和适用条件是什么？

访谈民宿村的营销人员，了解民宿村的民宿，其主要采用了哪些目标市场选择模式，分析各种模式在运用中出现的问题、优缺点以及适用条件。

讨论：进行文献调研，了解目标市场选择的五种模式的优缺点及适用条件。

（二）旅游目标市场营销策略

旅游目标市场营销策略是指旅游企业在市场细分的基础上，选择目标市场的方法、策略。旅游企业可选择的策略一般有三种：无差异性目标市场营销策略、集中性目标市场营销策略、差异性目标市场营销策略，如图4-2所示。

1.无差异性目标市场营销策略

这一策略是指旅游企业将整体旅游市场看作一个大的目标市场，不考虑细分市场之间的区别，仅推出一种产品、单一的营销组合来满足所有旅游者的需求，致力于旅游者需求中的相同之处。

无差异性目标市场营销策略忽视细分市场间旅游者需求的差异性，只注重其需求的共性。该策略的优点在于产品标准统一，易于管理，便于规模化生产。但事实上，旅游者的需求是不可能完全统一的，所以旅游企业提供旅游产品时应该给旅游者更多的选择空间。

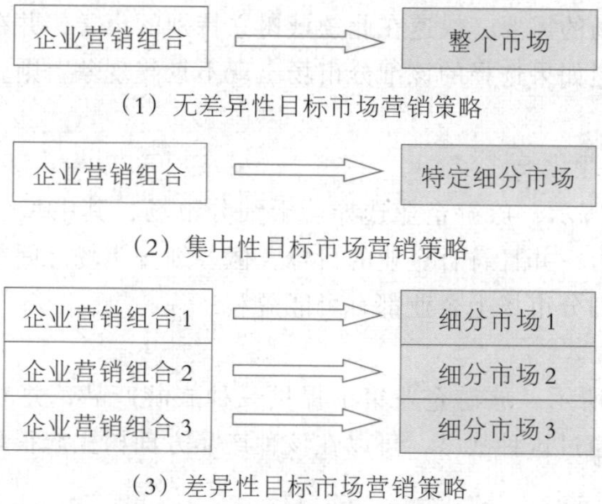

图 4-2　目标市场营销策略

2. 集中性目标市场营销策略

对众多的中小型旅游企业而言，集中性目标市场营销策略是常见的选择。采用集中性目标市场营销策略时，旅游企业集中力量于一个小的、特定的子市场，并以自己特定的营销组合来满足该市场的需要。该策略的优势在于：一方面，可以使旅游企业充分运用企业自身有限的资源，“集中优势兵力打歼灭战”，使资源发挥尽可能大的作用；另一方面，可以使旅游企业扬长避短，充分发挥自己的优势。在适当时机，该策略还有可能使旅游企业获得意想不到的超额效益。然而，集中性目标市场营销策略具有风险性较大的弱点。由于目标市场比较单一和窄小，一旦市场出现不利于旅游企业的情况，旅游企业就有可能立即陷入困境。

3. 差异性目标市场营销策略

这一策略是指旅游企业同时经营几个细分市场，并为每个细分市场设计不同的营销组合。采用这种策略时，旅游企业仍然面对整个市场，但是在市场细分的基础上，重视细分市场之间的差异性，针对每个细分市场上旅游者的需求特点，分别设计不同的产品，采取不同的营销方案，以满足各个细分市场上旅游者的不同需要。

采用差异性目标市场营销策略的最大优点是可以有针对性地满足具有不同特征的游客群的需求，提高旅游产品的竞争力。但是差异性目标市场营销策略也不是完美无缺的，由于旅游产品的品种、销售渠道、广告宣传的扩大化与多样化，市场营销费用大幅度增加。

一般而言，差异性目标市场营销策略适用于以下几种旅游产品：①旅游者需求弹性较大的旅游产品；②处于成熟期的旅游产品；③层次丰富的旅游产品。需要指出的是，旅游企业采用差异性目标市场营销策略时，还应考虑自身的人力、物力和财力，如果实力不够雄厚，则不宜使用此策略。

听一听 4-2

蓝海战略

知识拓展 4-2　　你了解影响目标市场营销策略选择的因素吗？

（1）企业的实力：一般来说，实力强的大企业多选择差异性目标市场营销策略或者无差异性目标市场营销策略，中小企业则多选择集中性目标市场营销策略。

（2）产品差异性：对于同质产品或需求共性较大的产品，一般采用无差异性目标市场营销策略；反之，宜采用差异性或集中性目标市场营销策略。

（3）市场差异性："同质"市场宜采用无差异性目标市场营销策略；反之，宜采用差异性或集中性目标市场营销策略。

（4）产品所处生命周期阶段：一般来说，产品处于投入期或成长期时，可采用无差异性目标市场营销策略；产品进入成熟期时，市场竞争激烈，消费需求日益多样化，可改用差异性目标市场营销策略；产品进入衰退期时，企业宜采用集中性目标市场营销策略，以延长产品的生命周期。

（5）竞争者的营销策略：一般来说，实力强大的竞争对手采用无差异性目标市场营销策略时，本企业应采用差异性目标市场营销策略；而当企业面对的竞争对手实力较弱时，必要情况下可采用与之"对着干"的策略，凭借实力击败竞争对手。

四、旅游企业的目标市场定位

STP理论是指先对市场进行细分，在此基础上选定目标市场，并确定自己的产品和服务在目标市场中的位置。下面我们主要介绍旅游企业的目标市场定位。

微课堂4-2

旅游市场定位（双语）

（一）旅游企业市场定位的含义

旅游企业市场定位是指旅游企业根据自身情况，并结合市场的竞争情况，确定出本企业及相关产品在目标市场上的形象和地位。旅游企业要想在目标市场上获得竞争优势和更大的效益，必须在了解游客和竞争对手两方面情况的基础上，树立起区别于竞争对手的良好形象，找到本企业及产品与竞争对手及其产品的差异，从而确立本企业的市场地位，给游客留下与众不同的印象，使本企业及产品获得更多游客的认同。

旅游企业进行市场定位的实质是实现本企业产品或服务与竞争对手的差异化，并让游客意识到这种差异。产品差异化是旅游企业进行市场定位的一种手段，企业通过强化优势产品，塑造鲜明的市场形象，让游客感知并做出选择。

（二）旅游企业市场定位的内容

1.旅游市场功能定位

旅游市场功能是指旅游景点、景区的资源条件、服务质量、基础设施等的整合所能发挥的作用和实现的旅游价值。旅游企业可根据本景区能发挥的作用和实现的旅游价值进行定位，如突出景区的历史文化、自然风光、风土人情等。

2.旅游市场空间定位

旅游市场空间定位就是确定市场的合理空间范围，即确定旅游景点、景区吸引力的有效空间。实践证明，旅游景点、景区的吸引力是随着空间距离的增大而衰减的，以旅游景点、景区为中心，以空间距离为半径，则可画出旅游景点、景区吸引力曲线图。通常，旅游市场按客源可细分为一级客源市场、二级客源市场和三级客源市场。一级客源市场也称重点市场，其市场份额通常占市场总体的50%～70%；二级客源市场也称开拓市场，其市场份额仅次于一级客源市场；三级客源市场也称机会市场，是除上述两类市场以外的其他市场。

3.旅游市场类型定位

旅游市场类型定位是指确定目标受众，即确定所要服务的游客群。如按年龄有老年、中年、青年之分；按性别有男、女之分；按出游方式有参团和自助之分；按购买动机即旅游目的有观光旅游、度假旅游、探亲访友旅游、会议旅游、商务旅游之分等。

4.旅游市场形象定位

旅游市场形象定位就是将某一区域的核心旅游产品在目标游客群中确定一个适当的位置。旅游企业可根据自身旅游产品的功能价值、旅游资源的特点、区位条件和市场现状，进行旅游市场形象定位，如“黄山归来不看岳”“九寨归来不看水”。

（三）旅游企业进行市场定位的步骤

1.调查研究影响定位的因素

旅游企业的市场定位必须建立在准确的市场营销调研的基础上，必须先了解影响定位的各种因素。这些因素主要包括：竞争者的定位状况、目标市场对旅游产品的评价标准、企业在目标市场上的潜在竞争优势等。

2.选择定位优势和定位决策

旅游企业通过对游客的动机、喜好与偏爱的分析，以及与竞争者优势、劣势的对比分析，可以准确判定自身的竞争优势，从而进行恰当的市场定位。

3.准确传播定位观念

旅游企业做出市场定位决策后，需要积极开展市场定位的广告宣传工作，从而把企业的定位观念准确地传播给目标顾客和社会公众。要避免因宣传不当而在游客心目中造成的三种误解：一是宣传定位太低，不能体现企业及其旅游产品的特色；二是宣传定位太高，不符合企业的实际情况，反而失去了目标顾客；三是宣传上混淆不清，没有在游客心目中树立统一明确的形象。

（四）旅游企业进行市场定位的方法

1.根据旅游产品的特色定位

这是指根据旅游产品本身的特征，确定其在市场上的位置。一般可以将旅游产品的属性、品质、价格、服务、档次等作为市场定位的依据。例如，“感受黄山，天下无山”“昆明天天是春天”等。

2.根据所提供的旅游产品的利益和价值定位

这是指根据旅游产品提供给游客的利益和价值及其满足游客需求的程度进行定位。例如，浙江义乌——“小商品海洋、购物者天堂”等。

3.根据游客的类型定位

这是指旅游企业把旅游产品指引给适当的潜在游客，根据游客的心理与行为特征及特定消费模式塑造出恰当的形象。例如，常州嬉戏谷——“动漫游戏迷的天堂”。

4.根据竞争的需要定位

这是指旅游企业根据竞争者的特点与市场地位，并结合企业自身的发展需要，将旅游产品定位于与其相似的另一类竞争者产品的档次，或定位于与竞争者直接相关的产品属性或利益。例如，“桂林山水甲天下，阳朔山水甲桂林”。

旅游企业进行市场定位依据的原则和方法不止一个，旅游企业若想展现自身及其产品的形象，市场定位也应是多维度的。

技能训练

一、场景设计

赵丽等同学拟在民宿管家小马的带领下，在对“美泉沐浴文化民宿”（或本地某民宿）进行市场细分的基础上，确定该民宿的目标市场、营销策略及市场定位。

二、实训目的

本实训应使学生了解、掌握目标市场选择和定位的知识、技能，重点掌握目标市场定位的步骤、方法和技巧。

三、实训步骤

1.考察前的准备

（1）数据准备：整理、分析美泉沐浴文化民宿（或本地某民宿）细分市场的数据资料，了解美泉沐浴文化民宿的发展目标和旅游资源特征。

（2）知识准备：考察前，对相关基础理论知识进行回顾，熟悉汤家家精品温泉民宿村（或本地某民宿村）的基本情况（位置、交通路线、经营点等）。

（3）材料准备：考察前，制定“美泉沐浴文化民宿”（或本地某民宿）目标市场访谈提纲一份；组员必须带好笔、笔记本、手机或照相机等，做好考察记录工作。

（4）计划准备：考察前，应制订考察计划，明确考察目的、考察时间、交通工具、任务分工、联络方式、考察费用等事项。

（5）纪律要求：外出调研时，组员必须听从指挥、遵守纪律、注意交通安全，并表现出良好的礼貌礼节，维护学校形象。

2.实地考察

（1）小组成员两人一组开展实地调研和数据分析工作。

（2）考察结束后，由组长负责召集小组成员，安全返校。

3.校内讨论及报告撰写

回校之后，由组长召集组员开展小组讨论，小组成员根据实际情况和所学知识制订×××民宿的目标市场选择与营销策略方案（见表4-9），并撰写×××民宿的目标市场定位说明书（见表4-10）。

表4-9 ×××民宿的目标市场选择与营销策略方案

班级		姓名		调研时间	
学号		组号		主要任务	
标题 目录 正文 1.引言 2.目标市场选择及分析 3.目标市场选择模式及分析 4.目标市场营销策略分析 5.结论与建议 附录（照片和参考资料）					
备注					

表4-10 ×××民宿的目标市场定位说明书

班级		姓名		调研时间	
学号		组号		主要任务	
标题 目录 正文 1.引言 2.功能定位分析 3.空间定位分析 4.类型定位分析 5.形象定位分析 6.结论与建议 附录（照片和参考资料）					
备注					

四、技能评价

根据调研情况填写×××民宿的目标市场选择与定位调研项目评价表（见表4-11）。

表4-11 ×××民宿的目标市场选择与定位调研项目评价表

考评教师		被考评学生	
考评地点			
考评内容	对旅游目标市场的选择的方法的认知情况、对旅游企业的市场定位方法的掌握情况		
考评标准	内容	分值	得分
	能够明确此次任务的主要目的	15	
	能够设计调研问卷和访谈提纲	20	
	能够统计、整理、分析调研资料和数据	20	
	能够团结互助，有良好的协作精神	15	
	能够掌握目标市场选择与定位的相关理论知识	15	
	能够科学确定×××民宿旅游目标市场，定位方法运用熟练	15	
合计		100	

注：考评满分为100分，90分及以上为优秀，80～89分为良好，70～79分为中等，60～69分为及格。

项目综合训练

一、项目背景

当"读万卷书"遇到"行万里路"，就会碰撞出一种新的旅行方式和学习方式——研学游。曾经，书本是孩子的世界；现在，世界是孩子的书本。暑假，孩子们纷纷走进研学大课堂，主动学习，探索世界，追逐精彩，一路成长。

携程数据显示，暑期研学游强劲复苏，2022年7月研学游订单量环比6月增长4倍。内蒙古自治区和新疆维吾尔自治区的研学游热度高，内蒙古自治区研学游的预订量较2021年增长90%；携程上线了数百条亲子、研学游产品，数量是2019年的1.7倍，此外还推出了点亮中国十大石窟群、探索国家宝藏、自然探索神奇动物在哪里等热门研学线路。同程旅行数据显示，近期研学游相关搜索热度环比增长84%。学龄偏小的学生对以户外教学为主的自然研学课程更感兴趣，围绕文化探索、非遗技艺体验等主题的文博类研学产品更受大中学生喜爱。中青旅遨游网推出的以自然探索、素质拓展、思维训练、运动技能、多元文化体验为特色的暑期亲子研学夏令营颇受欢迎。

资料来源　赵珊.研学游探索多彩世界［EB/OL］.［2022-08-17］. http://politics.rmlt.com.cn/2022/0817/654173.shtml

二、实训任务

分小组研讨以下问题：

（1）旅游企业是基于哪些因素的考虑而推出研学旅游产品的？

（2）用本项目中的旅游市场细分、定位、营销策略等理论和方法解释一下旅游企业研学旅游的市场细分和目标市场选择与定位。

三、实训目的

理解并掌握旅游市场细分、定位以及目标市场选择的模式、策略和步骤，能够根据项目资料制定研学旅游目标市场定位与营销策略说明书。

四、实训步骤

（1）自由组合成小组，每组3～4人。

（2）小组开展自由讨论，撰写说明书，并制作PPT。

（3）各小组选派一名代表进行汇报交流。

五、实训评价

本综合训练项目的评分见表4-12。

表4-12　**综合训练项目评分表**

考评教师		被考评小组	
被考评小组成员			
考评标准	内容	分值	得分
	主题鲜明、条理清楚、逻辑性强	20	
	运用所学理论知识分析问题的能力强	25	
	创新思维强，旅游市场的细分与定位相关知识、方法等运用熟练	25	
	表述清晰、语速适中、仪表大方	20	
	计算机操作技能熟练，PPT制作精美	10	
合计		100	

注：考评满分为100分，90分及以上为优秀，80～89分为良好，70～79分为中等，60～69分为及格。

项目同步测试

一、选择题（请选出适合的答案）

1.（　　）就是以消费需求的某些特征或变量为依据，区分具有不同需求的游客群体。

A.市场细分　　B.市场定位

C.目标市场　　D.市场

2.旅游市场细分的依据可以概括为四大类：（　　）、（　　）、消费者心理、（　　）。

A.地理环境　　B.人口状况

C.购买时间　　D.消费者行为

3.（　　）是指在市场细分的基础上，旅游企业要进入的最佳细分市场。

A.市场细分　　B.市场定位　　C.目标市场　　D.市场

4.旅游市场潜力主要包括三个方面：（　　）、发展潜力、服务成本。

A.市场特征　　B.市场规模

C.市场反馈　　D.市场人群

5.目标市场选择的模式有：密集单一市场模式、产品-市场专业化模式、（　　）、市场专业化模式、完全市场覆盖模式。

A.市场半覆盖模式　　B.产品模式

C.专业化模式　　D.产品专业化模式

6.目标市场营销策略包括无差异性目标市场营销策略、差异性目标市场营销策略、（　　）。

A.差异-集中目标市场营销策略　　B.集中性目标市场营销策略

C.专业化策略　　D.产品专业化策略

测一测 4-1

选择题

二、判断题（判断下列各题是否正确，正确的在题后的括号内打“√”，错误的打“×”）

1.年龄和性别属于人口细分标准。（　　）

2.市场细分的最终目的是使旅游企业最大限度地满足旅游者的需求。（　　）

3.旅游企业集中提供一种旅游产品，并向各类游客销售这种产品的目标市场选择的模式是市场专业化模式。（　　）

4.采用无差异性目标市场营销策略的最大缺点是成本的经济性。（　　）

5.集中性目标市场营销策略是大型旅游企业常见的选择。（　　）

6.企业要分析各个细分市场旅游者需求的旺季。（　　）

测一测 4-2

判断题

三、简答题

1.旅游市场细分的含义是什么？

2.目标市场的含义是什么？

3.如何评估目标市场？

4.目标市场选择的步骤有哪些？

项目学习评价

旅游市场的细分与定位能力与素养测评表见表4-13。(在□中打“√”，A掌握，B基本掌握，C未掌握)

表4-13　　旅游市场的细分与定位能力与素养测评表

专业知识能力	评价指标		自测结果
对旅游市场细分的认知	1.旅游市场细分的内涵与特征		□A　□B　□C
	2.旅游市场细分的依据与作用		□A　□B　□C
	3.旅游市场细分的方法与步骤		□A　□B　□C
对旅游目标市场的选择与定位的认知	1.目标市场的内涵和特征		□A　□B　□C
	2.目标市场选择的依据		□A　□B　□C
	3.目标市场选择的模式		□A　□B　□C
	4.目标市场营销策略		□A　□B　□C
	5.目标市场定位		□A　□B　□C
职业能力与素养	评估标准		自测结果
自我学习	1.能进行时间管理，并阅读相关专业书籍		□A　□B　□C
	2.能选择适合自己的学习方式		□A　□B　□C
	3.能将已经学到的知识在现实中加以运用		□A　□B　□C
文献搜索	1.能根据不同需要去搜寻、获取并选择信息		□A　□B　□C
	2.能筛选信息，并进行信息分类		□A　□B　□C
	3.能使用多媒体等手段来展示信息		□A　□B　□C
与人交流	1.能把握交流的主题、时机和方式		□A　□B　□C
	2.能理解对方谈话的内容，准确表达自己的观点		□A　□B　□C
	3.能获取并反馈信息		□A　□B　□C
团队协作	1.能明确自己在团队中的地位和作用		□A　□B　□C
	2.能同合作者进行有效沟通，学会换位思考		□A　□B　□C
解决问题	1.能说明学习中出现的问题并指出其主要特征		□A　□B　□C
	2.能制订出解决问题的计划并组织实施		□A　□B　□C
	3.能对解决问题的方法适时做出总结和修改		□A　□B　□C
职业素养	1.能诚实守信，遵守旅游行业从业人员职业道德规范		□A　□B　□C
	2.能够守正创新，有增值性成长		□A　□B　□C
学生自评		学生签字	
教师评语			
成绩		教师签字	

5 项目五 旅游产品开发策略

项目目标

通过本项目的学习，学生应理解旅游产品的概念，了解旅游产品开发的基本原则，掌握旅游产品开发的基本理念、方法和步骤。本项目重点培养学生的旅游产品开发设计能力、产品开发策略的运用能力和实际操作能力；重点培养学生技能宝贵、创造伟大、知行合一的职业素养和职业精神。

项目导入

阆中古城位于四川盆地东北缘、嘉陵江中游，是国家5A级旅游景区、中国春节发源地，与云南丽江、山西平遥、安徽歙县并称为中国四大古城。阆中古城总面积达4.59平方千米，古城核心区域达2平方千米，古城迄今已有2 300多年的建城历史。阆中古城是古代巴国、蜀国军事重镇，是中国历史文化名城，中国传统风水文化城市的典范，以古城、民居院落、三国文化、宗教文化等为代表的悠久历史和以锦屏山、盘龙山、金沙湖、嘉陵江等为代表的美丽风光交相辉映。阆中古城有张飞庙、永安寺、五龙庙、滕王阁、观音寺、巴巴寺、大佛寺、川北道贡院等8处全国重点文物保护单位；有邵家湾墓群、文笔塔、石室观摩崖造像、雷神洞摩崖造像、牛王洞摩崖造像、红四方面军总政治部旧址、华光楼等20余处省级文物保护单位。随着旅游经济的不断发展，游客对旅游的需求也越来越多样化，阆中古城如何根据游客的多样化、个性化需求，开发出具有阆中特色的旅游产品，以及有效实施旅游产品组合策略等，是古城相关部门需要解决的重要课题。如果本校教师李娜承接了此课题项目，并拟带领同学完成此项工作，同学们应准备哪些基本知识和技能呢？

看动画5-1

旅游产品开发策略

项目分析

为更好地完成项目任务，同学们应充分准备如下知识与技能：

1.理解并掌握旅游产品的内涵与结构。

2.掌握旅游产品的类型，深刻体会不同类型旅游产品的特点。

3.能够遵循旅游产品开发原则，开发、设计旅游产品。

4.能够掌握旅游产品开发的步骤，学会制定旅游产品组合策略。

思维导图5-1

项目五

任务一 旅游产品认知

任务目标

1.知识目标

- 了解旅游产品的概念和结构。
- 掌握旅游产品的基本类型和特点。

2.能力目标

- 能够科学界定旅游产品的内涵和外延。
- 能够科学划分旅游产品。

3.素养目标

- 提升对旅游产品开发工作的认知度、理解度和职业热爱。
- 提升学生对游客、景区工作人员的访谈能力。
- 培养学生在旅游产品创意、守正创新方面的意识和能力。
- 培养学生技能宝贵、创造伟大、知行合一的职业素养和职业精神。

任务导入

阆中古城旅游资源丰富，文化遗迹、名胜古迹众多，人文景观和自然景观多姿多彩。为出色地完成课题任务，李娜老师需要带领同学们了解阆中古城的旅游产品，并认真梳理阆中古城旅游产品的构成和类型，分析阆中旅游产品的现状和优劣势。为此，同学们应该学习并掌握哪些旅游产品的基本理论知识呢？

知识积累

一、旅游产品概念认知

微课堂 5-1

旅游产品认知（双语）

对于旅游产品的概念，专家、学者从不同的角度进行了界定：

梅特利克和密德尔敦（Medlik & Middleton，1973）从游客的角度将旅游产品界定为“游客从离家到回家这段时间的完整经历”。因此，“旅游产品应被看作三个主要因素的混合物，即景点、目的地设施和可进入目的地的交通”。密德尔敦（1989）发现，人们使用“旅游产品”这个词时涉及“具体”和“整体”两个层面：在“具体”层面上，旅游产品是指具体的某个或某类旅游产品，如观光旅游产品或航班的一个座位；在“整体”层面上，旅游产品是指游客从一次完整的旅游活动中所获得的旅游体验。

道格拉斯·皮尔斯（Douglas Pearce，1983）认为，“旅游产品可以从它的吸引物、设施、进入性等各方面进行分析”，“说到旅游产品，其基本原料应是一国（地）的自然美景、气候、历史、文化及人民，其他方面则应包括现有的设施（用以保证舒适的生活），如水、电、交通、通信及其他必需物。换句话说，旅游产品能被看作一种复合产品，是一个国家（地区）的吸引物、交通、膳宿及有望达到消费者满意目的的娱乐项目的总和”。

史密斯（Smith，1994）构建了旅游产品模型（如图5-1所示）。该旅游产品模型为圈层结构，从里到外依次是“物理场所、服务、友好、可自由选择和参与”。其中，“物理场所”指现场、自然环境或设施，如瀑布、度假胜地、饭店、游艇、天气、水质、基础设施等。“物理场所”是旅游产品的核心。“服务”指旅游企业提供给游客的旅游服务。“友好”指旅游企业的服务态度必须是友好的，必须给游客以热情欢迎他们的到来和乐于为他们服务的美好感觉。“可自由选择”指游客可以自由地购买、自如地使用旅游企业提供的各种设施和服务。“参与”指游客可以参与企业提供的各种活动，获得忘我的“畅爽”感觉。

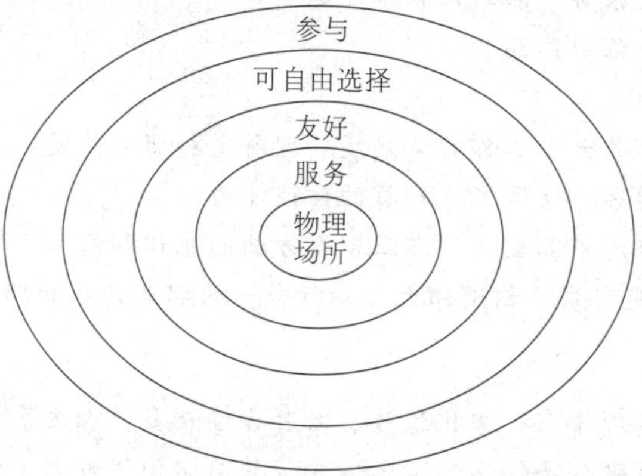

图5-1 旅游产品模型（Smith，1994）

魏小安、冯宗苏（1991）认为：“旅游产品是提供给旅游者消费的各种要素的组合，其典型和传统的市场形象为旅游线路。”

王大悟、魏小安（2000）提出：旅游产品是指为满足游客的愉悦需要而在一定地域上被生产或开发出来以供销售的物象与劳务的总和，一个完整的旅游产品应包括旅游交通、旅游住宿、餐饮供应、游览观光、娱乐项目和旅游购物等六个方面的要素。

林南枝、陶汉军（2000）在其《旅游经济学》一书中，从两个角度解释了旅游产品：一是从旅游目的地的角度出发，“旅游产品是指旅游业经营者凭借着旅游吸引物、交通和旅游设施，向游客提供的用以满足其旅游活动需求的全部服务”；二是从游客角度出发，“旅游产品就是指游客花费了一定的时间、费用和精力所换取的一段经历”。

吴必虎（2001）将旅游产品区分为广义、中义和狭义三种情况：广义的旅游产品是由景观（吸引物）、设施和服务三类要素所构成的；中义的旅游产品是指由景观（吸引物）和设施构成的集合体，带有较强烈的物质产品特点；狭义的旅游产品是指旅游景观（吸引物），有时可以粗略地等同于通俗意义上的旅游景区（点）以及一部分非具象的人文景观。

本书认为：如果把旅游产品定义得太过宽泛，必将把与旅游有关的任何行业企业都囊括进来，如交通业、餐饮业、住宿业、商业等行业企业，其向市场提供的产品都能被称为旅游产品，这样无疑扩大了旅游产品的外延，理论上和实践上都不利于旅游企业和旅游业自身的可持续发展。因此，对于旅游产品的概念，宜从单一视角或较狭义的视角来界定。如魏小安、冯宗苏（1991）提出的“典型的旅游产品为旅游线路”；吴必虎（2001）提出的“旅游产品是指旅游景观（吸引物）”；密德尔敦（1989）提出的“旅游者在旅游途中或旅游结束后购买的旅游纪念品也可被看作具体层面的旅游产品”。

二、旅游产品结构认知

按照现代市场学理论，旅游产品是由核心产品部分、形式产品部分和延伸产品部分或附加产品部分三部分组成的（如图5-2所示）。

（一）核心产品部分

核心产品部分是专为满足旅游者最主要、最基本的需求而设计的基本服务或利益，具有满足旅游者需求的基本功效和价值。它一般是指旅游吸引物和旅游服务，是整个旅游产品的核心部分。

（二）形式产品部分

形式产品部分是指核心产品借以实现的形式或目标市场对某一需求的特定满足形式，即旅游产品的基本效用必须通过特定的形式得以实现。它一般由旅游产品的载体、质量、品牌、价格、特色、风格、声誉等构成，是旅游产品的核心部分向生理或心理效应转化的部分。旅游营销人员应努力寻求旅游产品更加完善的外在形式，以满足旅游者的需要。

（三）延伸产品部分

延伸产品部分又称附加产品部分，是指旅游者购买旅游产品时获得的其他附加利益的总和，如信息服务、优惠条件、安全保障、付款条件等。

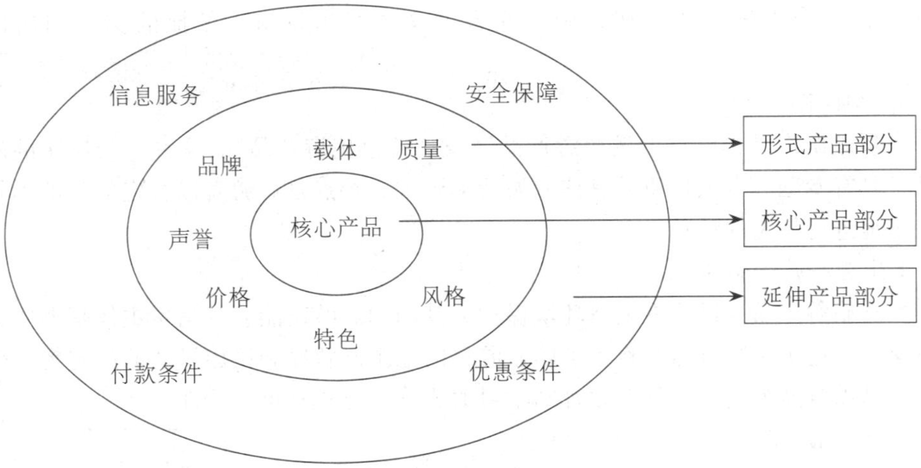

图5-2　旅游产品结构

学以致用5-1　　你如何理解旅游产品的结构？

旅游产品包含以下五个层次：

（1）核心产品是指消费者购买某种产品时所追求的核心利益。比如，旅游者在酒店的消费最终是为了休息、睡觉。

（2）形式产品是满足消费者核心利益的物质表现形式，也就是产品的有形形式，是核心利益借以实现的形式。例如，规格、样式、质量、品牌等。

（3）期望产品是消费者喜好的包括价格、方便性以及产品功能等在内的各个因素。不同的人对这种期望是不同的。

（4）附加产品主要包括供应产品时，消费者能够获得的全部附加信息和利益，如送货、维修、保养、安装、培训、指导及资金融通等。

（5）潜在产品是指产品可能的所有增加和改变，是企业努力寻求的满足顾客并使自己与其他竞争者区别开来的新方法。

讨论：根据上述观点，你如何理解旅游产品的结构？

三、旅游产品类型划分

（一）按旅游产品的性质分类

1.观光旅游产品

观光旅游产品又称观景旅游产品，是指旅游者以观赏和游览为主要目的的旅游产品。它一般可分为自然风光、城市景观、名胜古迹、国家公园、主题公园、野生动物园等旅游产品。随着现代旅游业的发展，许多观光旅游产品已经不仅仅有单纯的观光旅游功能，而且融入了更多的文化内涵和休闲度假内容，观光旅游产品更加丰富多彩和富有吸引力。

2.度假旅游产品

度假旅游产品是指旅游者利用公休假期、奖励假期、带薪假期而进行消遣和休闲娱乐所购买的旅游产品。它一般包括海滨旅游、度假村旅游、度假中心旅游、度假区旅游等旅游产品。度假旅游产品通常要求度假地具备优美的自然景色、良好的气候条件、令人满意的住宿设施、完善的文体娱乐设施、便捷的交通和通信条件等。

学一学5-1

红色旅游

3.专项旅游产品

专项旅游产品也称“专题旅游产品”或“特色旅游产品”。这种专门层次的旅游产品是具有专题、专项性质的具体旅游活动形式，特点是旅游者以特定的目的到特定的旅游地进行特定的活动。

4.生态旅游产品

生态旅游产品是以注重生态环境保护为基础的旅游产品，其消费主体是那些关心环境保护、追求回归自然并希望了解旅游目的地生态状况和民族风情的旅游者。生态旅游产品以自然为基础，具有教育和学习的成分，并具有可持续性。

5.安全旅游产品

安全旅游产品通常是指旅游保护用品、旅游意外保险产品、旅游防护用品等，是用来保障游客安全的工具产品。

（二）按旅游产品的形态分类

1.团体包价旅游

团体包价旅游包含两层含义：其一是团体，即参加旅游的旅游者，一般由10人或更多的人组成一个旅游团；其二是包价，即参加旅游团的旅游者采取一次性预付旅费的方式，将各种相关旅游服务项目全部委托给一家旅行社。团体包价旅游的服务项目通常包括依照规定等级提供的饭店客房、一日三餐、饮料、固定的游览用车、导游服务、交通集散地接送服务、接送行李服务，以及游览场所的门票和文娱活动入场券等。

2.半包价旅游

半包价旅游，是与全包价旅游相比较而存在的一种产品形态。它是指在全包价旅游的基础上，扣除午餐、晚餐费用的一种包价形式，目的在于降低产品的直观价格，提高产品的竞争力，同时也是为了更好地满足旅游者在用餐方面的不同要求。

3.小包价旅游

小包价旅游，又称选择性旅游，由非选择部分和可选择部分组成。非选择部分包括接送服务、住房、早餐、国内城市间的交通费和手续费，旅游费用由旅游者在旅游前预付；可选择部分包括导游、风味餐和参观游览等，旅游者可根据时间、兴趣和经济情况自由选择，费用既可预付，也可现付。小包价旅游对旅游者而言具有多方面的优势，主要表现在明码标价、经济实惠、手续简便和机动灵活等方面。小包价旅游中，每批旅游者的人数一般在10人以下。

4.零包价旅游

零包价旅游，是一种独特的产品形态，多见于旅游发达国家。参加零包价旅游的旅游者，必须随团前往和离开目的地，但在旅游目的地的活动是完全自由的。参加零包价旅游的旅游者可以获得团体机票价格的优惠，并可由旅行社统一代办旅游签证等。

5.单项服务

单项服务又被称为委托代办业务，是旅行社根据旅游者的具体要求而提供的各种非综合性的有偿服务。旅行社单项服务的对象十分广泛，但主要是零散的旅游者。其提供的常规性服务项目主要包括导游服务、交通集散地接送服务、代办交通票据和文娱票据、代订饭店客房、代客联系参观游览项目、代办签证和代办旅游保险等。包价旅游团中满足个别旅游者特殊要求的服务一般也被视为单项服务。

知识拓展5-1　　**你了解旅游产品的“版本分类法”吗？**

旅游新产品层出不穷，需要从游客消费心理和消费习惯出发，深刻揭示各种旅游产品之间的内在联系和区别，从而指导企业真正找准本企业产品的市场定位，打造产品，服务客户群。研究者从这一角度出发，提出从游客消费心理角度界定的旅游产品分类法——版本分类法。

1.0版旅游产品：对游客而言，某些产品即使品质再好，消费体验完第一次，也不会主动发生二次消费行为，即一次性消费型产品。常见的如：自然风光类产品、历史人文类产品。游客消费的特征为一次性、客单消费额不高、一日游式消费模式。产品特征为：历史与自然遗存型，游客兴奋点单调、平缓，以新奇性、唯一性取胜，资金投入量不高，运营费用较低。

2.0版旅游产品：大部分游客有意愿多次回头消费，常见的如深圳欢乐谷等。其游客消费特征为重复性高、客单消费额不高、一日游式消费模式，此类项目宜靠近主要客源地设置。产品特征为：多是人为制造型项目，强调快乐体验、动感身体体验性、参与性，以刺激性、趣味性取胜；资金技术密集型，运营费用高。

听一听 5-1

旅游产品生命周期

3.0版旅游产品：游客期待重复消费，如三亚、丽江、马尔代夫等知名旅游度假胜地。其产品特征为：环境宜人（环境又分为自然气候环境、人文氛围环境），地域体量足够大，地理位置离客源地较远，休闲度假氛围突出，多休闲类项目，以舒适性、异域性、轻松性取胜。其游客消费特征为重复性高、客单消费额较高、多日游式消费模式。

研究者认为旅游产品版本分类法提出的意义在于从游客消费习惯角度界定产品的类别，为真正掌握游客消费规律、指导企业经营行为起到了重要的基础作用；揭示了各类产品的本质特征和局限性，有利于企业确定自己的市场边界，避免盲目跨界上项目的投资风险；能够反映旅游产品的市场价值空间和社会价值空间的分类法，为旅游行业的健康发展和行业管理者提供了一种产品分类工具，为政策和规划的制定起到参考作用。

资料来源　徐华夏.旅游产品的“版本分类法”［EB/OL］.［2014-08-14］. http://www.360doc.com/content/14/0814/20/10580899_401883143.shtml.

技能训练

一、场景设计

以阆中古城（或本地某景区）为例，李娜老师利用课余时间带领同学们去图书馆、计算机房和景区，开展文献资料查阅和实地调研。通过文献资料查阅和对现场资料的收集，了解景区的基本情况，包括景区现有旅游产品情况，然后对景区旅游产品的类型、产品结构进行归类与划分。调研结束后，学生完成实训报告。

二、实训目的

本实训应使学生了解旅游产品的内涵、构成和类型，掌握旅游产品结构中产品要素的区分；能够结合旅游产品的基本概念和构成理论，对现实中的旅游产品进行分类；能够明确旅游产品结构要素。

三、实训步骤

1.考察前的准备

（1）文献准备：在调研前一周，同学们通过网络、杂志、报纸等对景区目前的基本情况进行查询，并利用课余时间开展小组讨论，对收集到的资料进行汇总、整理、分析。

（2）知识准备：调研前，对旅游产品的相关基础理论知识进行回顾，熟悉旅游产品的概念、结构和类型。

（3）材料准备：调研前，列出本次调研的主要目标和对景区管理人员的访谈提纲，调研者必须带好笔、笔记本、手机或照相机等，做好调研记录工作。

（4）计划准备：调研前，应制订调研计划，明确调研目的、调研时间、任务分工、联络方式、调研费用等事项。

（5）纪律要求：调研过程中应加强管理，组员必须听从指挥、遵守纪律，并表现出良好的礼貌礼节，展现旅游专业学生的良好形象。

2.文献查阅和实地调研

（1）根据调研计划和分工，进行分组，不同小组按照之前确定的时间分别前往学校图书馆、计算机房和景区查阅文献资料和进行实地调研。

（2）两人一组开展调研。在图书馆和计算机房，通过查阅二手资料，重点了解景区旅游产品的基本情况；在景区实地，通过实地调研和对景区管理人员进行访谈等，了解景区的产品结构和类型。

（3）调研结束后，由组长召集小组成员，统一集中讨论，小组成员根据调研目的发表调研观点和心得，最后整理、汇总资料。

3.校内讨论及报告撰写

回校之后，由组长主持开展小组讨论，请小组成员根据调研目的整理、分析、总结调研资料，并据此撰写×××景区旅游产品类型与构成现状分析报告（见表5-1）。

表5-1　　×××景区旅游产品类型与构成现状分析报告

<table>
<tr><td>班级</td><td></td><td>姓名</td><td></td><td>调研时间</td><td></td></tr>
<tr><td>学号</td><td></td><td>组号</td><td></td><td>主要任务</td><td></td></tr>
<tr><td colspan="6">标题
目录
正文
1.项目基本情况介绍
2.产品类型、构成及划分依据
结语
附录（照片和参考资料）</td></tr>
<tr><td>备注</td><td colspan="5"></td></tr>
</table>

四、技能评价

根据调研情况填写×××景区产品调研实训评价表（见表5-2）。

表5-2 ×××景区产品调研实训评价表

考评教师		被考评学生	
被考评小组			
考评内容	对旅游产品结构与类型的认知能力		
考评标准	内容	分值	得分
	能够明确此次调研的主要目的	10	
	能够做好本次调研的前期准备工作	15	
	能够掌握旅游产品的概念、结构和类型	25	
	调研报告撰写规范、层次清楚、语句通顺	20	
	调研纪律良好（小组互评）	15	
	团队协作意识好、职业素养有提升（小组互评）	15	
合计		100	

注：考评满分为100分，90分及以上为优秀，80～89分为良好，70～79分为中等，60～69分为及格。

任务二 旅游产品开发与设计

任务目标

1.知识目标

- 理解并掌握旅游产品开发的类型。
- 理解并掌握旅游产品开发的原则。

2.能力目标

- 能够构思创意旅游产品的选题与定位。
- 能够根据旅游产品开发的步骤进行旅游产品开发。
- 能够运用产品组合策略理论设计旅游产品组合方案。

3.素养目标

- 提升对旅游产品开发、设计工作岗位的认知度、理解度和职业热爱。
- 培养学生旅游产品创意、守正创新的思维和能力。
- 培养学生团队合作开发旅游产品的意识和精神。
- 培养学生技能宝贵、创造伟大、知行合一的职业素养和职业精神。

任务导入

过去阆中古城的旅游产业以观光旅游为主，近年来，游客更倾向于深度参与型、度假型、体验型旅游等。李娜老师和同学们经过前期调研，对阆中古城的旅游产品构成进行了划分和界定，在此基础上，他们发现阆中古城文化资源丰富，但是具有当地特色的文化旅游产品较少。为此，他们准备从开发阆中古城文化旅游产品入手，开发阆中古城文化旅游产品、设计活动以及制定旅游产品组合策略。为圆满完成任务，同学们应该学习并掌握哪些旅游产品开发的基本理论知识、方法和技能呢？

知识积累

一、旅游产品开发的类型

旅游产品开发主要包括旅游地开发、旅游路线开发和旅游纪念品开发等。

（一）旅游地开发

旅游地是旅游产品的地域载体，是游客旅游的目的地。旅游地开发是在旅游经济发展战略的指导下，根据旅游市场的需求和旅游产品的特点，对区域内的旅游资源进行规划和开发。例如，建造旅游吸引物，建设旅游基础设施，完善旅游服务，落实区域旅游发展战略的具体措施等。因此，旅游地开发是指在一定的地域空间上进行旅游吸引物建设，使之与其他相关旅游条件有机结合，成为旅游者停留、活动的目的地。旅游地开发主要有以下五种形式：

1.以自然景观为主的开发

这类开发以保持自然风貌的原状为主，主要进行道路、食宿、娱乐等配套设施建设，以及进行环境绿化、景观保护等。例如，一个地区特殊的地貌、生物群落、生态特征等，都是可供开发的旅游资源。只要自然景观有特点，就可以对其进行开发，不必非要具备良好的生态环境，比如沙漠、戈壁开发好了都是值得一游的旅游目的地。但是此类开发必须以严格保持自然景观的原有面貌为前提，并控制景点的建设数量和建设密度，自然景观内的基础设施和人造景点应与自然环境协调一致。

2.以人文景观为主的开发

这类开发是指对残缺的文化历史古迹等进行恢复和整理。例如，一些具有重要历史文化价值的古迹、遗址、园林、建筑等，运用现代技术和手段，对其进行维护、修缮、复原、重建等，使其恢复原貌，具备旅游功能，成为旅游吸引物。但是人文景观的开发一定要以史料为依据，以遗址为基础，切忌凭空杜撰。因此，人文景观的开发一般需要较大的投资和较高的技术。

3.在原有资源基础上的创新开发

这类开发主要是利用原有资源的优势，进一步扩大或新添旅游活动内容和项目，以达到丰富、有特色的目的，提高旅游地的吸引力。比如，在湖滨自然景观区，增添一些水上运动项目，如划艇、滑水等，不仅未破坏原有景观，还可以和原有的湖光山色相映成趣，成为新的旅游风景点。

4.非商品性旅游资源开发

非商品性旅游资源一般是指地方性的民风、民俗、文化艺术等。它们虽然是旅游资源，但还不是旅游商品；它们本身并不是为旅游而产生的，也不仅仅为旅游服务。对这类旅游资源的开发，因涉及的部门、机构和人员较多，旅游企业需要与有关部门共同挖掘、整理、改造、加工和组织经营，并在此基础上形成各种旅游产品。值得注意的是，这些地区一旦成为旅游目的地，大量游客进入后，会改变当地居民的生活方式和习俗；同时，游客带来的外来文化，会对当地的文化生态造成一定的影响。因此，旅游企业在进行此类旅游资源的开发时需要统筹考虑。

5.利用现代科学技术成果进行的旅游开发

这类开发一般是经过精心构思和设计，运用现代科学技术创造出颇具特色的旅游项目。现代科技的运用使众多旅游项目融娱乐、游艺、刺激于一体，从而大大开拓和丰富了旅游活动的内容、形式。

学一学5-2

露营旅游

（二）旅游路线开发

旅游路线是旅游产品的具体表现形式，是对单个旅游产品的组合。旅游路线大致可以按以下几种标准划分：

1.按旅游路线的性质分类

按旅游路线的性质，可以将旅游路线划分为普通观光旅游路线和特种专项旅游路线两大类，也可以是二者结合的混合旅游路线，如在度假旅游中加入观光旅游。

2.按旅游路线的游程天数分类

按旅游路线的游程天数，旅游路线可以分为一日游路线与多日游路线。

3.按旅游路线中的主要交通工具分类

按旅游路线中的主要交通工具，旅游路线可以分为航海旅游路线、航空旅游路线、内河大湖旅游路线、铁路旅游路线、汽车旅游路线、摩托车旅游路线、自驾车旅游路线、自行车旅游路线、徒步旅游路线，以及几种交通工具混合使用的综合型旅游路线等。

4.按使用对象的不同性质分类

按使用对象的不同性质，旅游路线可分为包价团体旅游路线、自选散客旅游路线、家庭旅游路线等。

旅游路线开发就是把旅游资源、旅游吸引物、旅游设施和旅游服务按不同游客的需求特点进行特定组合。在旅游路线的组合中，单项旅游产品只是其中的一个组件，开发者并不会对单项旅游产品进行实质性的改动，而是考虑不同游客的需求特点、支付能力进行相应的搭配。例如，海南三日游和海南五日游，后者是在前者的基础上，增加一些景点和旅游服务项目；如果再适度调整海南五日游的交通、餐饮和住宿档次，那么就会有海南五日标准游和豪华游两种旅游产品。可见，旅游路线开发实质上是根据不同目标市场游客的需求特点对旅游产品进行组合搭配。

（三）旅游纪念品开发

旅游纪念品是指旅游者在旅游地购买的具有旅游地地域文化特色和纪念意义的实物商品，主要包括仿制品、复制品、工艺品、音像制品、图书资料、字画等。各式各样的旅游纪念品都体现了旅游地（风景区）独特的文化内涵，通常具有相当高的工艺水平，是旅游者对一次愉快旅游经历的纪念，具有一定的欣赏价值、使用价值和收藏价值。旅游纪念品开发按开发方式可分为：资源型纪念品开发、文化承载型纪念品开发、工艺独特型纪念品开发。

1.资源型纪念品开发

该开发类型是指以自然资源开发为主，辅以后续加工，即尽可能地利用区域内的自然条件，依靠、利用当地特色自然资源进行的旅游纪念品开发，如旅游目的地（当地）的土特产。

2. 文化承载型纪念品开发

该开发类型是指以文化为基础，发挥创意设计、研发的旅游纪念品，又称旅游文化创意品。文化承载型纪念品开发常见的产品类型有艺术品、工艺品、个性影像纪念品等。文化承载型纪念品大多具有高附加值的特点。

3. 工艺独特型纪念品开发

该开发类型是指通过手工或机器将原料或半成品加工成有艺术价值的旅游产品。工艺独特型纪念品来源于生活，却又创造了高于生活的价值。其开发依托的核心载体是独特的创意和工艺，因此该类旅游纪念品的开发具有较高的创造性和艺术性。

学以致用5-2　　你可以为阆中古城游开发哪些旅游路线?

（1）风水古城旅游路线：嘉陵江第一山锦屏山—南津关古码头区—阆中古城—盘龙山—滕王阁—云台山。

（2）科举文化旅游路线：文庙—贡院—状元街—状元坊—锦屏书院—状元洞。

讨论：

（1）你还能想出哪些阆中古城旅游路线和旅游产品?

（2）从该旅游路线开发中，你得到了哪些启示?

二、旅游产品开发的原则

（一）市场原则

旅游产品开发的起点是市场需求，只有充分了解市场需求，才能提高旅游产品开发的成功率，降低风险和避免失败。对旅游企业而言，没有市场需求的旅游产品，再新也毫无意义。旅游企业应准确地了解并掌握潜在旅游市场的需求信息（情况），这样才能开发出适销对路的旅游产品。

（二）特色原则

特色是旅游产品吸引旅游者、给旅游者以特殊的感受、使其产生购买欲望的主要因素。因此，旅游产品开发一定要凸显其特色，并将此作为对外宣传的重点。

（三）个性时尚原则

在专项旅游产品的开发中，时尚、个性要素变得越来越重要，时尚已经成为旅游产品增强吸引力的一个重要因素。以当前的时尚潮流为主题，将众多时尚（文化）元素融入旅游产品的开发过程，不但可以促进旅游企业的宣传与旅游产品的推广，而且可以创造和引导旅游消费。这已成为旅游产品开发的趋势。

（四）功能多样化原则

旅游产品是集“吃、住、行、游、购、娱、商、养、学、闲、情、奇”于一体的综合性产品。游客对旅游产品需求的多功能化，决定了旅游产品开发中应注重功能的多样化和复合化，以便全方位地满足旅游者的旅游需求。

（五）优势品牌化原则

旅游产品开发最初是将资源优势转化为产品优势，而目前进行旅游产品开发时，更加注重的是如何把产品优势进一步塑造成品牌优势，并将这一优势做大做强，进而形成经济优势。旅游产品开发应充分发挥资源优势，加快整合优势旅游资源，提升旅游产品档次，完善旅游要素，优化旅游环境，挖掘旅游文化，丰富旅游内涵。这样才能打响其品牌，塑造出其品牌优势。

（六）产品体验情境化原则

旅游产品的本质就是一次旅游经历、阅历和体验。因此，在旅游产品开发中，应更加注重对体验情境的营造，以期打造出能使旅游者全面参与、给旅游者以美好回忆的活动和项目。体验情境的营造，要不断结合旅游产品的主题，为旅游者创造一个新环境，在旅游者的体验需求得到满足的同时，实现旅游企业的经济利益。

文旅相彰5-1　　打造一批文化特色鲜明的国家级旅游休闲城市和街区

“十四五”旅游业发展规划明确提出，坚持精益求精，把提供优质产品放在首要位置，提高供给能力水平，着力打造更多体现文化内涵、人文精神的旅游精品，提升中国旅游品牌形象。打造一批文化特色鲜明的国家级旅游休闲城市和街区。以满足本地居民休闲生活与外地游客旅游度假需要为基础，培育文化特色鲜明、旅游休闲消费旺盛、生态环境优美的国家级旅游休闲城市。充分利用城市历史文化街区、公共文化设施、特色商业与餐饮美食等资源，加强文物和非物质文化遗产保护利用，突出地方文化特色，优化交通与公共服务设施配置，完善公共文化设施的旅游服务功能，鼓励延长各类具有休闲功能的公共设施开放时间，建设国家级旅游休闲街区。

具体要求如下：

建设世界级旅游度假区。围绕京津冀协同发展、粤港澳大湾区建设、长三角一体化发展、成渝地区双城经济圈建设、海南国际旅游消费中心建设以及其他重要的休闲度假目的地，重点培育世界级旅游度假区。

建设国家级旅游度假区。建设滨海、山林、河湖、温泉、冰雪、沙漠草原、古城古镇、主题文化、城市休闲、乡村田园等多种类型的国家级旅游度假区。支持中部、西部、东北地区因地制宜建设突出本地特色的旅游度假区。鼓励东部地区加大投入力度，提供更高品质的休闲度假产品和服务。实施品牌提升计划。

建设国家级旅游休闲城市和街区。挖掘城市文化特色，营造休闲氛围，培育商业体系，打造一批兼顾旅游者和本地居民需求、文化特色鲜明的国家级旅游休闲城市。依托历史文化街区、步行街、商业街、城市商业综合体、文化园区、城市公园等多种类型的城市区域，扩大休闲空间，增加文化设施，加强主客共享，丰富文化活动，完善旅游业态，打造一批国家级旅游休闲街区。

资料来源　国务院.国务院关于印发“十四五”旅游业发展规划的通知（国发〔2021〕32号）[EB/OL].〔2022-01-20〕http://www.gov.cn/zhengce/content/2022-01/20/content_5669468.htm.

思政元素：守正创新

头脑风暴：针对当地的旅游特色资源和不同群体的需求，如何开发出更多的定制化旅游产品、旅游线路，开发体验性、互动性强的旅游项目？

学一学5-3

红色旅游产品开发模式

三、旅游产品开发的策略

（一）旅游地开发策略

旅游地开发最直接的表现形式就是景区、景点的开发建设。一个旅游地要进行旅游产品开发，首先必须凭借其旅游资源优势，或保护环境，或筑亭垒石，或造园修桥，使之成为艺术化的统一游赏空间，为原有风光增辉添色，更符合美学欣赏和旅游的需要。旅游地开发策略，根据人工开发的强度及参与性质可分为以下几种：

1.资源保护型开发策略

对于罕见或出色的自然景观或人文景观，要求完整、绝对地进行保护或维护性开发。有些景观因特殊的位置而不允许直接靠近开发，它们只能作为被观赏点加以欣赏，其开发效用只能在周围景区的开发中得以体现。对这类旅游地的开发，要求就是绝对地保护或维持原样。

2.资源修饰型开发策略

对于有些旅游地，主要是充分加以保护和展现原有的自然风光，允许通过人工手段，适当地进行修饰和点缀，使风景更加突出，起到画龙点睛的作用。例如，在山水风景中的某些地段小筑亭台，在天然植被风景中调整部分林相，在人文古迹中配以环境绿化等。

3.资源强化型开发策略

这种开发策略是指在旅游资源的基础上，采取人工强化手段，烘托、优化原有的景观、景物，以营造新的风景环境与景观空间。例如，在一些自然或人文景区进行园林造景，修建各种陈列馆和博物馆以及各种集萃园和仿古园等。

4.资源再造型开发策略

这种开发策略是指不以自然或人文旅游资源为基础，仅利用旅游资源的环境条件或基础设施条件，打造一些人造景点和景观。例如，在一些交通方便、客流量大的地区兴建民俗文化村、微缩景区公园，在人工湖泊上打造一些亭台楼阁、旅游设施等。

（二）旅游路线组合策略

旅游路线组合应以最有效地利用资源、最大限度地满足旅游者的需求和最有利于企业竞争为指导，并遵循旅游产品开发的原则。旅游路线组合策略包括以下几种：

1.全线全面型组合策略

该策略是指旅游企业经营多条旅游路线，并推向多个不同的市场。例如，旅行社经营观光旅游、度假旅游、购物旅游、会议旅游等多种产品，并以欧美市场、日本市场、东南亚市场等多个旅游市场为目标市场。企业采取这种组合策略，可以满足不同市场的需要，扩大市场份额，但经营成本较高，需要企业具备较强的实力。

2.市场专业型组合策略

该策略是指向某一特定的目标市场提供其所需要的旅游产品。例如，旅行社专门为中小学生市场提供博物馆研学、劳动研学、环保研学等多种专题旅游产品；或针对青年游客市场，根据其特点开发探险、新婚、研学等适合青年口味的旅游产品；或针对老年游客市场，开发观光、怀旧、度假、养老旅游产品等。这种策略有利于企业集中力量对特定的目标市场进行调研，充分了解其各种需求，开发出满足这些需求的多样化、多层次的旅游产品。但由于目标市场单一，市场规模有限，因此旅游产品的销售量也会受到限制。

3.产品专业型组合策略

该策略是指只经营一种类型的旅游产品，来满足多个目标市场的同一类需求。例如，旅行社开发观光旅游产品推向欧美、日本、东南亚等市场。由于产品线单一，所以旅游企业经营成本较低，易于管理，可以集中企业资金开发和不断完善某一种产品，进行产品的深度加工，树立鲜明的企业形象。但由于企业产品类型单一，因此增大了旅游企业的经营风险。

4.特殊产品专业型组合策略

该策略是指针对不同目标市场的需求，提供不同的旅游产品。例如，针对欧美市场提供观光度假旅游产品，针对日本市场提供修学旅游产品，针对东南亚市场提供探亲访友旅游产品；或者经营探险旅游产品满足青年市场的需要，经营休闲度假旅游产品满足老年市场的需要等。这种策略能使旅游企业有针对性地开发不同的目标市场，使产品适销对路。但企业采取此种策略时需要进行周密的调查研究，因此投资较多，成本较高。

听一听5-2

旅游地生命周期理论

四、旅游产品开发的步骤

旅游产品开发是一个从新产品的各种构思开始，到把这些构思转变为最终投入市场的旅游新产品为止的前后连续、有计划、有目的、系统的过程。这个过程一般要经历七个阶段：

（一）创意的产生

旅游企业可围绕企业长期的发展战略和市场定位来确定新产品开发的重点，并确定旅游新产品的创意和构思。旅游新产品的创意和构思来源于以下各方：

1.游客

游客的需求是旅游新产品开发的原始推动力，企业可以通过对游客进行调查，收集游客对旅游新产品的建议，然后进行整理和筛选，捕捉有价值的建议。

2.旅游从业人员

旅游从业人员（包括旅游产品的销售人员、导游等）处于旅游业第一线，与游客和竞争者接触密切，最了解游客的需求，最能提出旅游新产品开发的创意。此外，旅游企业高层管理人员的想法和建议也是旅游新产品开发的重要创意来源。

3.竞争者

旅游企业分析其竞争者的产品的成功与不足之处，并对其进行强化和改良，也是不错的旅游新产品开发思路。

4.旅游科研和策划机构

旅游科研和策划机构处于新产品开发的第一线，对旅游产品见多识广，加上一定的理论功底和职业素养，对旅游业的发展很有前瞻性，因此旅游企业应该重视它们的创意。

5.旅游中间商

经销或代理旅游产品的中间商掌握着游客需求的第一手资料，同时也掌握着大量供给方面的信息，中间商的想法和建议也是重要的创意来源。

（二）创意的筛选

收集到若干旅游新产品开发的创意后，应根据企业自身的战略发展目标和拥有的资源条件对新产品开发的创意构思进行评审和选择，尽快选择出有吸引力、切实可行的构思，放弃那些不具可行性的构思，以免造成时间和成本的浪费。旅游新产品开发创意的筛选过程如图5-3所示。

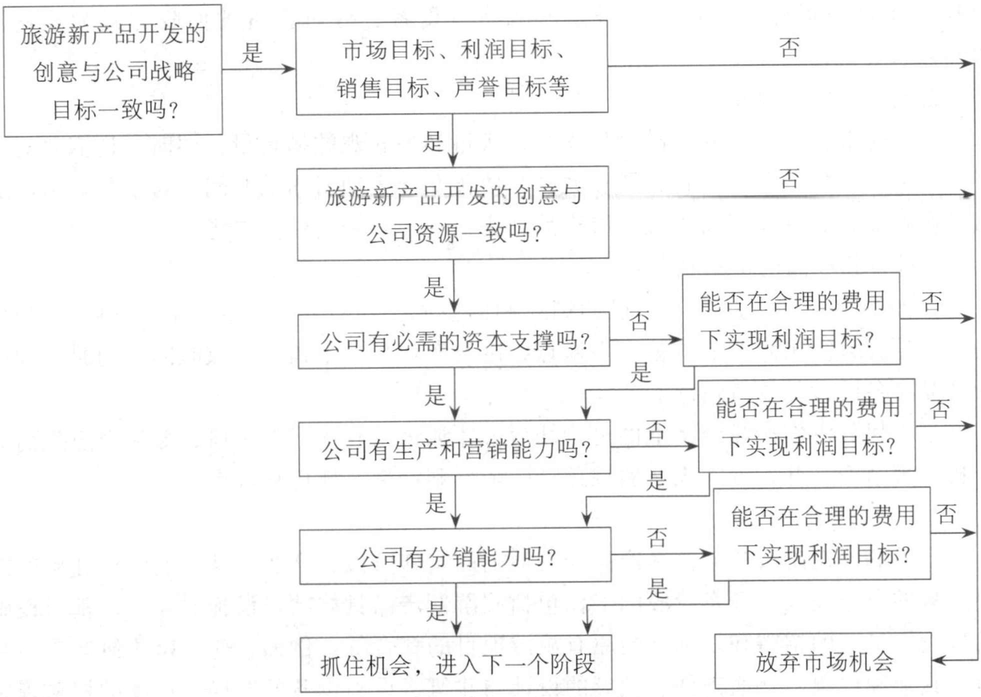

图5-3　旅游新产品开发创意的筛选过程

通过对旅游新产品开发创意的筛选，剔除不适当的创意，保留有价值的创意，而后进入下一个阶段。筛选工作一般要由营销人员、高层管理人员及专家进行，通常利用产品创意构思评价表，对旅游新产品的销售前景、竞争能力、开发能力、资源保障、生产能力、对现有产品的冲击等方面进行加权计算，评定出创意的优劣，最终选出最佳创意。

（三）产品概念的发展和测试

一个有吸引力的产品开发创意必须转变成具体的旅游产品概念，因为游客购买的不是产品创意，而是具体的旅游产品。这需要旅游企业用游客所能理解的具体产品、项目对创意做进一步的具体描述，并由此形成具体的旅游产品概念。例如，某地要开发水上旅游项目，这是一个产品开发创意，它可以转化为水上泛舟、滑水、赛艇、垂钓等几种产品概念。

之后的工作是把这些具体的产品概念转变成形象化的文字资料并设计相应的旅游路线，对潜在游客进行调查和测试，了解潜在游客对产品概念的意见和建议，使新产品概念更加完善，然后测试市场接受情况。此外，要对具体的旅游新产品概念的细节进行设计并制订相应的营销计划。

（四）商业分析

在拟订出旅游新产品的概念和营销方案后，需要对此项目进行商业分析。商业分析是经济上的可行性分析，主要从以下三个方面进行：

1.投资分析

对新产品所需的投资总额进行测算；规划资金来源，分析新产品是由企业独家投资还是合资开发，或是引进新的战略投资者；分析投资的回收方式和投资回收年限。

2.进行销售量的预测

旅游企业需要预测新产品最乐观的销售量和最悲观的销售量，同时，还需要对新产品生命周期的各阶段进行预测，尤其是要预测导入期所需的时间。对于从业多年的旅游企业而言，其可以将类似旅游产品销售额的历史资料作为参考。

3.进行新产品的量本利分析

在预测出旅游产品各时间段的销售额的基础上，进一步测算新产品的成本和价格，并据此计算出新产品的盈亏平衡点，以及实现盈亏平衡的大致时间；同时，预测新产品在各阶段的盈亏情况。

在确保旅游新产品经济上的可行性后，才能进入具体开发阶段；如果企业经商业分析发现新产品开发方案无法实现预计的最低利润额，就应该放弃。

（五）产品的开发

产品的开发阶段是旅游新产品开发计划的实施阶段，从实质性开发阶段开始就需要大量的资金投入。开发阶段的工作包括旅游新产品具体项目设施的建设、基础设施的建设、员工的招聘和培训、与原有旅游项目的整合等。例如，建一座旅游饭店，要考虑其地理位置、交通条件、饭店的设计与建筑、设施设备的布局、员工的招募等多方面因素。

旅游产品在开发过程中需要进行反复测试。旅游企业或其他相关组织可邀请国内外旅游专家、经销商和旅游记者以及少量游客进行试验性旅游，并请他们提意见，以便修改新产品使其更加完善。例如，无锡开发的横渡太湖旅游产品，第一次从无锡到杭州实地试航，需要8个小时，湖上的航行时间太长；后改为经太湖在浙江湖州上岸，再改乘汽车，2小时后到杭州，这样，在湖上的航行只需要5个多小时，比较适宜。此后，企业又邀请一批客人试航，船上还增加了风味餐并举行饮酒赋诗等活动，最终产品很受欢迎。

（六）试销

试销是把开发出来的旅游新产品投放到经过挑选的具有代表性的市场范围内进行试验性营销，了解旅游者的反应，从而使新产品失败的风险达到最小化。针对开发出来的旅游新产品，可以先邀请一些专家和业内人士提前试用，从其试用反馈中收集亲历的感受，整理其意见和建议，适当对旅游新产品进行完善后，再小范围、小规模地向普通游客试销新产品，再进行改进。例如，旅游地产品开发，可以在产品开发已初具规模、具备一定的接待能力时（不必完全落成），利用已有的服务项目，设计旅游产品组合策略，选择一些典型的目标客源市场进行试销，以确保新产品成功投入市场及未来发展顺利。

无论是一条旅游线路还是一个单项旅游产品，都要经过试销后根据各方的意见和建议改进服务内容，不断适应市场的需要。另外，在试销阶段，也需要对初步确定的营销组合进行适当调整。

（七）正式上市

新产品通过试销取得成功后，就可以全面投入市场，产品即进入生命周期的投入期。在新产品正式上市之前，企业需要对旅游新产品上市的时间、地点、预期旅游客源地、目标游客以及导入市场的策略进行决策。

1.上市的时间决策

对于季节性较强的旅游产品，最好选择由淡转旺的季节上市，这样能使新产品的销售量呈上升趋势。应该避免在旅游旺季上市，因为毕竟不完善，如果游客大量涌入，会使企业因经验不足而应接不暇，因此最好有一个从少到多的适应和完善过程。

2.上市的地点决策

旅游企业需要确定推出旅游新产品的客源地，即是在所有潜在的客源市场全面推出，还是由点到面地逐步扩散。由于各地游客的收入水平不同、消费特点不同，对新产品的接受程度也会表现出较大的差异，因此应该对新产品对不同市场的吸引力做出客观的评价。评价的指标有：市场潜力、企业在当地的声望、产品的分销成本、产品对其他市场的影响力以及市场竞争的激烈程度等。企业可根据有关数据来选择主要市场，并制订新产品的地区扩展计划。最好选择那些政治、经济、文化中心城市推出新产品，这样可对周边市场产生较大的辐射作用。

3.上市的目标游客决策

在旅游新产品的市场开发中，企业应将销售和促销的重点集中于最佳的潜在游客。最佳的潜在游客应具备以下特征：愿意最早使用新产品，对新产品持肯定和赞赏态度，乐于传播有关新产品的信息，对周围的游客（消费者）有较大的影响，购买量较大。在这样的目标市场上，旅游企业容易较快地获得高销售额，并有利于调动销售人员的积极性，也能较快地渗透到整个市场。

当然，并不是所有旅游产品的开发都要经过以上几个步骤。不同的旅游业经营者可根据所开发的新产品的特点及市场的特点，选择合适的开发程序。

五、旅游产品组合策略

（一）旅游产品组合的含义

旅游产品组合就是旅游业经营者提供给市场的全部旅游产品的组合方式。一些与产品组合密切相关的要素（包括产品线、产品线的广度、产品线的深度和产品线的关联度）的不同构成即不同的产品组合。

1.产品线

产品线，是指密切相关的、满足同一类需求的一组产品。比如，一个度假村经营度假旅游产品，那么度假旅游产品就是该度假村的一条产品线；若该度假村同时经营度假旅游产品、生态旅游产品、节庆旅游产品，那么就认为该度假村经营三条（多条）产品线。

2.产品线的广度（宽度）

产品线的广度，是指一个企业所拥有的产品线的数目，产品线的数量越多，产品线的广度就越大。

3.产品线的深度

产品线的深度，是指每个产品线中不同等级、规格的产品数量的多少。以旅行社为例，在旅行社经营的观光旅游产品中，有以山水旅游为主的产品，有以文物古迹旅游为主的产品；山水旅游中又有桂林、丽江等不同的旅游线路，文物古迹旅游中又有北京故宫、河南少林寺等不同的旅游线路。每个产品线无论深度如何，同一产品线的核心价值是相同的，即满足顾客的同一类需求。

4.产品线的关联度

产品线的关联度，是指产品线之间相互关联的程度，即各个产品线之间在生产条件、销售渠道或其他方面可以是存在某种联系的，也可以是互不相干的。

（二）旅游产品组合策略的选择

1.扩大产品组合策略

扩大产品组合策略，是指扩大旅游产品组合的广度，是根据市场需要适当增加旅游线路的数量的策略。值得注意的是，新增旅游线路应是那些在市场上已经预热但还未普及的旅游新线路。该策略可以使旅游企业的经营范围得到扩展，但也对旅游企业的业务能力和服务水平提出了更高的要求。

2.缩小产品组合策略

缩小产品组合策略，是指缩小旅游产品组合的广度，减少旅游产品的数量，使之成为较窄的产品组合。该策略较适合中小型旅游企业，在业务范围上只求精专，不求广博，注重旅游产品的特色与质量，专业化程度较高。在旅游旺季，旅游企业普遍采取此种策略，以确保产品的质量与企业的声誉。

3.深化产品组合策略

深化产品组合策略，是指促使旅游产品组合向纵深方向发展，根据旅游者的偏好及特殊需要增加旅游线路中某类旅游活动项目的数量，或改变旅游方式，使产品以新的形式出现在市场上的策略。该策略可以扩大旅游者的参与面，增强游客的体验感和满意度，从而提升旅游企业的市场形象和经济效益，如一些旅行社推出的深度游线路。

4.产品组合的差别化策略

产品组合的差别化策略，是指推出的旅游产品或组合策略与竞争对手有差别，以期给游客不一样的感觉和体验。例如，一些旅行社在传统的旅游线路中增加特色旅游项目，或者一些旅行社针对特殊市场专门设计旅游线路。

5.锥形辐射策略

锥形辐射策略是一种很有效的非均衡快速突破策略，是指旅游企业将自身的多种产品排成锥形阵容，以独特的、最具有吸引力的拳头产品作为开路先锋（锥尖），以求像锥子一样迅速突破目标市场，然后分阶段推出丰富多样的旅游产品。例如，河南省以少林拳、陈氏太极拳为开路先锋，采用锥形辐射策略将省内旅游产品成功地打入新加坡市场。

知识拓展5-2　　你了解休闲旅游产品的分类与项目开发吗？

休闲旅游产品是指旅游者以休闲活动为目的，借助一定的自然或人文环境，通过较轻松的旅游活动方式，使身体舒适、心理愉快、精神放松的旅游产品。休闲旅游产品的分类与项目开发见表5-3。

表5-3　　休闲旅游产品的分类与项目开发

休闲旅游产品的类型		内容
度假休闲旅游	滨海型	潜水、日光浴、海上摩托艇、冲浪、帆板、沙滩排球等
	山地型	高山滑雪、疗养、避暑、登山、攀岩、观光等
	湖泊型	泛舟、垂钓、疗养、游泳、观光等
	环城市带型	农家乐、品茗、垂钓、登山、度假等
产业休闲旅游	农业旅游	农家乐、农业观光、种植旅游、放牧、垂钓、采摘等
	工业旅游	采掘业、重工业、高科技工业、手工业、轻工业、建筑业等
	其他产业旅游	服务业、商业等
主题公园	乐园型	欢乐谷、海洋馆、冰雪大世界等
	民俗型	民俗文化村、民族文化村等
	历史型	宋城、唐城、三国城等
	微缩景观型	锦绣中华、世界之窗等
	高科技型	恐龙馆、航宇科普中心等
体育休闲旅游	水上体育休闲	划龙舟、漂流、赛帆船等
	山地体育休闲	登山、攀岩等
	草原体育休闲	摔跤、赛马、射箭等
	沙漠体育休闲	滑沙、沙漠排球等
	其他体育休闲	民族舞蹈、竞技类体育项目等
其他休闲旅游	购物休闲旅游	城市观光购物旅游、特色产品（景德镇陶瓷、苏杭丝绸等）购物旅游等
	美食休闲旅游	品尝美食、体验食品制作等
	娱乐休闲旅游	舞蹈、KTV、酒吧、篝火晚会等

技能训练

一、场景设计

以阆中古城（或本地景区）为例，请同学们在完成阆中古城（或本地景区）旅游产品类型与构成现状分析的基础上，结合旅游产品开发原则、产品组合策略以及旅游产品开发的方法和步骤对阆中古城（或本地景区）旅游产品进行开发设计。

二、实训目的

本实训应使学生了解旅游产品开发的原则，掌握旅游产品开发的策略，能够运用旅游产品开发的方法对旅游产品进行创意开发。

三、实训步骤

1.文献调研

同学们通过网络、杂志、报纸等对景区目前的基本情况进行查询，做好景区旅游产品主题的资料收集工作、景区旅游产品功能设计的资料收集工作、景区旅游产品盈利模式的案例收集工作。

2.实地调研

（1）材料准备：调研前，列出本次调研的主要目标和景区管理人员的访谈提纲，调研者必须带好笔、笔记本、手机或照相机等，做好调研记录工作。

（2）计划准备：调研前，应制订调研计划，明确调研目的、调研时间、任务分工、联络方式、调研费用等事项。

（3）纪律要求：调研过程中要加强管理，组员必须听从指挥、遵守纪律，并表现出良好的礼貌礼节，展现旅游专业学生的良好形象。

（4）进行实地调研和对景区管理人员的访谈等，了解景区旅游产品开发的实际情况。

3.整理分析

调研结束后，由组长召集小组成员，统一集中讨论，小组成员根据调研目的发表调研观点和心得，并对收集的资料进行整理分析。

4.报告撰写

根据调研情况，四人一组撰写×××景区旅游产品开发方案，见表5-4。

表5-4　×××景区旅游产品开发方案

<table>
<tr><td>班级</td><td></td><td>姓名</td><td></td><td>时间</td><td></td></tr>
<tr><td>学号</td><td></td><td>组号</td><td></td><td>任务</td><td></td></tr>
<tr><td colspan="6">标题
目录
正文
1.项目基本情况
2.产品开发类型
3.产品开发原则
4.产品构思与开发策略
结语
附录（设计图和参考资料）</td></tr>
<tr><td>备注</td><td colspan="5"></td></tr>
</table>

四、技能评价

根据调研及旅游产品开发情况填写×××景区旅游产品开发实训评价表（见表5-5）。

表5-5　　×××景区旅游产品开发实训评价表

考评教师		被考评学生	
被考评小组			
考评内容	对景区旅游产品开发的内容、方案设计与实施的认知与实践能力		
考评标准	内容	分值	得分
	能够明确此次调研的主要目的	10	
	能够做好本次调研的前期准备工作	15	
	能够掌握旅游产品开发的内容	25	
	调研报告撰写规范、层次清楚、语句通顺	20	
	调研纪律表现良好（小组互评）	15	
	团队协作意识好、职业素养有提升（小组互评）	15	
合计		100	

注：考评满分为100分，90分及以上为优秀，80～89分为良好，70～79分为中等，60～69分为及格。

项目综合训练

一、项目背景

成都市在郫都区农科村、青城后山泰安古镇、锦江区三圣乡和龙泉驿区洛带镇新开了四家乡村旅游商品购物中心，拉开了全市乡村旅游商品购物中心建设的序幕。乡村旅游商品购物中心的面积为100平方米左右，主要销售食品、日用品、工艺品三大类数百种成都市乡村特色旅游商品。此外，成都市的数十家旅游商品生产厂家还与这四家购物中心在农科村正式签订了合作协议。比如，当游客来到农科村旅游时，不仅可以到一户一景的农家小院休闲娱乐，还可以逛逛新建成的乡村旅游商品购物中心农科店，尽情挑选各种特色纪念品。装潢一新的店面格外引人注目，店内陈列的商品也是琳琅满目，如郫县豆瓣、蜀绣、草编、兰草盆景等极具地方特色的商品。在这间不大的店面里，陈列着成都市各个乡村的特色产品，吸引了不少游客来这里休闲购物；在欣赏完农家美景之后，到这里来选购一些特色工艺品带回家也不失为一件美事。乡村旅游商品购物中心的建立不仅为广大旅游爱好者购买特色商品提供了方便，也在一定程度上促进了农副产品商品化，提高了农副产品的附加值，形成了特色旅游商品品牌，助推了当地旅游产业的快速发展。

资料来源　根据相关资料整理。

二、实训任务

分小组研讨以下问题：

（1）农科村开发的旅游产品有哪些？

（2）本项目中的旅游产品开发有哪些特色？

（3）请在农科村旅游产品开发现状的基础上，提出更有效的产品开发建议。

三、实训目的

了解并掌握旅游产品的核心概念、本质，理解并掌握旅游产品开发的原则、策略与步骤，能够根据项目资料和所学知识提出更有效的“农科村旅游产品开发建议书”。

四、实训步骤

（1）自由组合成小组，每组3～4人。

（2）小组开展自由讨论，撰写说明书，并制作PPT。

（3）各小组选派一名代表进行汇报交流。

五、实训评价

本综合训练项目的评分见表5-6。

表5-6 综合训练项目评分表

考评教师		被考评小组	
被考评小组成员			
考评标准	内容	分值	得分
	主题鲜明、条理清楚、逻辑性强	20	
	运用所学理论知识分析问题的能力强	25	
	创新思维强，旅游产品开发与设计相关知识、方法等运用熟练	25	
	表述清晰、语速适中、仪表大方	20	
	计算机操作技能熟练，PPT制作精美	10	
合计		100	

注：考评满分为100分，90分及以上为优秀，80～89分为良好，70～79分为中等，60～69分为及格。

项目同步测试

一、选择题（请选出适合的答案）

1.旅游产品是旅游业者通过开发、利用旅游资源提供给旅游者的旅游吸引物与服务的组合，它包括（　　）。

A.旅游吸引物　　B.旅游设施　　C.旅游服务地　　D.可进入性

2.一般来讲，旅游产品由核心产品、形式产品、（　　）等构成。

A.外形产品　　B.期望产品　　C.延伸产品　　D.潜在产品

3.专项旅游也称“专题旅游”或“特色旅游”，是具有专题、专项性质的具体旅游活动形式。其特点包括（　　）。

A.旅游者以特定目的到特定的旅游地进行特定的活动

B.旅游者以特定目的到旅游地进行特定的活动

C.旅游者以特定目的到旅游地进行旅游活动

D.旅游者到特定的旅游地进行特定的活动

4.旅游产品的开发，主要包括（　　）等内容。

A.对旅游地的规划和开发　　B.对旅游路线的设计和组合

C.对旅游商品的开发　　D.对旅游景区的推广和营销

5.旅游产品开发的原则包括（　　）。

A.式样新颖　　B.管理方式多样

C.服务理念创新　　　　　　　　　D.营销方式新颖

6.根据人工开发的强度及参与性质，旅游地开发的策略包括（　　）。

A.资源保护型开发策略　　　　　　B.资源消耗型开发策略

C.资源强化型开发策略　　　　　　D.资源再造型开发策略

7.旅游产品开发是一个从收集新产品的各种创意开始，到把这些创意转变为最终投入市场的旅游新产品为止的前后连续、有计划、有目的、系统的过程。其内容包括（　　）。

A.产品概念的发展和测试　　　　　B.商业分析

C.产品的研制和开发　　　　　　　D.试销和商品化

8.旅游产品组合策略包括（　　）。

A.扩大产品组合的策略　　　　　　B.缩小产品组合的策略

C.深化产品组合的策略　　　　　　D.产品组合的差别化策略

E.锥形辐射策略　　　　　　　　　F.相似产品组合的策略

测一测 5-1

选择题

二、判断题（判断下列各题是否正确。正确的在括号内打“√”，错误的打“×”）

1.将旅游产品等同于旅游吸引物是对旅游产品广义概念的理解。（　　）

2.对不同的旅游者来说，其诉求可能不同，但核心旅游产品的形式和内容是一样的。（　　）

3.观光旅游产品又称观景旅游产品，是指旅游者以观赏和游览为主要目的的旅游产品。其一般可分为自然风光、城市景观、名胜古迹、国家公园、主题公园、野生动物园等旅游产品。（　　）

4.非商品性旅游资源一般是指地方性的民风、民俗、文化艺术等，它们虽然是旅游资源，但还不是旅游商品，它们本身并不是为旅游而产生的，也不仅仅为旅游服务。（　　）

5.旅游产品是集食、住、行、游、娱于一体的综合性产品。（　　）

6.对于罕见或出色的自然景观或人文景观，要有选择地进行保护或维护性开发。（　　）

7.所谓商业分析，是指测试一种产品（概念）的销售量、成本、利润额及收益率，预测开发和投入新产品的资金风险及机会成本，预测环境及竞争形势的变化对产品发展潜力的影响，预测市场规模，分析消费者的购买行为。（　　）

8.锥形辐射策略是指旅游企业将自身的多种产品排成锥形阵容，以独特的、具有吸引力的拳头产品作为开路先锋（锥尖），以求像锥子一样迅速突破目标市场，然后分阶段推出丰富多样的旅游产品。（　　）

测一测 5-2

判断题

三、简答题

1.旅游产品按性质分类有哪些？

2.按旅游路线中的主要交通工具进行分类，旅游路线有哪些？

3.资源强化型开发策略的内容是什么？

4.旅游新产品开发创意的来源有哪些？

项目学习评价

旅游产品开发策略能力与素养测评表见表5-7。(在□中打“√”，A掌握，B基本掌握，C未掌握)。

表5-7 **旅游产品开发策略能力与素养测评表**

专业知识能力	评价指标		自测结果
旅游产品认知	1.对旅游产品概念的理解		□A □B □C
	2.对旅游产品结构的分析		□A □B □C
	3.旅游产品的分类		□A □B □C
旅游产品开发与设计	1.旅游产品开发的类型		□A □B □C
	2.旅游产品开发、设计原则		□A □B □C
	3.旅游产品开发、设计策略		□A □B □C
	4.旅游产品开发的步骤		□A □B □C
	5.旅游产品组合策略		□A □B □C
职业能力与素养	评估标准		自测结果
自我学习	1.能进行时间管理，并阅读相关专业书籍		□A □B □C
	2.能选择适合自己的学习方式		□A □B □C
	3.能将已经学到的知识在现实中加以运用		□A □B □C
文献搜索	1.能根据不同需要去搜寻、获取并选择信息		□A □B □C
	2.能筛选信息，并进行信息分类		□A □B □C
	3.能使用多媒体等手段来展示信息		□A □B □C
与人交流	1.能把握交流的主题、时机和方式		□A □B □C
	2.能理解对方谈话的内容，准确表达自己的观点		□A □B □C
	3.能获取信息并反馈		□A □B □C
团队协作	1.能明确自己在团队中的地位和作用		□A □B □C
	2.能同合作者进行有效沟通，学会换位思考		□A □B □C
解决问题	1.能说明学习中出现的问题并指出其主要特征		□A □B □C
	2.能制订出解决问题的计划并组织实施		□A □B □C
	3.能对解决问题的方法适时做出总结和修改		□A □B □C
职业素养	1.能诚实守信，遵守旅游行业从业人员职业道德规范		□A □B □C
	2.能够守正创新，有增值性成长		□A □B □C
学生自评		学生签字	
教师评语			
成绩		教师签字	

6 项目六 旅游产品价格策略

项目目标

通过本项目的学习，学生应掌握旅游产品价格的内涵、形式和特点，能够理解影响旅游产品价格的因素和旅游定价策略；能够掌握《中华人民共和国旅游法》对旅游产品价格管理的规定；能运用旅游定价方法，制定和调整旅行社产品价格、景区产品价格、旅游商品价格；重点培养学生旅游产品价格制定的运用和实际操作能力；培养学生技能宝贵、创造伟大、知行合一的职业素养和职业精神。

项目导入

方山旅游风景区位于南京市江宁区中部，距江宁中心区（东山）2.4千米，距南京市中心新街口18千米、距南京火车南站9千米，距南京禄口国际机场22千米。山体呈方形，孤耸绝立，山顶平坦，故名方山。又因其四角方正，犹如一枚玉印从天而降，因而也称“天印山”。方山风景区总面积约15平方千米，海拔209米。外秦淮河环绕方山脚下，天印湖静卧山之北。方山是一座死火山，火山地貌保存完整。2009年8月，方山入选第五批国家地质公园名单。方山历史文化悠久，宗教文化兴盛，在明清时期，这里就被誉为“金陵八景”之一、“金陵四十景”之一。现在方山是国家3A级旅游景区，是典型的城市游憩型景区。

看动画6-1

旅游产品价格策略

从旅游景区产品构成、景区主要目标市场看，景区可以收门票吗？若景区不能收门票，它的收入来源在哪里？哪些产品可以收取费用？应该怎样定价？从这些问题出发，学生应该掌握哪些旅游产品定价的知识和技能呢？

项目分析

思维导图6-1

项目六

为更好地完成旅游产品定价项目任务，同学们应充分准备如下知识与技能：

1.理解并掌握旅游产品价格的内涵与形式。

2.理解旅游产品价格的特点，掌握影响旅游产品定价的因素。

3.掌握旅游产品的定价方法和定价策略，并能够在实际中运用。

4.了解旅游产品定价的程序及《中华人民共和国旅游法》对旅游产品价格管理的规定。

任务一　旅游产品价格认知

◎ 任务目标

1. 知识目标

- 理解并掌握旅游产品价格的内涵、形式与特征。
- 理解并掌握影响旅游产品定价的因素。
- 理解并掌握《中华人民共和国旅游法》对旅游产品价格管理的规定。

2. 能力目标

- 能够科学区分不同旅游产品的价格形式。
- 能够描述旅游产品价格的特点。
- 能够描述景区的产品价格概况。
- 能够根据实践活动，分析影响景区旅游产品价格的因素。

3. 素养目标

- 提升对旅游产品定价工作的认知度、理解度和职业热爱。
- 提升对景区内的游客、景区工作人员访谈的能力。
- 培养学生查阅文献、实地考察的能力。
- 培养学生对旅游产品价格进行管理的意识和能力。
- 培养学生诚实守信、守正创新的职业素养。
- 培养学生技能宝贵、创造伟大、知行合一的职业素养和职业精神。

◎ 任务导入

方山旅游风景区是城市游憩型景区，是市民散步、踏青的好去处，如果不适合收取门票，为了维持景区运转，景区可以收取一些停车费用、烧烤费用、旅游纪念品费用、小门票费用、节庆费用等。同学们应该怎样结合旅游产品特征，分析影响旅游产品定价的因素？如何对这些项目进行定价呢？为出色地完成这项任务，同学们应掌握哪些旅游产品价格方面的知识和技能呢？

知识积累

一、旅游产品价格的内涵与形式

（一）旅游产品价格的内涵界定

价格（price）一般指进行交易时，买方需要付出的代价或款项。从经济学角度来说，它是商品同货币交换比例的指数，或者说，价格是价值的货币表现。旅游产品价格是旅游者为了满足旅游活动的需要所付出的货币代价，是旅游产品价值的货币表现形式，是旅游产品价值、旅游市场供求和一个国家或地区的币值三者变化的综合反映。

听一听6-1

经济学术语——价值

（二）旅游产品的价格形式

由于价格是产品的货币表现形式，而旅游产品的类型又具有多样化的特征，因此旅游产品的价格也有多种形式。

1.从旅游企业的营销角度划分，可分为旅游差价和旅游优惠价

（1）旅游差价。旅游差价是同种旅游产品由于时间、地点或其他原因引起的价格一定幅度的变化或价格差额，即利用价格来调节供求关系，刺激需求，扩大销售。旅游差价主要表现为地区差价、季节差价、质量差价、批零差价等。

地区差价，是指同种旅游产品在不同地区销售所形成的价格差额。旅游产品地区差价的形成主要与不同地区的旅游需求有关，不同地区的旅游需求又与该地的旅游资源状况密切相关。合理应用旅游产品地区差价，能够在一定程度上缓解热点和冷点地区的供求矛盾。

季节差价，是指同种旅游产品在不同的季节销售所形成的价格差额。旅游者的旅游活动受季节影响大，是旅游产品季节差价产生的主要原因，这使得旅游产品的销售有了淡季和旺季之分。此外，不同的国家和地区，其气候条件和自然条件具有很大的差异性，旅游淡旺季的时间也不相同，因此旅游业经营者应善于应用旅游产品的季节差价，有效地调节旅游产品的供求关系，使淡季不“淡”，旺季也不会太过拥挤。

质量差价，是指同类旅游产品由于质量不同而产生的价格差额。市场上的旅游产品，无论是有形的物质部分，还是无形的劳务部分，由于耗费的劳动不同、满足旅游者需求的程度不同，因此质量也不相同，反映在价格上，就形成质量差价。按质论价是实行旅游产品质量差价必须遵循的原则。唯有如此，才能维护旅游者的正当权益，保障旅游生产者和经营者的利益。

批零差价，是指同种旅游产品批发价格与零售价格之间的差额。在旅行社的经营活动中，批发商主要负责推出旅游产品，即设计和编排旅游线路；旅游零售商则从批发商手中购进旅游产品，再将旅游产品销售给旅游者，由此形成了批发与零售之间的价格差额。

（2）旅游优惠价。旅游优惠价是指旅游产品供给者在明码公布的价格基础上，给予购买者一定比例的折扣或优惠的价格。它主要有以下几种形式：

销量优惠，是指根据旅游者购买旅游产品数量的多少而实行的优惠，具体又可分为累计折扣优惠和非累计折扣优惠。累计折扣优惠，是指同一旅游者在规定时间内购买的产品超过确定的基数后给予的一定的折扣优惠；非累计折扣优惠，是指旅游者一次性购买量达到规定的要求后给予的价格折扣优惠。两种形式的优惠的目的都在于建立和巩固旅游企业与客户之间长期的买卖与合作关系，鼓励和刺激旅游者扩大购买量，增加企业利润。

同业优惠，是指对同行客户给予的一定的价格优惠。例如，航空公司对旅行社、饭店人员的优惠；旅行社对饭店、航空公司人员的优惠；饭店集团人员入住本集团联号饭店的优惠等。优惠的程度或比例，企业既可自行规定，也可互相商定，目的是互利互惠、促进合作，保证相关企业之间业务活动的顺利进行。

老客户优惠，是旅游企业针对经常有业务联系的单位或老顾客给予的一定的价格折扣。对老客户实行优惠，是旅游企业稳定客源、扩大销售的重要手段。

2. 根据旅游者购买旅游产品的方式划分，可分为统包价格、小包价格和单项价格

（1）统包价格与小包价格。统包价格是指旅游者根据自己的需要，一次性购买旅行社推出的某条旅游线路的价格。小包价格是指旅游者通过旅行社购买旅游产品，但只一次性支付线路产品中的某一部分或某几部分，其余部分由旅游者以零星购买的方式支付。在国际旅游中，越来越多的游客趋向于选择只含机票和饭店的包价，而游览的门票、导游翻译费等，旅游者则视具体情况而选择支付。

旅游产品的统包价格和小包价格是旅游者在购买旅游线路产品时发生的价格，反映的主要是旅游者与旅行社（或其他旅游业经营者）之间的一次性交换活动。其价格由三部分构成：各单项旅游产品的价格总和、旅行社（或其他旅游业经营者）的盈利和管理费。其特点首先是方便，避免了多次购买的烦琐；其次是优惠，可以享受批量购买带来的折扣；不足之处是不能完全满足旅游者的需要。

（2）单项价格。单项价格是旅游者不通过任何中介机构，以零星购买的方式所购买的旅游产品的价格。旅游者每次购买的，只是旅游活动诸多环节中的某一项或某几项旅游产品，如旅游者单独购买的车票的价格、客房的价格和景点门票的价格等。单项价格由旅游产品经营者的成本和盈利构成。单项价格的优点在于灵活，旅游者可以根据自己的喜好和时间来安排所要购买的内容；不足之处是手续烦琐，且价位较高。

3. 根据旅游活动所涉及的范围划分，可分为国内旅游产品价格和国际旅游产品价格

（1）国内旅游产品价格。国内旅游产品价格是指旅游者在本国国内购买的旅游产品的价格。具体还可再细分为国内旅游包价和国内旅游单价。

（2）国际旅游产品价格。国际旅游产品价格包括出境旅游产品价格和入境旅游产品价格。无论是出境旅游产品价格还是入境旅游产品价格，其一般都包含三部分，即国际交通费用、旅游目的地国家或地区旅游产品的价格和客源国（地区）内的旅游服务费。

4. 根据产品类型划分，可分为景区门票价格、旅游线路价格以及住宿、餐饮价格等

（1）景区门票价格。影响景区门票价格的因素主要有基本因素和弹性因素。其中，基本因素由体现景区质量和数量特征的景区旅游产品特色、景区规模、景区服务、正常盈利四个模块组成。在这四个模块中，特色模块即景区中观赏旅游产品在其结构、品质、形式、规模体量、文化氛围等方面显示出的稀有性、悠久性、历史地位以及客主两地的悬殊差异等固有属性，是影响门票价格高低的关键因素。规模模块是指景区内各游览区纯游览面积之和，是反映景区质量特征的一项指标。服务模块主要包括文明、卫生、安全、游客满意度等因素。盈利模块是指景区门票总收入扣除各项业务支出后的剩余部分。各模块又有各自的特点和内部结构，在价格构成中的地位和作用亦不完全一致，要区别对待。影响景区门票价格的弹性因素，是指市场因素影响和供求关系制约而使景区门票价格产生波动的因素，主要考虑物价指数、淡旺季供求等。

（2）旅游线路价格。旅游线路价格由购进成本、旅行社自身经营成本和利润构

成。其中，旅行社在组合旅游产品时，用于购买各单项旅游产品的费用之和，称为旅行社的购进成本或代办费。

（3）住宿、餐饮价格。由于交通费、餐饮费或住宿费是由旅行社批量代办的，因此旅行社的购进成本总是要比旅游者分别、多次购买后的总费用低。

学以致用6-1　　如何界定旅游佣金、旅游回扣、旅游产品价值？

（1）进行文献查询，了解国内外学者对旅游佣金、旅游回扣和旅游产品价值的概念的不同表述。

（2）对学者们的观点进行归纳整理，找出共性的认识。

（3）通过自己的理解和认知，运用规范的语言对旅游佣金、旅游回扣、旅游产品价值进行概念界定。

二、旅游产品价格的特点

旅游产品是不同于一般物质产品的特殊产品，由此决定了旅游产品价格具有不同于一般物质产品价格的特点。

（一）旅游产品价格的综合性

旅游产品价格的综合性是由旅游产品的综合性所决定的。旅游产品是一个综合性的概念，这种综合性体现在两个方面：一方面体现在它是由多种资源（自然资源、历史资源和人文地理资源）、设施和服务构成的组合型产品；另一方面体现在旅游产品供给方是由多部门组成的综合体。产品的综合性必然使产品价格也带有综合性。

（二）旅游产品价格的季节性

旅游活动是有季节性的，因此，旅游产品价格具有非常明显的季节性。在旅游淡季，游客的数量减少，为使不能贮存的旅游产品销售出去，必须实行季节差价，即淡季降低价格销售，有时甚至会以低于成本的价格销售；旺季时适当提价，以控制无法满足的需求量。

（三）旅游产品价格的垄断性

旅游产品中的文物、古迹、名胜、风景、风情等的价值是难以用投入的劳动量的大小来衡量的。它们不仅不会因为磨损而丧失其价值，相反，随着时间的流逝，其价值反而越来越高。这是因为创造这种价值的古代劳动既不可能再生产，也不可能用现代劳动创造来弥补，因而在价格上表现为一种垄断性。另外，特定旅游产品中特殊的自然条件作为该旅游产品不可缺少的自然基础仍有价格，这也是因为其具有垄断性。因此，旅游产品由于其特殊的历史、社会和自然因素而使其价格具有垄断性。

（四）旅游产品价格的高弹性

旅游产品价格随着旅游市场的供求变化而变化。同时，旅游产品的需求会受到诸多不可测因素的影响，旅游者的旅游需求和旅游动机也是千变万化的，而旅游产品的供给又具有一定的稳定性，这种供求之间的矛盾造成了旅游产品在不同的时间价格差异较大，从而反映出旅游产品价格具有较高的价格弹性。

知识拓展6-1　　　　你知道需求价格弹性在旅游产品定价中的作用吗？

需求价格弹性是假定其他因素不变，价格变动所引起的需求量变动的百分比与价格变动的百分比之比。根据弹性系数的大小，需求价格弹性（Ed）又可分为需求富有弹性（$Ed>1$）、需求缺乏弹性（$Ed<1$）、需求单一弹性（$Ed=1$）、需求完全弹性（$Ed\to\infty$）、需求无弹性（$Ed=0$）五种情况。

例如，在观光旅游市场，一般来说，旅游者对价格较为敏感，需求富有弹性，即$Ed>1$，因此，旅行社针对这一市场，首先应考虑的是低价策略。再如，在会议奖励旅游市场，由于旅游者的费用由公司承担，不需要旅游者自己支付，因此旅游者不受自身收入的影响，也不受闲暇时间的制约，对价格反应不灵敏，表现出缺乏弹性的特征，即$Ed<1$，因此，旅行社针对这一市场，应采取高质高价的策略。

听一听6-2

需求的收入弹性

（五）旅游产品价格的多重组合性

旅游产品价格是旅游产品一次性价值与多次性价值相统一的价格。在旅游产品中，某些旅游产品要素的价值是一次性实现的，如餐饮食品、旅游纪念品等一旦售出，其使用权与所有权都同时售出，其价值一次性实现；而某些旅游产品要素的价值则是多次性实现的，如旅游景点、旅游交通和饭店客房等均只售出使用权而不售出所有权，其价值可以多次重复实现，从而形成了旅游产品价格的多重组合性，并使旅游产品在不同时间必然有不同的价格。

三、影响旅游产品定价的因素

（一）影响旅游产品定价的企业内部因素

影响旅游产品定价的企业内部因素主要包括成本、营销目标、经营战略、旅游产品的独特性、非价格竞争策略等。

1.成本

成本是旅游产品定价的基础，应作为首要考虑因素。成本有两种形式：固定成本与变动成本。固定成本是指那些不随着生产或销售水平的变化而变化的成本；变动成本是随着生产水平的变化而变化的成本。此外，还要考虑总成本，它是指在某个既定的生产水平上的固定成本与变动成本的总和。长时间内，旅游企业制定的价格水平必须足以补偿某一既定销售水平上的最低总成本数额。影响旅游产品定价的成本因素主要有：人员工资、景区建设和建筑费用、资产折旧、营销费用等。旅游企业合理控制成本，有利于降低旅游产品的价格，增强企业在价格上的竞争优势。

2.营销目标

（1）利润导向目标。利润导向目标又可分为满意利润目标、利润最大化目标和投资收益率目标三大类。满意利润目标是指合理的利润水平。利润最大化目标又可分为短期利润最大化目标和长期利润最大化目标。投资收益率是税后净利润与总资产的比率，用来衡量旅游企业投资收益的高低，投资收益率越高，旅游企业的盈利能力就越强。旅游企业追求投资收益率目标，需要预先确定其盈利水平，以判断旅游产品的价格和营销组合是否可行。

（2）销售导向目标。销售导向目标可分为市场份额目标和销售最大化目标。为了实现市场份额目标，旅游企业往往采用低价策略，使其产品迅速“渗透”到竞争者的市场上去，这是一种以牺牲短期利润为代价换取企业长远发展的做法。对想长期经营的旅游企业来说，追求市场份额目标显然是非常重要的。旅游企业追求销售最大化目标时，往往不考虑利润、投资收益、竞争等，只关注销售量的增长。该目标的实现，需要旅游企业考虑制定何种水平的价格才能在短期内迅速提高旅游产品的销量，从而带来更多的现金收入。

（3）竞争导向目标。当前，旅游市场竞争相当激烈，竞争导向目标就是在竞争中保持现行价格或根据竞争者的价格进行定价。追求这一定价目标的旅游企业，在成本、需求发生变化时，只要竞争者维持原价，其也保持价格不变；当竞争者调整价格时，其也及时变价以应对竞争。这种目标不需要通过周密的计划进行安排，基本上是一种被动策略。

（4）产品质量领先目标。有些旅游企业会在市场上确立产品质量领先目标，通过提供优质产品、优质服务、让利和承担社会责任来树立企业的良好形象。

（5）生存目标。企业只有生存下来，才能谋求盈利和发展。在市场竞争中，以生存为目标的旅游企业在进行旅游产品定价时，往往采用低价渗透策略，有时甚至以低于成本的价格销售旅游产品。

3.经营战略

旅游企业无论是要在市场上塑造良好的企业形象，还是进行成功的产品定位，都需要通过价格来实现。旅游企业的经营战略主要有密集型、一体化和多角化三种。其中，对旅游产品定价影响最大的是密集型经营战略。密集型经营战略是指旅游企业在原有的业务范围内，充分利用在产品和市场方面的潜力来求得成长的战略。采用该经营战略的旅游企业会将营销目标集中于某一特定细分市场，这一特定的细分市场可以是特定的顾客群，可以是特定的地区，也可以是特定用途产品的市场等。由于目标集中，旅游企业可以集中力量追求成本降低和产品差异化，使自己的竞争优势更强。

4.旅游产品的独特性

旅游企业在定价时必须充分考虑本企业产品相较于其他企业产品存在的优势与劣势，以及本企业产品在市场上的需求和影响。如果本企业的产品属于全新产品，则产品价格可略高于同行的普通价格；如果产品投放市场后对市场有较大影响，游客有一定的购买欲望，则价格也可定得高一些。

5.非价格竞争策略

旅游企业可以采用非价格竞争策略，如提供辅助产品或额外利益、打造产品特色等，以降低本企业产品的可被替代程度，抑制价格竞争。

（二）影响旅游产品定价的企业外部因素

影响旅游产品定价的企业外部因素包括目标市场、同行价格、政府因素、受众群体的差异性、宏观经济状况等方面。

1.目标市场

目标市场对旅游产品有三方面的要求：一是产品与服务应满足旅游者心理、生理方面的需求；二是在此基础上必须有适当的价格，旅游者有能力支付，这是企业定价的上限；三是旅游者对旅游产品价值的认知。旅游产品的最终购买者是旅游者，因此定价时要充分考虑旅游者的心理承受力、经济承受力和购买习惯，价格过高往往只有高收入者才会购买，价格过低往往又被旅游者误认为旅游产品质量低劣。此外，市场类型不同，旅游产品的价格也会有所不同。在垄断市场上，价格由垄断方制定；在竞争市场上，旅游企业面对的竞争者较多，竞争越激烈，价格下降的可能性就越大。

2.同行价格

同行价格就是在同一市场范围内，针对某种旅游产品，其他旅游企业所定的价格。之所以要参考同行价格，一方面是因为旅游者在购买同一类产品时有习惯性价位；另一方面是便于根据市场情况和企业发展战略，确定企业产品最终的价格。

3.政府因素

政府对旅游产品价格进行干预一般出于两方面的考虑：一是制定最高限价以保护消费者的利益，也就是价格上限；二是制定最低保护价以保护企业的利益，也就是价格下限。

4.受众群体的差异性

针对景区客源中不同的受众群体，旅游企业应采取灵活的门票价格制度。例如，在旅游者中有老人、儿童、残疾人以及老师、军人等特殊群体，由于他们在购买力和购买量上存在特殊性，因此旅游企业需要统筹考虑，制定相应的价格优惠制度。

5.宏观经济状况

旅游企业是市场经济的一个组成单位，其产品价格的制定会受到经济的景气状况、物价因素以及汇率因素的影响。

（1）经济发展速度、宏观经济景气状况、消费者的经济预期等，均会影响旅游产品的价格与销量。当经济发展速度快、宏观经济景气、旅游产品销售旺盛时，价格就会上涨；反之，价格将会下跌。

（2）物价对旅游产品的价格也会产生很大的影响。当出现通货膨胀现象导致货币贬值时，旅游产品的价格就有上升的趋势；当通货紧缩时，旅游产品的价格又有下降的趋势。

（3）在实行自由汇率制的国家，汇率常常受到各种因素的影响而发生变动，汇率变动对旅游产品的价格也将产生一定程度的影响。在通常情况下，如果本币升值，则旅游企业要考虑提高外币定价；如果本币贬值，则旅游企业要考虑适当降低外币定价。

四、旅游产品定价的程序

通常来说，价格一旦制定失误，再好的产品也逃脱不了失败的命运，新产品的价格制定尤其如此。有时我们会发现，某个产品的品质、销售渠道、广告都非常不错，但销量就是上不去，原因可能就在于定价策略失误。

（一）价格调研

1.品牌影响调研

旅游企业应该对拟推出的旅游新产品进行调研，了解其品牌是否具备一定的影响力。如果是有影响力的品牌，价格就可以定得高一些；如果是没有影响力的品牌或者是新品牌，就要考虑将价格定得低一点。

2.竞争对手价格调研

旅游企业应该研究主要竞争对手的产品定价情况，并在其中找到价格空白点与制高点，以便为本企业的旅游产品制定合理的价格。

3.消费者心理价值调研

旅游企业应该研究旅游者对旅游产品的价格接受程度，即对旅游者的心理价值进行调研。一般而言，每类旅游产品都会有一定的价格范围，超出这个范围会让旅游者难以接受。

4.产品成本调研

旅游企业首先应该了解，与同类产品相比，本企业的产品是否具有成本优势。如果有，就可以利用低价格去快速占领市场；如果没有，就要考虑以高品质的形象去支撑产品的高价值。

（二）评估目标市场的购买力以及购买倾向

旅游企业的价格制定必须参考目标市场的消费倾向。旅游企业通过对目标市场的评估，调研旅游者的现实需要，分析他们对产品价值的理解程度和对价格的承受力，从深层次挖掘旅游者的潜在需要和消费偏好，并采取有针对性的、灵活的价格策略，引导目标市场的发展。评估目标市场的购买力以及购买倾向的主要方法包括问卷调查法、面谈法、专家意见法等。

（三）估测旅游产品或服务的成本以及结构

通过对目标市场的购买力进行评估，旅游企业可以确定产品供给的总量和产品价格的上限，产品价格的下限则是通过对企业单位产品成本的估测得到的。一般而言，产品的成本由固定成本和变动成本构成。在一定的生产经营规模内，单位产品的固定成本随产量的增加而减少，而变动成本随产量的增加而增加。旅游企业在经营过程中要分析其最佳生产规模，计算产品或服务的最低成本，为确定最佳产品价格提供依据。

（四）分析旅游企业的市场环境

旅游产品价格的制定还必须依据对企业内外部环境考察的结果。例如，国民收入水平、经济增长率、消费结构等经济环境因素的变化会影响旅游产品价格的高低；社会文化环境中的旅游者购买行为准则、道德规范与禁忌、风俗习惯等，也会限制旅游者对旅游产品的购买规模和购买倾向；竞争环境也制约着旅游产品的价格水平、竞争状况、行业盈利水平等。

（五）确定旅游企业的定价目标

旅游产品价格的制定一般都会有一个明确的目标，如利润导向目标、市场占有率目标、市场竞争力目标等。这些目标一般要依据目标市场购买力的大小、旅游产品单位成本的高低、企业的市场环境状况等来确定。

（六）选择定价方法和策略

制定旅游产品价格需要采用科学的方法与合理的策略。通常，旅游企业要在全面、准确调查、预测的基础上，运用科学的方法确定旅游产品的价格，从而使旅游产品的价格水平与市场需求相吻合。此外，在定价过程中，由于面对的是不同的旅游者，他们的消费心理千差万别，因此要充分考虑定价策略的有效性，发挥定价策略的灵活性，使定价工作与企业的营销工作相配合。

五、《中华人民共和国旅游法》对旅游产品价格的管理

旅游法规是旅游业健康发展的重要保障。历经30多年的酝酿和对旅游法草案的三次审议，我国旅游业界期盼已久的《中华人民共和国旅游法》（以下简称《旅游法》）自2013年10月1日起施行。《旅游法》彻底改变了我国旅游行业缺乏全国性法律调整规范的状况。《旅游法》对低价组团旅游问题、景区门票价格问题、导游服务费问题等都做出了有效调整和规范。

（一）《旅游法》严禁旅行社以不合理的低价组织旅游活动

长期以来，"零负团费"旅游是旅行社吸引游客和实施旅游促销的重要手段。从表面上看，在"零负团费"模式下，游客的旅游花费较少，但由此产生的强迫购物、增加自费景点、导游向游客变相收费、旅行社向导游收取费用等问题，不仅影响了组团游客的旅游体验，而且加剧了游客、导游、旅行社三者之间的矛盾。

《旅游法》第三十五条明确规定："旅行社不得以不合理的低价组织旅游活动，诱骗旅游者，并通过安排购物或者另行付费旅游项目获取回扣等不正当利益。旅行社组织、接待旅游者，不得指定具体购物场所，不得安排另行付费旅游项目。但是，经双方协商一致或者旅游者要求，且不影响其他旅游者行程安排的除外。"这一规定从根源上杜绝了旅行社组织"零负团费"旅游的可能性，从根本上铲除了长期以来存在的导游强迫游客进店购物、擅自增加自费景点的顽疾。

（二）《旅游法》杜绝了景区门票价格制定中的"一言堂"

多年来，景区门票价格逢节必涨，这已经成为旅游市场秩序混乱的重要原因之一。尽管《中华人民共和国价格法》第二十二、二十三条已经明确规定，政府定价应征求公众意见，建立价格听证会制度，但是具体到旅游行业中的景区门票价格制定，"一言堂"现象仍然比较常见，旅游从业者和游客对景区门票价格调整的意见或建议几乎影响不了景区门票价格的最终制定。针对这些问题，《旅游法》第四十三条规定："利用公共资源建设的景区的门票以及景区内的游览场所、交通工具等另行收费项目，实行政府定价或者政府指导价，严格控制价格上涨。拟收费或者提高价格的，应当举行听证会，征求旅游者、经营者和有关方面的意见，论证其必要性、可行性。"这一规定的合理性在于旅游景区大多是依赖公共资源建立的，是全体民众的共有财富，制定旅游景区门票价格应该征求广大民众的意见。

（三）《旅游法》合理解决了导游服务费问题

在《旅游法》正式施行之前，向旅行社支付导游服务费问题并无明确的法律予以规范。由于大多数导游没有月薪，也鲜有旅行社为导游缴纳社会保险费用，更有甚者，一些旅行社不仅不支付导游服务费，还向导游索取带团费用，强迫游客消费合同

之外的自费景点，这直接导致部分导游增加旅游项目，或擅自更改旅游行程，还有一些导游主动向游客索取小费或收受旅游业经营者的贿赂。针对导游服务费偏低和规范缺失的问题，《旅游法》第三十八条明确规定："旅行社应当与其聘用的导游依法订立劳动合同，支付劳动报酬，缴纳社会保险费用。旅行社临时聘用导游为旅游者提供服务的，应当全额向导游支付本法第六十条第三款规定的导游服务费用。旅行社安排导游为团队旅游提供服务的，不得要求导游垫付或者向导游收取任何费用。"这一规定明确了导游服务费问题，保障了导游从业人员的权益，能够有效杜绝导游强迫游客进店购物等不良现象，促使导游与游客的关系更加和谐。

技能训练

一、场景设计

为做好方山旅游景区（也可选择本地一家旅游景区，最好是学校实习基地）价格调研实训工作，指导教师提前一周联系了景区相关负责人。在景区相关负责人的带领下进行参观、考察，参观结束后到企业会议室进行研讨，由企业相关人员和指导教师共同主持，请景区相关负责人就景区门票价格、景区旅游产品价格、景区内的交通价格、景区内的餐饮价格、景区内的会议室使用价格、景区导游讲解价格做一个详细介绍，内容包括定价情况、价格变动情况、优惠定价、季节定价等。学生可以提问，形成互动。调研结束后，学生完成实训报告。

二、实训目的

本实训应使学生了解并掌握旅游产品的价格构成、特征，影响旅游产品价格的因素。

三、实训步骤

1.联系拟调研的旅游景区

由指导教师出面事先联系相关旅游景区，并协商好参观时间、路线，安排好交通工具及互动交流等相关事项。

2.做好调研前的准备工作

（1）知识准备：考察前，学生对旅游产品及其价格的理论知识进行系统的回顾和整理；同时，查阅相关资料，了解被调研景区的概况。

（2）材料准备：考察前，列出本次考察的主要目标和座谈提纲，学生必须带好签字笔及笔记本，做好调研记录工作。

（3）纪律要求：外出调研时，学生必须听从指挥、遵守纪律、注意交通安全，并表现出良好的礼貌礼节，维护学校的形象。

3.实地考察、研讨

由指导教师带队，组织学生前往旅游景区考察，由景区相关负责人进行解说，按照设计好的路线详细参观。参观内容包括景区景点、商店、会议室、景区交通、景区餐饮、景区娱乐设施等。参观结束后，到会议室进行景区价格体系的详细研讨。在参观过程中要注意安全与秩序。

4.校内讨论及报告撰写

回校后由指导老师组织讨论，请每位同学发表参观感言与心得；指导教师要进行适时的提问，开阔学生的思路。讨论结束之后，请每位同学就参观情况写出×××景区旅游产品价格考察实训报告（见表6-1）。

表6-1 ×××景区旅游产品价格考察实训报告

班级		姓名		调研时间	
学号		组号		主要任务	
标题 目录 正文 1.引言 2.考察项目介绍 3.考察的主要内容 4.考察的结论和体会 结语 附录（考察计划、考察提纲、考察图片等）					
备注					

四、技能评价

根据调研情况填写×××景区旅游产品价格调研评价表（见表6-2）。

表6-2 ×××景区旅游产品价格调研评价表

考评教师		被考评学生	
考评地点			
考评内容	对旅游产品价格的认知能力和分析能力		
考评标准	内容	分值	得分
	能够明确此次参观的主要目的	15	
	能够明确列出景区考察的主要提纲	15	
	参观后能够深刻了解旅游产品的定价情况	20	
	外出参观考察纪律良好	15	
	参观后能够深刻了解《旅游法》对旅游产品价格管理的规定	20	
	参观后对景区旅游产品价格有了进一步了解	15	
合计		100	

注：考评满分为100分，90分及以上为优秀，80～89分为良好，70～79分为中等，60～69分为及格。

任务二 旅游产品定价方法与策略

任务目标

1. 知识目标
- 理解并掌握旅游产品成本导向定价法。
- 理解并掌握旅游产品需求导向定价法。
- 理解并掌握旅游产品的定价策略。

2. 能力目标
- 能够运用成本导向定价法对旅游产品定价。
- 能够运用需求导向定价法对旅游产品定价。
- 能够运用竞争导向定价法对旅游产品定价。
- 能够运用旅游产品的定价策略对旅游产品定价。

3. 素养目标
- 培养学生运用价格理论知识分析、解决问题的能力。
- 培养学生的竞争意识和团队协作精神。
- 培养学生的市场应变意识和能力。
- 培养学生诚实守信、守正创新的职业素养。
- 培养学生技能宝贵、创造伟大、知行合一的职业素养和职业精神。

任务导入

在上次的景区考察中，同学们了解到了不同类型景区产品价格的构成及定价的影响因素。那么景区在进行产品定价的时候，有没有具体的方法可循呢？有没有技巧呢？结合上次考察景区的实际情况解决上述问题，同学们可以对景区再次进行调研(可采用电话访谈、问卷调研等方法)。为了保证调研的有效性，同学们应该准备哪些旅游产品定价方法和定价策略的基本理论知识呢？

知识积累

学一学6-1

诚信旅游指导价

一、旅游产品定价方法

(一) 成本导向定价法

成本导向定价法是指以旅游产品的成本为依据来制定旅游产品价格的方法。它又可分为成本加成定价法、目标收益定价法、盈亏平衡定价法和边际贡献定价法等。

1. 成本加成定价法

这种方法是在单位成本的基础上，加上一定的毛利，计算出单位旅游产品的价格。毛利通常包括产品的营销费用、税金和预期利润等。其计算公式如下：

单位产品价格=单位产品成本×（1+成本利润率）

例如：某旅游纪念品的成本为每件12元，企业确定的成本利润率为30%，则该纪念品的售价为每件15.6元（12×（1+30%））。

成本加成定价法是以成本为主要考虑因素来制定价格的，优点是计算简单、方便易行；不足之处是对旅游市场的其他因素，如竞争对手、需求状况和消费水平等考虑不够，企业不能获得最佳经济效益。成本加成定价法主要用来制定旅行社产品的价格。

2. 目标收益定价法

目标收益定价法是指旅游企业根据其总成本及预测出来的总销售量，确定一个目标收益率，据此计算旅游产品的价格。这种方法又称目标利润定价法或投资收益率定价法。它是在成本的基础上，按照目标收益率来计算产品价格的一种方法。其计算步骤如下：

（1）确定目标收益率。目标收益率可表现为投资利润率、成本利润率、销售利润率、资金利润率等多种不同的形式。

（2）确定目标利润。由于目标收益率表现形式的多样性，因而目标利润的计算也不同。其计算公式如下：

目标利润=总投资额×目标投资利润率

目标利润=总成本×目标成本利润率

目标利润=销售收入×目标销售利润率

目标利润=资金平均占用额×目标资金利润率

（3）计算售价。其计算公式如下：

单位产品价格=（总成本+目标利润）÷预计销售量

目标收益定价法的优点是可以保证企业既定目标利润的实现。这种方法一般适用于在市场上具有一定影响力的企业、市场占有率较高或具有垄断性质的企业。目标收益定价法的缺点是只从卖方的利益出发，没有考虑到竞争因素和市场需求情况。

3. 盈亏平衡定价法

盈亏平衡定价法又称保本定价法或收支平衡定价法，是指在销售量既定的条件下，旅游产品的价格必须达到一定的水平，旅游企业才能做到盈亏平衡、收支相抵。其计算公式如下：

单位产品价格=（单位产品变动成本+单位产品固定成本）÷估计销售量

盈亏平衡定价法是企业对各种定价方案进行比较选择的参考标准。如果旅游企业制定出来的价格高于盈亏平衡价格，企业就会盈利；反之，企业就会亏损。

4. 边际贡献定价法

边际贡献定价法又称变动成本定价法，是指旅游企业根据单位产品的变动成本来制定产品的价格，只要制定出来的价格高于单位产品的变动成本，企业就可以继续生产和销售，否则就应该停产、停销。单位产品的预期收入高于变动成本的部分就是边际贡献。可见，边际贡献定价法是企业在特殊时期，不以获利为目标，希望尽量减少亏损的一种定价方法。

学以致用6-2　　　　　　运用成本导向定价法给某一旅游产品定价

某种旅游产品的总成本为100元。其中，变动成本为30元，固定成本为70元。现在产品销售困难，企业为了减少亏损，只能采用边际贡献定价法来确定产品的价格。那么，产品的价格至少要定在高于30元的水平，比如40元。因为产品的价格如果是40元，企业每售出一单位产品只亏损60元，还有边际贡献10元；产品如果不销售，企业在每单位产品上就要亏损70元，因此，企业还是要选择继续经营该种产品。同理，也可计算出如果产品的定价已经低于30元，比如达到20元，企业就应该停止经营该种产品。

讨论：运用上述方法定价对该旅游企业的经营有何影响？

（二）需求导向定价法

需求导向定价法是指旅游企业依据旅游者对旅游产品价值的理解和需求的强度，来制定旅游产品价格的方法。其具体又可分为两种：

1.理解价值定价法

这里所指的价值是旅游者理解和认同的旅游产品价值，而非旅游产品的实际价值。尽管每一种旅游产品实际价值的确定都有其客观依据，但以此衡量出来的价值量的大小，不一定都被旅游者认同。因此，旅游企业要正确把握旅游者的消费心理，分析他们的价值观，使企业制定出来的价格能够符合旅游者的判断。此外，旅游企业也要积极应用各种营销手段和方法，对旅游者施加影响，使旅游者对产品价值的理解同企业保持一致，以便于企业争取定价的主动权。例如，景区登山用的手杖，旅游者在登山之前和登山之后买它的价格经常会不同，不是因为手杖的成本和质量有所不同，而是因为登山前后，旅游者对手杖的“价值”有不同的理解。

2.区分需求定价法

区分需求定价法又称差别定价法，是指针对同一旅游产品，旅游企业根据需求时间、消费地点和旅游者收入等的不同制定不同的价格。其具体做法有：

（1）针对不同收入旅游者的定价。不同收入旅游者的消费水平不同，针对他们实施不同的产品价格，可以增加企业的销售量。例如，对于内宾和外宾，我国许多旅游景区的门票价格有所不同。

（2）针对不同消费地点的定价。同一旅游产品，如果销售的地理位置不同，经营环境发生改变，旅游产品的价格也要相应做出调整。例如，旅游热点地区的旅游产品的定价可以高出冷点地区的旅游产品。

（3）针对不同需求时间的定价，即在不同的时间，对同一旅游产品制定不同的价格。例如，对于淡旺季明显的旅游景点，门票价格在淡季时可以定得低一些，在旺季时则可定得高一些。

（三）竞争导向定价法

竞争导向定价法是指旅游企业以同类旅游产品的市场竞争状况为依据，参照竞争对手的价格来制定本企业旅游产品价格的方法。其具体又可分为两种：

1.率先定价法

率先定价法是一种主动竞争的定价方法，即旅游企业根据市场竞争状况，并结合自身实力，率先打破市场原有的价格格局，制定出具有竞争力的产品价格。企业采用率先定价法的关键是：比较、分析、定位、跟踪。

知识拓展6-2 旅游企业如何实施率先定价法？

首先，要把本企业产品的估算价格与市场上竞争产品的价格进行比较，分出高于、低于、一致三个层次；将本企业产品的功能、特色、质量、成本等与竞争产品进行比较，明确优劣势。

其次，结合企业目标进行综合分析，确定本企业产品的合理价位。

最后，跟踪竞争产品的价格变化情况，及时对本企业产品的价格定位做出调整。

采用率先定价法制定价格是针对竞争对手的知己知彼行为，具有很强的竞争力，往往会引发市场的强烈反应，带来一系列的连锁变化。这些反应和变化都要求率先定价的企业及时去捕捉、判断和应对。因此，采用率先定价法的旅游企业一般要有雄厚的实力，或者在产品上具有竞争对手无法比拟的特色优势。这样，企业才能在自己引发的价格竞争中处于主动地位。

2.随行就市定价法

随行就市定价法是指旅游企业根据市场上同类旅游产品的现行价格进行定价的一种方法。也就是说，本企业制定出来的产品价格要与该类产品的现行价格大致相当，而现行价格通常是本行业的平均价格水平，有时也是控制着市场的少数大企业的同类产品的价格。在有众多同行互相竞争的情况下，企业采取这种定价方法，一方面可以避免价格过高或过低而带来的市场压力（价格过高会失去大量的销售额，价格过低必须大量增加销售量）；另一方面也可以获得适当的收益。因此，这种价格水平通常易于被各方所接受。这种定价方法常被中小企业所采用。中小企业一般以大企业的产品价格作为自己定价的标准，基本上与大企业保持一致。采取这样的定价方法，是因为中小企业没有实力利用价格武器主动竞争，而明显的好处是可以规避市场风险。

文旅相彰6-1 “冰墩墩”火了 文创商品物有所值

北京冬奥会吉祥物“冰墩墩”火了。从各国运动员到广大观众，无不被“冰墩墩”憨态可掬的样子征服。这样一个闪亮的“中国IP”横空出世，既有新春佳节的“天时”，也有北京冬奥会的“地利”，更是一场对文创产品坚守文化内涵、弘扬民族自信的精彩演绎。熊猫作为我国独有的保护动物，它萌态十足的形象受到世界各国人民的喜爱。但“冰墩墩”又不仅是一只普通的熊猫，它包裹着一层以冰糖葫芦的糖衣为原型的冰晶外壳，创作团队还把国家速滑馆“冰丝带”镶嵌到了它的头盔上，流动的五彩线条象征着冰雪运动赛道和5G高科技。此外，“冰墩墩”整体造型像航天员，传递着探索浩瀚宇宙是全人类共同梦想的美好寓意……“冰墩墩”身上呈现的中国元素，让全世界看到了一个更加开放自信的中国，它所诠释出的中华文化的包容与友好再一次拉近了中国与世界各国的距离。

资料来源 郭静原.文创IP重在深耕［N］. 经济日报，2022-02-17（8）.

思政元素：守正创新

头脑风暴：你还能举出一些文创商品吗？说说它们的价格特点。

二、旅游产品定价策略

(一) 心理定价策略

心理定价策略是指运用心理学方面的知识，根据不同类型旅游者的购买心理对旅游产品进行定价的方法。

1.尾数定价策略

尾数定价策略是利用旅游者对数字认知的某种心理，尽可能在数字上保留零头，使旅游者产生价格经过了精确计算的感觉，进而使旅游者认为价格便宜，并对企业产品及其定价产生信任感的一种定价策略。这种策略满足了旅游者求公平、求廉的心理，一般适用于价格不高的旅游产品和服务，如100元的商品通常定价为98元或者99.8元。

2.整数定价策略

整数定价策略是旅游企业在制定产品价格时尽量使用整数的一种定价策略。这种定价策略容易使旅游者产生“一分价钱一分货”的感觉，进而起到显示产品具有高质量和高档次的作用。整数定价策略多用于一些价格较贵的高档产品，如高档旅游团包价游。

3.吉祥数字定价策略

吉祥数字定价策略是旅游企业在制定产品价格时尽量使用一些消费者喜欢的数字作为产品价格的一种定价策略。在不同的国家或地区，由于受风俗习惯、文化传统和信仰等的影响，人们往往存在对某些数字的偏爱或忌讳。例如，中国人一般喜欢“8”和“6”，认为“8”代表发财，“6”代表六六大顺、吉祥如意；美国人则讨厌“5”和“13”，认为这两个数字不吉利。因此，在进行旅游产品定价时，要尽量使用人们喜欢的数字，避免使用人们讨厌的数字。

4.声望定价策略

声望定价策略是利用旅游者仰慕名牌商品或名店声望的心理来制定商品价格的一种定价策略。对于质量不易鉴别的旅游产品，可采用这种定价方法，因为很多旅游者崇尚名牌，往往以价格判断旅游产品的质量，认为高价格代表高质量。有调查表明，有些商品定价太低反而卖不出去，相应地抬高价格后，销量反倒会增多。

5.习惯性定价策略

习惯性定价策略是对于那些在长期的市场交换过程中形成了为旅游者所适应的价格的旅游产品，旅游企业采用“习惯成自然”的习惯价格的一种定价策略。在给这类产品定价时，要充分考虑旅游者的习惯、倾向，不要轻易变动价格。降低价格，会使旅游者怀疑产品质量是否有问题；提高价格，会使旅游者产生不满情绪，导致购买转移。

(二) 折扣定价策略

折扣定价策略是指旅游企业在旅游产品基本价格的基础上，给予旅游者一定的价格折扣，以吸引其购买的一种定价策略。

1.数量折扣策略

数量折扣策略是指旅游企业对达到一定购买量或者购买金额的旅游者或者中间商给予一定的价格折扣的一种策略。其目的是刺激旅游者或中间商购买旅游产品，购买数量越多，折扣就越大。数量折扣包括累计数量折扣和一次性数量折扣两种形式。累计数量折扣规定游客在一定时间内，购买商品若达到一定数量或金额，则按其总量给予一定的折扣；一次性数量折扣规定游客一次购买某种产品达到一定数量或购买多种产品达到一定金额，则给予折扣优惠。

2.现金折扣策略

现金折扣策略又称付款期限折扣策略，是旅游企业为鼓励旅游者以现金付款或按期付款而给予其一定价格折扣的策略。其目的主要是鼓励旅游者尽早付款，加速旅游企业的资金周转，减少旅游企业占用资金的费用和财务风险。

3.功能折扣策略

功能折扣策略又称同业折扣策略，是指中间商在产品分销过程中由于所处的环节不同，承担的功能、责任和风险也不同，旅游企业据此给予不同的折扣。其目的是拓宽销售渠道，调动旅游中间商销售产品的积极性。

4.季节折扣策略

季节折扣策略是指旅游企业在销售淡季为鼓励旅游者购买旅游产品而给予的一种折扣优惠策略。这种策略有利于促进供求关系保持平衡，增加旅游产品的销售量。

5.回扣和津贴

回扣是间接折扣的一种形式，是指购买者将货款全部付给销售者以后，销售者再按一定比例将货款的一部分返还给购买者。津贴是企业为了某种目的，对一些购买者以特定形式给予的价格补贴或其他补贴。比如，中间商为旅游企业的产品开展了包括刊登地方广告等在内的各种促销活动，旅游企业给予中间商一定数额的资助或补贴。

（三）招徕定价策略

招徕定价策略是把价格本身作为吸引消费者手段的一种定价策略，在实际运用中又可分为以下几种：

1.故意定低价策略

故意定低价策略又称为亏损价格策略，是旅游企业在自己的产品或服务结构中，把某些产品或服务的价格定得很低甚至亏损，以低廉的价格迎合旅游者的求廉心理而招徕旅游者，借机带动和扩大其他产品销售的一种策略。但从总的经济效益看，由于低价产品带动了其他产品的销售，因而企业还是有利可图的。

2.故意定高价策略

故意定高价策略是旅游企业故意将某些产品或服务的价格定得非常高，以高价格迎合旅游者的"炫富"和其他心理需求，从而吸引旅游者前来购买产品的一种策略。这种定价策略主要用于一些高档产品，其目标市场客户对价格不敏感，甚至越贵越买。例如，奢侈品采用的是典型的故意定高价策略。企业采用故意定高价策略，一方面，能够提升企业的知名度和产品的档次；另一方面，能为企业其他同类产品提供价格参考和比较。例如，一家旅行社推出的北京"五日四晚"旅游线路，豪华团的价格是8 800元/人，而经济团的价格只有2 200元/人，旅游者会认为经济团非常便宜，因为有了豪华团的价格做比较。

3.顾客自行定价策略

顾客自行定价策略是指旅游企业在一定条件、一定范围内允许旅游者对企业提供的产品和服务进行定价的一种策略。这种策略可以增强旅游者的好奇心和参与意愿，从而促进产品销售。使用该策略时要充分考虑旅游者和旅游产品的特点以及旅游企业的承受能力。例如，某餐厅每天选一道特色菜让顾客自己定价。

（四）新产品定价策略

1.撇脂定价策略

撇脂定价策略是一种高价格策略，适用于特色鲜明、垄断性强、其他企业在短期内难以仿制或开发的旅游新产品。采用这一策略的旅游企业，应把新产品的价格在可行的范围内定得尽可能高一些，以便迅速收回投资，取得丰厚利润。

该策略的优点在于：企业收回投资快，短期内能实现利润最大化；可以为后期降价竞争创造条件，当竞争者涌入市场时，企业有足够的价值空间来降低价格，掌握竞争的主动权，稳定市场占有率；可以控制一定的需求量，避免新产品投入市场的初期由于供给能力不足而给经营带来困难。

该策略的不足之处在于：高价如果不被旅游者接受，产品的销路就会受到影响，导致投资难以收回；高价厚利容易招致竞争对手增多，加大经营难度。

2.渗透定价策略

渗透定价策略是一种低价格策略，定价的核心是薄利多销，适用于产品刚刚推出，急需打开销路，以及产品稳定成长、期望尽快提高市场占有率的情况。

该策略的优点在于：能够迅速打开新产品的市场销路，增加产品销售量；低价格能够有效地阻止竞争者进入市场，保证企业长期占领市场。

该策略的不足之处在于：本利回收周期长；价格变动余地小，难以应付在短期内骤然出现的竞争或需求的较大变化；不利于产品品牌形象的树立。

3.满意定价策略

满意定价策略是一种折中策略，是指旅游企业按行业平均利润和价格水平来制定自身产品的价格。该策略兼顾了供给者与需求者双方的利益，既能使企业有稳定的收入，又能使旅游者满意。但是采用此种策略也有不足之处：由于产品的定价是被动地适应市场，因而旅游企业并不是积极主动地参与市场竞争，这可能使企业难以灵活适应瞬息万变的市场状况。

知识拓展6-3　旅游价格指数

旅游价格指数（TPI）也就是旅游目的地价格指数（TDPI），是在一定区域范围内一组具有代表性的旅游产品或服务项目的价格水平随着时间而变动的相对数，反映了旅游产品或服务价格水平的变动情况。它是旅游宏观经济分析和决策、价格总水平监测和调控以及旅游经济核算的重要指标。旅游价格指数按年度计算的变动率通常可用于测量一段时期内在一个国家、地区或城市旅游产品或服务消费的通胀（或紧缩）率。

完善的旅游价格指数（指标体系）包括基本类旅游产品价格指数、大类旅游产品价格指数、总旅游产品价格指数三类。按统计对象来划分，包括旅游餐饮指数、旅游住宿指数、旅游游览指数、旅游交通指数、旅游购物指数和旅游娱乐指数六类。

看动画6-2

你了解什么是旅游价格指数吗？

技能训练

一、场景设计

实训小组在充分讨论后，决定利用双休日对上次考察的旅游景区进行二次考察。本次考察的主要目的是了解景区对不同类型的旅游产品用什么方法来定价；了解在不同时段，针对不同的旅游产品，景区采取了哪些定价策略。实训小组提前一周做好实训准备工作，拟按计划开展考察。

二、实训目的

本实训应使学生了解并掌握旅游产品定价的方法和策略，重点在于针对不同类型的旅游产品，在不同时段、针对不同的顾客群，采取适宜的定价方法和定价策略。

三、实训步骤

1.考察前的准备

（1）文献准备：在考察前一周，小组成员通过报纸、杂志、网络等渠道对该景区产品的定价情况进行查询，并利用课余时间分组讨论，对收集到的资料进行汇总、整理、分析，以便实地考察时有明确的目标。

（2）知识准备：考察前，对旅游产品定价方法与定价策略的相关基础理论知识进行回顾、整理，熟悉该景区的旅游产品及其价格。

（3）材料准备：考察前，列出本次考察的主要对象和访谈内容，组员必须带好笔、笔记本、手机、照相机等，做好考察记录和录音工作。

（4）计划准备：考察前，应制订考察计划，明确考察目的、考察时间、交通工具、任务分工、联络方式、考察费用等事项。

（5）纪律要求：外出调研时，组员必须听从指挥、遵守纪律、注意交通安全，并表现出良好的礼貌礼节，维护学校的形象。

2.实地考察

（1）小组成员一起前往旅游景区，由组长统一购买旅游景区门票，并明确小组集合的时间和地点。

（2）进入景区后，三人一组开始进行景区旅游产品价格调研。

（3）考察结束后，由组长召集小组成员，一起安全返校。

3.校内讨论及报告撰写

回校之后，由组长主持开展小组讨论，小组成员根据考察目的发表考察观点和心得；讨论结束之后，每位同学就考察情况写出×××景区旅游产品定价方法与策略实训报告（见表6-3）。

表6-3　　×××景区旅游产品定价方法与策略实训报告

班级		姓名		调研时间	
学号		组号		主要任务	
标题 目录 正文 1.考察项目简介 2.考察内容 （1）景区产品类型与产品价格列表 （2）景区产品价格制定的方法 （3）景区产品定价策略的运用 3.考察体会和启示 结语 附录（考察记录、考察图片等）					
备注					

四、技能评价

根据考察情况填写×××景区旅游产品定价方法与策略考察评价表（见表6-4）。

表6-4　　×××景区旅游产品定价方法与策略考察评价表

考评教师		被考评学生	
被考评小组			
考评内容	对旅游产品定价方法、定价策略的认知和运用能力		
考评标准	内容	分值	得分
	能够明确此次考察的主要目的	10	
	能够做好本次考察的前期准备工作	15	
	能够掌握旅游产品的价格构成、定价方法和定价策略的内容	25	
	实训报告撰写规范、层次清楚、语句通顺	20	
	外出考察纪律表现良好（小组互评）	15	
	团队协作意识好、职业素养有提升（小组互评）	15	
合计		100	

注：考评满分为100分，90分及以上为优秀，80～89分为良好，70～79分为中等，60～69分为及格。

项目综合训练

一、项目背景

某4A级旅游景区位于长三角腹地，由于近年来各地兴起了景区建设高潮，造成景区之间的竞争激烈，许多景区不得不采取降价招揽客源的措施。面对景区客源占有率下降的趋势，该景区总经理一筹莫展，伤透了脑筋。为了应对竞争，他决定将门票价格下调30%。但是降价半年以来，该景区的市场占有率并没有得到明显提高；客源结构却发生了明显变化，外地散客越来越少；景区的设备损耗现象严重，成本增加；员工的业务技能也有所下降。这些变化和景区当初降价时希望稳定客源的想法相去甚远。

二、实训任务

分小组研讨以下问题：

（1）该景区门票降价后为什么没有达到预期目的？

（2）该景区如果采取降价策略，应该做好哪些准备工作？

（3）高等级景区产品有何特点？影响景区产品价格的因素有哪些？

三、实训目的

实际体验与认知旅游企业对旅游产品价格的制定；认识旅游产品价格调整对企业发展的影响，学会科学地调整旅游产品价格。

四、实训步骤

（1）自由组合成小组，每组3～4人。

（2）小组开展自由讨论，撰写分析报告，并制作PPT。

（3）各小组选派一名代表进行汇报交流。

五、实训评价

本综合训练项目的评分见表6-5。

表6-5　**综合训练项目评分表**

考评教师		被考评小组	
被考评小组成员			
考评标准	内容	分值	得分
	主题鲜明、条理清楚、逻辑性强	20	
	运用所学理论知识分析问题的能力强	25	
	创新思维强，定价知识运用熟练	25	
	表述清晰，语速适中、仪表大方	20	
	计算机操作技能熟练，PPT制作精美	10	
合计		100	

注：考评满分为100分，90分及以上为优秀，80～89分为良好，70～79分为中等，60～69分为及格。

项目同步测试

一、选择题（请选出适合的答案）

1.旅游产品价格是旅游者为了满足旅游活动的需要所付出的货币代价，是旅游产品价值的（　　）表现形式。

A.货币　　B.等价物　　C.交易　　D.价格

2.按照旅游产品类型的不同，旅游产品价格可以分为（　　）。

A.景区门票价格　　B.旅游线路价格　　C.住宿价格　　D.餐饮价格

3.旅游产品价格的综合性是由（　　）的综合性决定的。

A.旅游产品　　B.旅游商品　　C.旅游服务　　D.旅游者

4.旅游差价主要表现为（　　）。

A.地区差价　　B.季节差价　　C.质量差价　　D.批零差价

5.成本导向定价法可分为（　　）。

A.成本加成定价法　　B.目标收益定价法

C.盈亏平衡定价法　　D.边际贡献定价法

测一测6-1

选择题

6.针对消费者“便宜无好货，价高质必优”的心理，利用消费者仰慕名牌商品或名店的声望所产生的某种心理来制定商品的价格属于（　　）。

A.声望定价策略　　B.尾数定价策略

C.心理定价策略　　D.新产品定价策略

二、判断题（判断下列各题是否正确，正确的在括号内打“√”，错误的打“×”）

1.价格是价值的货币表现。（　　）

2.对定价有影响的企业内部因素包括成本、企业战略、营销目标、产品特点、非价格竞争策略五类。（　　）

3.区分需求定价法就是旅游企业根据市场上同类旅游产品的现行价格进行定价的一种方法。（　　）

4.渗透定价策略是一种高价格策略，适用于特色鲜明、垄断性强、其他企业在短期内难以仿制或开发的旅游新产品。（　　）

测一测6-2

判断题

5.心理定价策略是运用心理学原理，根据不同类型旅游者的购买心理对旅游产品进行定价的一种策略。（　　）

6.满意定价策略是一种折中策略，价格水平居于撇脂定价策略与渗透定价策略之间，是指旅游企业通常按行业平均利润和价格水平来制定价格。（　　）

三、简答题

1.旅游产品价格的内涵与特征是什么？

2.什么是旅游优惠价？它有哪些形式？

3.旅游产品定价的方法有哪些？

4.旅游新产品定价的策略有哪些？

项目学习评价

旅游产品价格与定价策略设计能力与素养测评表。(在□中打“√”，A掌握，B基本掌握，C未掌握，见表6-6)

表6-6　旅游产品价格与定价策略设计能力与素养测评表

专业知识能力	评价指标		自测结果
旅游产品价格认知	1.旅游产品价格的内涵与形式		□A □B □C
	2.旅游产品价格的特点		□A □B □C
	3.旅游产品定价的影响因素		□A □B □C
	4.旅游产品定价的程序		□A □B □C
	5.《旅游法》对价格管理的规定		□A □B □C
旅游产品定价策略设计	1.旅游产品定价的方法		□A □B □C
	2.旅游产品定价的策略		□A □B □C
职业能力与素养	评估标准		自测结果
自我学习	1.能进行时间管理，并阅读相关专业书籍		□A □B □C
	2.能选择适合自己的学习方式		□A □B □C
	3.能将已经学到的知识在现实中加以运用		□A □B □C
文献搜索	1.能根据不同需要去搜寻、获取并选择信息		□A □B □C
	2.能筛选信息，并进行信息分类		□A □B □C
	3.能使用多媒体等手段来展示信息		□A □B □C
与人交流	1.能把握交流的主题、时机和方式		□A □B □C
	2.能理解对方谈话的内容，准确表达自己的观点		□A □B □C
	3.能获取并反馈信息		□A □B □C
团队协作	1.能明确自己在团队中的地位和作用		□A □B □C
	2.能同合作者进行有效沟通，学会换位思考		□A □B □C
解决问题	1.能说明学习中出现的问题并指出其主要特征		□A □B □C
	2.能制订出解决问题的计划并组织实施		□A □B □C
	3.能对解决问题的方法适时做出总结和修改		□A □B □C
职业素养	1.能诚实守信，遵守旅游行业从业人员职业道德规范		□A □B □C
	2.能够守正创新，有增值性成长		□A □B □C
学生自评		学生签字	
教师评语			
成绩		教师签字	

7 项目七 旅游产品分销策略

项目目标

通过本项目的学习，学生应掌握旅游产品分销渠道的基本知识，了解渠道在旅游产品销售中的作用；了解目前旅游企业的主要分销渠道；学会灵活运用线上、线下旅游产品分销策略；培养学生技能宝贵、创造伟大、知行合一的职业素养和职业精神。

项目导入

广东长隆集团创立于1989年，集主题公园、豪华酒店、商务会展、高档餐饮、娱乐休闲等的营运于一体，是中国旅游行业的龙头企业。目前，长隆集团旗下拥有广州长隆旅游度假区与珠海长隆国际海洋度假区两个超大型一站式综合性主题旅游度假区。其中，广州长隆旅游度假区是国家5A级旅游景区，占地面积1万亩，拥有长隆欢乐世界、长隆国际大马戏、长隆野生动物世界、长隆水上乐园、广州飞鸟乐园、长隆酒店、香江酒店、长隆高尔夫练习中心和香江酒家等设施。长隆旅游度假区开业伊始便将线上、线下分销都作为企业营销的主战场。请同学们查阅长隆旅游度假区的相关资料，了解长隆旅游度假区建立了哪些分销渠道？采用了哪些分销策略？并对企业的分销策略进行简要评价。从这些问题出发，同学们应该掌握哪些旅游产品分销渠道的知识和技能呢？

看动画7-1

旅游产品分销策略

项目分析

思维导图7-1

项目七

为更好地完成项目任务，同学们应充分准备如下知识与技能：

1.理解并掌握分销渠道的概念与特征。

2.理解并掌握分销渠道的类型。

3.掌握并学会制定旅游企业分销策略。

4.能够掌握线上、线下分销策略并加以运用。

任务一　旅游产品分销渠道认知

任务目标

1.知识目标

- 理解并掌握旅游产品分销渠道的概念。
- 理解并掌握旅游产品分销渠道的类型和作用。

2.能力目标

- 能够科学地评估旅游产品分销渠道。
- 能够为旅游产品选择适合的分销渠道。
- 能够科学地制定旅游产品分销策略。

3.素养目标

- 提升对分销渠道工作岗位的认知度、理解度和职业热爱程度。
- 提升学生市场调研、推广的意识和能力。
- 提升学生科学决策的意识和能力。
- 培养学生诚实守信、守正创新的职业素养。
- 培养学生技能宝贵、创造伟大、知行合一的职业素养和职业精神。

任务导入

长隆欢乐世界位于长隆旅游度假区的中心位置，占地面积约2 000亩，是长隆集团斥资20亿元人民币倾力打造的集乘骑游乐、特技剧场、巡游表演、生态休闲、特色餐饮、主题商店、综合服务于一体的具有国际先进技术和管理水平的超大型世界顶尖主题游乐园。自2006年4月7日正式对外开放以来，接待游客数以百万计，其中单日接待游客曾达5万人之多。现同学们在专业教师的指导下，以长隆欢乐世界为切入点，结合长隆欢乐世界的战略定位，分析其分销渠道类型和分销策略的制定。为此，同学们应掌握哪些分销渠道的基本理论知识呢？

知识积累

一、旅游产品分销渠道的概念与功能

（一）旅游产品分销渠道的概念

旅游产品分销渠道是指旅游产品从生产者向旅游者转移的过程中，帮助其实现转移的所有旅游中间商。他们是处在旅游企业和旅游者之间、参与产品交换、促使买卖行为发生和实现的组织与个人。这些组织与个人包括各级旅游批发商、零售商和代理商（旅行社、在线预订商等）。这一概念包括以下几层含义：

（1）分销渠道是旅游产品使用权或所有权转移的通道。旅游产品在从生产者到旅

游者的流通过程中，至少要转移使用权或所有权一次；而在现代市场经济中，往往要通过各种中介机构，实现产品使用权或所有权的多次转移。

（2）分销渠道表明了旅游产品的流通过程。该过程的起点是旅游产品的生产者，终点是旅游产品的消费者，旅游代理商、旅游批发商、旅游零售商及其他中介组织或个人构成了它的中间环节。

（3）分销渠道不仅包括产品或服务价值实现的经济过程，而且包括产品或服务运动的空间路线。

（4）渠道各成员之间相互联系、相互制约，在共同促进旅游产品及其使用权或所有权转移的过程中承担各自的营销职能。

综上，分销渠道的畅通与否会直接影响到旅游企业的产品或者服务能否及时销售出去，进而影响到企业的营销活动效率。

（二）旅游产品分销渠道的功能

分销是一个面向不同游客的、连续的、多个环节结合在一起的销售过程。旅游产品一般要经过生产者、分销商和代理商等多个环节才能到达旅游者手中。中间商的功能主要有：

1.承担营销职能，促进产品销售

旅游中间商介入旅游产品的营销，可以为旅游产品供应商在市场调查、广告宣传、产品销售和为购买者服务等方面分担部分职能，从而使旅游生产企业有更多的精力改进产品、扩大再生产。

2.提供多种产品组合，满足市场需求

任何一家旅游企业都不可能向旅游者提供旅游活动中食、住、行、游、购、娱等环节所需的所有旅游产品，旅游中间商则与多家旅游企业相联系，并具有对多种旅游产品进行加工、组合的能力。为满足旅游者多方面的需要，旅游中间商能够将各种旅游产品组合起来，形成完整的系列化旅游产品，提供给旅游者。

3.联系供求双方，促进信息交流

旅游中间商是联系旅游产品供给者和购买者的纽带、桥梁，可促进双方之间的信息交流。一方面，旅游中间商把供给者的产品信息传递给购买者，使购买者增进对产品的了解，进而促使他们购买；另一方面，旅游中间商最了解市场动态，知道哪些旅游产品畅销，哪些需要改进，购买者的潜在需求是什么，并可及时地把这些信息传递给旅游产品供给者，以减少和避免生产中的盲目性，帮助供给者不断根据市场需求的变化提供适销对路的产品。随着信息技术的发展，旅游中间商在代理销售方面的功能将进一步弱化，提供信息咨询等方面的功能则会增强。

知识拓展7-1 你知道该如何选择渠道成员吗？

渠道成员的选择对旅游企业至关重要。旅游企业主要从以下几个方面来选择渠道成员：

（1）信用与财务方面。分销商的财务状况是选择渠道成员时需要考虑的直接因素。旅游企业应对分销商的信用进行评估并作为决策依据，如合同执行情况、消费者投诉情况等。另外，分销商的营销成本、利润率、广告投资效率、促销成本等也应该在考虑范围内。

（2）人员素质方面。分销商的营销人员是与客户直接接触的企业代表，他们能否对旅游产品进行详细生动、具有专业性的介绍，很大程度上影响着客户的购买行为。

（3）市场覆盖方面。渠道成员的市场覆盖范围、营销点分布状况、代理类型等也是选择渠道成员时的重要参考因素。

（4）销售绩效方面。营销渠道的绩效评估主要针对营销业务的执行效果、代理合同的完成情况，如营销额、营销计划完成进度、营销成本等。

（5）管理能力方面。渠道成员的管理能力主要是指组织效率。其要求渠道成员在完成分销任务的同时做好协调、通融工作，并与旅游企业的营销战略保持一致。

（6）规模方面。一般来讲，大型渠道成员的销售业绩较好、设备设施更完善，会雇用更多高素质的销售人员，可以使旅游产品得到更多、更充分的展示。

二、旅游产品分销渠道的类型与策略制定

（一）旅游产品分销渠道的类型

1.线上分销渠道和线下分销渠道

（1）线上分销渠道，又称网络分销渠道，是借助互联网将产品由生产者手中转移到消费者手中所经过的中间环节，如携程旅行依托网络优势，整合各种资源，搭建起一个虚拟的网络分销平台，为旅游企业提供在线分销“场地”。

听一听7-1

OTO模式

（2）线下分销渠道，又称线下渠道或传统渠道，是指不依靠网络平台，将产品由生产者手中转移到消费者手中所经过的中间环节，如景区通过旅行社代理或自设分店销售其旅游产品。

2.直接渠道和间接渠道

（1）直接渠道，是指旅游产品的生产者或供给者直接向旅游者出售其产品，如景区采用网络直接营销的方式为游客服务。采用直接渠道，旅游企业可以省去与中间商合作而支出的费用，并能及时获得旅游者需求变化的第一手信息，从而有利于旅游企业对营销活动做出相应调整。其缺点是在销售量小和不稳定的情况下，旅游产品的市场拓展不够，而且销售成本高。

听一听7-2

直销模式

（2）间接渠道，是指旅游产品的生产者借助中间商将其产品最终转移到旅游者手中的流通途径。中间商包括旅游代理商、旅游批发商、旅游零售商、商业服务单位（如广告公司、咨询公司等）、旅游经纪人等。按中间环节的多少，间接渠道又可分为一级渠道、二级渠道、三级渠道等。其中，含两个或两个以上中介机构的营销渠道统称为多级营销渠道。间接分销的优点是有利于扩大销售范围；其缺点是旅游企业对销售活动的控制力相对减弱，信息反馈的及时性和准确性也略低。

3.长渠道和短渠道

按旅游产品使用权或所有权在转移过程中所经过环节的多少，可将营销渠道分为长渠道和短渠道。所经过的环节越多，渠道越长，反之则越短。其具体可以分为以下三种：

（1）旅游产品生产者→旅游零售商→旅游产品消费者。

（2）旅游产品生产者→旅游批发商→旅游零售商→旅游产品消费者。

（3）旅游产品生产者→本国旅游批发商→外国旅游批发商→旅游零售商→旅游产品消费者。

这里的渠道长短只是一个相对概念，二级营销渠道相对于一级营销渠道是长渠道，相对于三级营销渠道则是短渠道。营销渠道短，旅游企业对渠道的控制能力强，旅游产品的流通快，信息传递及时、清晰；营销渠道长，信息传递慢，旅游企业对渠道的控制能力较弱，但营销活动的辐射空间更大。

4.宽渠道和窄渠道

渠道的宽度，是指在组成分销渠道的每个层次或环节中，使用相同类型的旅游中间商的数量。同一层次或环节的旅游中间商越多，渠道就越宽；反之，渠道就越窄。渠道的宽窄是一个相对的概念。宽渠道适用于一般化、大众性的旅游产品，如观光型、度假型旅游产品；而窄渠道一般适用于销售专业性较强的旅游产品，如探险旅游、修学旅游等。

5.单渠道和多渠道

单渠道是指旅游企业采用的渠道类型单一，如所有旅游产品全部由旅游生产企业直接销售或全部交给批发商经销，即单渠道。根据不同层次或不同环节或旅游者的差异，旅游企业采取不同的营销渠道，即多渠道。一般情况下，如果旅游企业的生产规模较小，或经营能力较弱，可采用单渠道；反之，则可采用多渠道，以便扩大产品的覆盖面，灵活、大量地销售自己的旅游产品。

许多国家还根据具体的名称来划分分销渠道，包括旅游中间商、电子旅游销售系统、地接旅行社、航空公司、经纪人等。总之，旅游企业可以根据不同的旅游产品或地区采取不同的分销渠道策略，如在本地区采取直接渠道，在外地则采取间接渠道；对一般的、大众的旅游产品采取宽渠道，对专业性较强的或费用较高的旅游产品则采取窄渠道；当旅游企业经营的旅游产品较少或经营能力较弱时采用单渠道，反之则采用多渠道。

（二）旅游产品分销渠道的策略制定

对旅游企业来说，分销渠道策略的制定可以给整个分销渠道建立一个完整的框架体系。其中，涉及渠道目标、渠道主要分销任务、渠道类型的选择、渠道成员的选择等各个方面的内容。分销渠道策略制定的具体流程如下：

第一，确定分销渠道策略目标。旅游企业首先要把分销渠道策略目标确定下来，分销渠道策略目标是企业在分销渠道层面发展的方向，也是指导企业建设分销渠道的方针，并且要有具体数字作为参考依据，以保障目标的切实完成。例如，对旅游项目而言，分销渠道策略目标可以设定为签约分销商家、确定项目建设时间、完成销售任务等。

第二，确定分销任务。分销任务指的是切实的方案，包括在分销渠道设计中，企业承担的角色、企业的地位和主要任务；在设计分销渠道模式和类型时，如何取舍，依据什么标准取舍等。由于企业所处的营销环境瞬息万变，或者企业自身的战略定位、组织机构、人员的变化，或由于新的市场机会的出现改变了企业既定的经营范围和方向等，因此旅游企业在制定新的渠道策略时，必须对分销任务加以明确。分销任务主要包括三个方面的内容：①确定企业服务的目标客户群，即确定目标市场并进行细分；②明确客户的需要，即确定市场需求的类型；③确定企业满足客户需求的技术手段或方法。

第三，进行内外部环境分析。内部环境分析主要是针对旅游企业和旅游项目、旅游产品等进行分析。首先，对企业内部的人才、财务实力、竞争实力等进行详细分析；其次，分析外部竞争对手的产品类型和竞争优势，以及本企业产品的特性和突出优势等；最后，对现有渠道成员进行分析评价，以保留优秀的成员，剔除差的成员。外部环境分析主要是分析企业所面对的宏观和微观环境的变化，以发现市场机会，避免环境威胁。

第四，制订实施计划。在内外部环境分析的基础上，旅游企业应制订实施计划。实施计划的内容主要包括：如何确定分销类型和模式，如何选择、维护分销渠道成员，如何使渠道成员给企业带来绩效等。具体的实施计划应根据旅游项目的实际情况进行设计和确定。

第五，对分销渠道策略进行评价和改进。对分销渠道进行评价时，可以选取几个旅游项目进行比较，由国内外旅游业方面的专家及企业的高层管理人员对每个项目进行估值，涉及的层面应包括各种因素指标；在条件适当的情况下，也可以对这些估值进行计量分析，找出分销渠道做得好的项目及影响因素，然后对项目不完善的地方进行改进。

学以致用7-1　　不同类型的旅游分销渠道具有哪些特点？

（1）调研本地区三家以上知名旅游企业，具体分析其产品分销渠道的类型和各分销渠道成员发挥的功能。

（2）根据调研结果，分析不同类型的产品分销渠道具有哪些特点。

技能训练

一、场景设计

请同学们以长隆欢乐世界（也可选择本地景区、景点）为例，利用课余时间去图书馆、计算机房和景区分别进行文献资料查阅和实地调研。通过文献资料查阅和实地调研，了解景区现有的分销渠道情况，并分析其线上、线下分销渠道销售的效果，比较各类分销渠道的优缺点与适用条件。调研结束后，学生撰写实训报告。

二、实训目的

本实训应使学生深刻理解分销渠道在市场营销中扮演的角色、发挥的作用，了解不同分销渠道对旅游产品销售的作用和影响，了解企业确定分销渠道类型与策略的依据，培养学生的市场推广意识和职业能力。

三、实训步骤

1.考察前的准备

（1）文献准备：在调研前一周，同学们通过网络、杂志、报纸等对景区目前的分销渠道进行查询，并利用课余时间开展小组讨论，对收集到的资料进行汇总、整理、分析。

（2）知识准备：调研前，对旅游产品分销渠道的相关知识进行回顾，熟悉旅游产品分销渠道的概念、功能和类型。

（3）材料准备：调研前，列出本次调研的主要目标和景区管理人员的访谈提纲，调研者必须带好笔、笔记本、手机或照相机等，做好调研记录工作。

（4）计划准备：调研前，应制订出调研计划，明确调研目的、调研时间、任务分工、联络方式、调研费用等事项。

（5）纪律要求：调研过程中要加强管理，组员必须听从指挥、遵守纪律，并表现出良好的礼仪，体现旅游专业学生的良好形象。

2. 文献查阅和实地调研

（1）根据调研计划和分工，对学生进行分组，不同小组确定时间后分别前往学校图书馆、计算机房和景区进行调研。

（2）两人一组开展调研。在图书馆和计算机房的调研中，通过查阅资料，重点了解景区旅游产品分销渠道的基本情况；在对景区的调研中，通过实地调查和与景区管理人员访谈等，了解景区分销渠道的类型与分销策略的选择。

（3）调研结束后，由组长召集小组成员集中讨论，请小组同学根据调研目的发表调研观点和心得，最后整理、汇总相关资料。

3. 校内讨论及报告撰写

回校之后，由组长主持开展小组讨论，小组同学根据调研目的整理、分析、总结调研资料，并据此撰写×××旅游景区分销渠道调研报告（见表7-1）。

表7-1 ×××旅游景区分销渠道调研报告

<table>
<tr><td>班级</td><td></td><td>姓名</td><td></td><td>调研时间</td><td></td></tr>
<tr><td>学号</td><td></td><td>组号</td><td></td><td>主要任务</td><td></td></tr>
<tr><td colspan="6">标题
目录
正文
1. 景区的分销渠道目标
2. 景区的分销渠道类型
3. 景区的分销渠道策略
4. 结论与建议
结语
附录（照片和参考资料）</td></tr>
</table>

四、技能评价

根据调研情况填写×××旅游景区分销渠道调研评价表（见表7-2）。

表 7-2　　×××旅游景区分销渠道调研评价表

考评教师		被考评学生	
考评地点			
考评内容	对旅游景区分销渠道的感性认知能力		
考评标准	内容	分值	得分
	能够明确此次调研的目的，能够比较全面地阅读和获取资料	15	
	能够明确列出调研提纲或访谈提纲	20	
	能够熟悉旅游产品分销渠道的类型	15	
	能够熟悉分销渠道成员承担的职能	20	
	调研后对本景区旅游产品分销渠道有了进一步了解	15	
	调研后能够增强职业操守、团队协作意识	15	
合计		100	

注：考评满分为100分，90分及以上为优秀，80～89分为良好，70～79分为中等，60～69分为及格。

任务二　旅游产品线下分销策略

◎ 任务目标

1.知识目标

- 理解并掌握线下分销的内涵与特征。
- 理解并掌握线下分销的作用。

2.能力目标

- 能够设计旅游产品线下分销渠道。
- 能够评估旅游产品线下分销渠道。
- 能够科学地选择旅游产品线下分销渠道。

3.素养目标

- 提升对产品分销工作岗位的认知度、理解度和职业热爱。
- 培养学生线下分销旅游产品的意识和能力。
- 提升学生的市场推广意识和产品分销能力。
- 培养学生诚实守信、守正创新的职业素养。
- 培养学生技能宝贵、创造伟大、知行合一的职业素养和职业精神。

任务导入

长隆飞鸟乐园隶属于长隆旅游度假区，园区坐拥2 000余亩苍翠绿地，是广州少有的大型湿地生态动物园，拥有各种珍稀湿地鸟类数十种；同时，这里还是全球最大的鳄鱼主题公园，拥有鳄鱼总数超过10万条。园内有多个分区，包括鹈鹕湾、仙鹤湾、天鹅湾、两栖爬行馆等展区，集动物观赏、科普教育、生态观光于一体；十大精彩湿地动物表演趣味纷呈、寓教于乐，带给游客前所未有的多层次新体验。同学们根据长隆旅游度假区以及长隆飞鸟乐园的战略定位，为长隆飞鸟乐园拟定了明年的线下分销策略，要完成该项任务应具备哪些基本知识和技能呢？

知识积累

微课堂7-1

旅游产品线下分销渠道策略的设计（双语）

一、旅游产品线下分销渠道策略的制定

线下渠道是区别于线上（网络）渠道而得名的，是指旅游企业通过分销商或者直营，以线下实体店为载体来招揽游客、完成交易的营销渠道。在线下渠道中，负责分销的中间商，如区域代理商、批发商、零售商等，均被定义为线下分销商。

（一）影响旅游产品分销渠道策略选择的主要因素

旅游企业在进行线下分销渠道决策时，需要全面、综合地分析、考虑影响渠道的各方面因素，主要包括：

1.旅游产品

旅游产品的类型、档次等会影响分销渠道策略的选择。一般来说，季节性、时效性强的旅游产品宜采取短渠道，如旅游餐厅、旅游景点等；而对于销售面广的旅游产品，由于客源市场庞杂，旅游企业业务量大，宜采用长渠道和多渠道；对于专业性强、档次高的旅游产品，如探险旅游、环球旅游等，因其市场需求小，营销针对性强，多采用直接营销渠道；而对于大众化、低档次的旅游产品，则一般采用间接营销渠道，以扩大营销活动范围，争取更多客源。

2.旅游者

旅游者的人数、购买量、购买频率及地理分布等也会对分销渠道的策略选择产生影响。例如，某项旅游产品市场需求大且旅游者分布广泛，则宜采用长渠道、宽渠道，以扩大营销空间；若旅游者人数多且集中，则宜使用短渠道，以减少销售环节，节约营销费用。

3.旅游市场

旅游市场复杂多变，旅游企业在选择产品分销渠道策略时首先应该分析旅游市场。旅游市场的容量、目标市场的地理分布、旅游者购买频率的高低、竞争者的分销渠道分布等，都直接影响着分销渠道策略的选择。如果旅游企业目标市场的规模很大、地理分布很广，则应该选择较宽、较长的分销渠道；反之，应该选择直接渠道或者短渠道。如果旅游者的购买频率很高，一次购买量少，造成交易次数增加，就有必要选择多个中间商以降低交易成本；反之，可以少选择中间商。如果旅游者喜欢通过

网络或者电话进行预订，就应该采用全球预订系统或者建立自己的预订系统；如果旅游者喜欢包价旅游，则要选择旅游批发商。

4.旅游企业自身条件和经营范围

旅游企业的规模和经营范围决定了它的最大接待能力和目标市场。一般来说，规模大、经营范围广的旅游企业宜选择长而宽的分销渠道；反之，宜选择短而窄的分销渠道。旅游企业的财力直接影响对分销渠道的选择和控制，一般实力雄厚的旅游企业尤其是连锁集团，可以建立自己的预订中心直接销售；实力较弱的旅游企业一般依靠旅游中间商分销产品。旅游企业的销售人员的素质也会影响分销渠道策略的选择，如果销售人员素质高、专业能力强，可以直接进行销售；反之，则需更多依靠间接分销渠道。

（二）旅游产品线下分销渠道策略的制定程序

1.确定分销渠道的目标

旅游企业在设计分销渠道时，首要任务是确定分销渠道能达到什么样的目标。只有明确了分销渠道的目标，才能设计出切实可行的分销渠道，才能使分销渠道与本企业的战略目标和营销策略相适应。分销渠道的目标应该反映以下两方面的内容：

首先，分销渠道的目标应能满足旅游者的需求，即给旅游者提供其所需的服务和便利。所有分销渠道成员都必须为旅游者提供与旅游企业一致的服务，并使旅游者能够更方便地购买旅游产品。

其次，分销渠道的目标应该反映旅游企业的整体目标，包括销售目标、市场占有率目标等，这也是衡量分销渠道经济效益的重要指标。旅游企业应根据客源市场的需求变化，在认真分析分销渠道的成本以及盈利可能性的基础上，科学设计分销渠道，确定销售目标，并根据分销渠道所具备的市场开拓能力确定要达到的市场占有率。

2.评估和选择分销渠道成员

为了达到销售目标，旅游企业需要对旅游中间商进行评估，从中选出合适的分销渠道成员。

学以致用7-2　　**你知道应如何评估分销渠道成员吗？**

对分销渠道成员的评估标准有：成员的发展历史、资质状况、经营范围、目标市场、市场形象、营销能力、业务人员的素质以及销售潜力等。

讨论：选取本地某旅游企业，分析其评估渠道成员的标准和依据。

在评估的基础上还要选择一定数量的旅游中间商作为分销渠道成员，选择的策略主要有三种：广泛性分销渠道策略、选择性分销渠道策略和独家分销渠道策略。

（1）广泛性分销渠道策略。它又称密集性分销渠道策略，是指旅游企业在确定分销渠道时，对旅游中间商不作具体选择，理论上所有符合条件的旅游中间商都可以销售本企业的旅游产品。该策略利用尽可能多的中间商来销售产品，方便了旅游者购买，扩大了产品的销售量，容易形成品牌效应。但是由于选择的旅游中间商较多，对旅游中间商的控制较弱，不能保证旅游中间商的服务质量，加大了管理难度。这种策略适用于急于在某一区域提高知名度或扩大销售量的旅游企业。

（2）选择性分销渠道策略。它是指旅游企业只选择那些销售经验丰富、服务质量好、经济实力强的旅游中间商作为分销渠道成员。这种策略能使旅游企业和旅游中间商建立良好的合作关系，对旅游中间商的控制力较强，有利于维护旅游企业的形象和信誉，因此适用于价格较高、信誉较好的旅游产品。

（3）独家分销渠道策略。它是指旅游企业在特定的市场区域内仅选择一家营销能力较强的旅游中间商推销自己的产品。这种分销渠道策略加强了旅游企业对旅游中间商在价格、服务、信誉等方面的控制，使旅游中间商的利益、风险与旅游企业紧密联系在一起，旅游中间商能够及时准确地反馈市场信息，从而提高了旅游产品的市场竞争力。其弊端是不利于旅游者选择和购买。

3.明确分销渠道成员的权利和义务

为了与分销渠道成员进行长期合作，提高分销渠道的销售能力，旅游企业有必要与分销渠道成员签订合作协议，明确其权利和义务。

文旅相彰7-1 合作应诚实守信

合作应诚实守信，遵守职业道德和树立法律法规意识。一些旅游分销商往往因利益驱动，违背合作约定，不但给合作企业造成损失，而且失去了市场的信任。"人而无信，不知其可""正其义不谋其利，明其道不计其功"，讲诚信、匡正义、守初心既是分销合作的基础，也是使命和责任担当。分销渠道成员要明晰签订合同的内容，严格遵守合同，信守承诺，做一名合格的旅游从业人员。

（1）买卖条件：明确对旅游中间商的价格折扣、佣金标准、结算方式、付款条件与期限，旅游产品的质量、数量、时间保证，以及旅游企业为保证产品的顺利销售而提供给旅游中间商的各种促销资料等。

（2）旅游中间商的地区权利：对各渠道成员的市场区域进行划分，明确各个中间商在不同地区的销售权利，避免分销渠道成员为争夺同一客源市场而产生冲突和摩擦。

思政元素：诚实守信

头脑风暴：与分销渠道成员签订合作协议应明确哪些内容？

4.确定营销渠道的长度与宽度

旅游产品分销渠道的长度是指旅游产品从生产者到消费者的路径中所经历的中间环节的多少，经历的中间环节越多，分销渠道越长。没有中间环节的渠道称为直接渠道；只有一个中间环节的渠道称为短渠道；有两个或两个以上中间环节的渠道称为长渠道。营销渠道的长度确定以后，还应考虑营销渠道的宽度，即旅游企业还应对每个环节中间商的数量即渠道覆盖能力进行选择，一般有广泛性分销（宽渠道）、独家分销（窄渠道）和选择性分销三种策略。旅游产品分销渠道长，旅游企业需要处理的关系也多；分销渠道短，旅游企业更容易控制旅游中间商；宽度越大，竞争对手就越多，虽然不是同类竞争对手，但很多旅游企业都会为此而铺渠道，自然成本就会提高。

（三）对旅游产品分销渠道的评估

分销渠道选择的最后环节就是对各备选方案进行评估，以确定最可行、最能满足企业营销目标的方案。评估的标准主要有以下三方面：

1.经济性标准

经济性标准，是旅游产品分销渠道方案评估中最基本、最重要的标准。一般来说，旅游企业增加渠道环节将扩大销售额，但销售成本也会相应增加。因此，是否增加渠道环节，关键看销售额的增量是否大于销售成本的增量。

2.控制性标准

控制性标准，即以旅游企业对渠道成员的可控制程度为标准。中间商是独立于旅游产品生产者以外而存在的组织，它同样以追求利润最大化为目标，旅游企业与中间商难免会有利益冲突。因此，旅游企业在选择分销渠道时，应尽量使渠道成员在自身的有效控制范围之内。

3.适应性标准

适应性标准，即主要根据对市场环境的适应程度来选择分销渠道方案。旅游产品分销渠道的选择是一项预测性的管理活动，由于其耗时长、费用高，渠道一经确立很难在短时间内做大的改变。因此旅游企业在评估分销渠道时，还要充分考虑各方案对企业发展目标、目标市场变化、社会经济发展等的适应程度和应变能力。

典型案例7-1 **“小天地”经济型酒店分销渠道选择方案**

新天地酒店集团决定在江苏省南京市建立一家自己的经济型酒店品牌——“小天地”经济型酒店。为了确定“小天地”经济型酒店的分销渠道模式，集团制订了一份分销渠道选择方案。

一、市场环境分析

南京作为江苏省重要的商业城市和著名旅游城市，吸引了众多的商务旅游者和观光度假类旅游者。南京经济型酒店市场潜力巨大，竞争激烈，如汉庭快捷、速8、莫泰168、宜必思、世纪之星、金陵之星等，让整个住宿市场显得异常热闹。

（1）游客品牌偏好：旅游者在经济型酒店的选择上，品牌偏好较为明显，尤其是商务旅游者和“白领”旅游者，他们更偏好选择知名品牌，如金陵之星、莫泰168、如家快捷等。目前，南京经济型酒店市场也主要是被这些酒店分割的。

（2）竞争者价格分析：从价格分析中可以看出，南京经济型酒店的价格主导因素有品牌、地理位置等。这也为“小天地”经济型酒店的定价提供了依据。

二、机会与优势分析

新天地酒店集团作为南京市的一家本地酒店集团，已经有10年的发展历史，经过多年的经营，目前已经建立了五条分销渠道，与南京各主要旅行社、携程旅行等网络代理商、航空公司等都建立了业务关系。这种较为成熟的分销体系的建立，为“小天地”经济型酒店迅速进入市场打下了良好的基础。“小天地”经济型酒店的优势还是较为明显的：

（1）地理位置：新酒店选址紧邻南京火车站和国际会议展览中心，距长途汽车站、南京长江大桥、南京二桥等很近，便于会议客人和外地来宁的商务散客进出。

（2）品牌：新天地酒店在南京的经营历史，使得它已经成为江苏地区具有代表性的酒店集团。这为“小天地”酒店品牌的树立打下了良好的基础。

（3）产品：新酒店定位于经济型酒店，将拥有60间客房，采用较为先进的商务设备，装修风格体现出浓郁的老南京特色文化。

（4）市场：经过多年的开发与维护，新天地酒店集团已经拥有一批稳定的客户。

同时，也存在新产品本身知名度不高，初期投资、营销开支较大等劣势。

三、分销渠道设计方案

（一）分销渠道目标的确定

“小天地”经济型酒店的分销渠道目标是顺利进入南京住宿市场，提升知名度，逐步提高市场占有率，同旅游批发商或零售商逐步建立起稳定的业务关系，并在经营过程中对分销渠道体系做适当调整。

（二）分销渠道模式的选择

根据对“小天地”经济型酒店的环境分析和市场定位，其分销渠道最好选择层次少的短渠道，宜采用直销或零售商渠道。其主要依据有：第一，在旅游产品销售过程中，促销是一项重要的营销活动。相比之下，零售商在产品促销方面更富有经验。第二，经济型酒店的客房是一种薄利多销的旅游产品，经营成本很高，如利用旅游零售商来销售，可以提高销售量、降低成本。为此，“小天地”经济型酒店要与零售商进行充分的交流与沟通，充分发挥其积极性，让零售商了解本企业产品及企业的经营理念，使零售商在产品促销过程中获得销售量的提高，同时帮助企业树立良好的形象，更好地实现双赢，完成企业的促销计划。

因此，我们应选择两条分销渠道，即旅游产品生产者→旅游产品消费者；旅游产品生产者→旅游零售商→旅游产品消费者。但是，从我国旅游业的发展现状来看，还没有完全形成一种旅游中间商垂直分工的体系，旅游批发商往往会跳过零售商，直接同旅游企业发生业务关系。所以，对“小天地”经济型酒店来说，旅游批发商的功能同样不能忽视。

（三）分销渠道策略的选择

“小天地”经济型酒店要想在短时间内打入市场，站稳脚跟，打开自己的知名度，形成品牌效应，可采取广泛性分销渠道策略，即广泛选择旅游中间商，利用尽可能多的旅游中间商来销售产品，方便旅游者购买，扩大销售量。

（四）旅游中间商评估

在选择旅游中间商时，要注意其经销年份的长短、商业信誉的好坏、是否更容易接近目标市场。此外，还必须观察其经营管理水平、服务水平、促销措施、偿付能力等，并对中间商能否在市场覆盖、市场开发、市场情报、技术服务等方面为旅游企业提供出色的服务等进行深入的调查。

鉴于目前的状况，“小天地”经济型酒店应将下列旅游中间商作为分销渠道成员：

（1）携程旅行网：知名度高、信誉度高、口碑较好，拥有成熟的销售网络和大批忠实的旅游产品消费者。

（2）江苏省国、中、青旅和康辉等大中型旅行社：中国三大旅行社和其他知名旅行社是目前国内酒店业重要的销售中间商。

（3）专业媒介：包括旅游经纪人、奖励旅游公司、会议筹划者等。

除此之外，“小天地”经济型酒店可依托新天地酒店集团培养自己的销售队伍，通过他们同旅游者建立起更加友好、紧密的关系。

四、分销渠道方案实施管理（见表7-3）

表7-3 分销渠道方案实施管理

时间	具体工作	负责部门
第一年10月	讨论、调整本方案	酒店各相关部门
第二年1月	组建销售队伍，培训销售人员	人事部、营销部、培训部
第二年2月	制订各渠道销售计划	营销部、总经办
第二年5月	各渠道的宣传工作	营销部
第二年6月至12月	新产品促销活动	营销部

资料来源 王媛，纪文静．旅游营销基础［M］．南京：江苏科学技术出版社，2009.

二、旅游产品线下分销渠道的管理

旅游产品分销渠道是否能够达到最终的销售目的，取决于旅游企业对分销渠道的管理。由于分销渠道成员都是独立的企业，都有自己的经营目标，因此管理难度很大。旅游企业如何调动旅游中间商的积极性、主动性，减少各渠道成员之间的冲突，是旅游产品分销渠道管理的主要任务。

（一）旅游产品分销渠道管理的功能

1.调节功能

每个中间商在分销渠道系统中都是相对独立的，它们以追求自身的利益为目标，并且常常从自身的利益出发做出相应的决策，因而与生产者和其他中间商难免会发生冲突。渠道管理可以加强与旅游中间商的合作，有效调节各渠道成员的利益关系以及销售行为，从而减少各渠道成员之间的冲突。

2.激励功能

生产者不仅利用中间商销售产品，而且把产品销售给中间商，因而必须采取相应的措施，激发中间商的购买和销售热情。旅游企业通过给予中间商资金、技术、信息等方面的支持，能最大限度地调动中间商的积极性，从而保证分销渠道的高效运转。

3.评价功能

对分销渠道成员的工作业绩进行科学评价是分销渠道管理的一项重要功能。渠道评价的作用主要有三点：一是对各中间商预期销售指标的完成情况进行考察，以保证企业营销计划的执行；二是发现营销渠道存在的问题，并采取相应对策；三是通过渠道评价，寻找理想的中间商，并与之建立长期、稳定的合作关系。

4.改进功能

为了适应市场变化的需要，旅游企业必须随时对部分渠道成员甚至整个分销渠道系统进行修正和改进。渠道改进可以分为三个层次，即增减渠道成员、改变特定渠道和调整市场营销系统。通过渠道改进，旅游企业可以提高整个渠道系统的运行效率和销售水平。

（二）旅游产品分销渠道管理的重点

1.合作管理

加强与旅游中间商的合作，调动它们的积极性，是分销渠道管理的重要任务之一。旅游中间商和旅游企业都是相互独立的企业。旅游中间商为了自己的经营目标，会同时经销多家旅游企业的产品，这些旅游产品既可以组合成综合旅游产品，又是相互竞争的产品，旅游中间商选择什么样的旅游产品取决于与旅游企业的合作程度。

因此，旅游企业应关心、重视对旅游中间商的优惠与奖励措施，增强中间商的合作意识：一方面，应维护中间商的尊严，保证中间商的各种利益，加强与中间商的沟通，如有分歧，应本着协商互助原则，以达到双赢的目的；另一方面，应根据中间商的销售能力、资质状况等给予其不同的优惠，增加中间商的收入（可以采用灵活的形式，如减收或免收定金、邀请中间商参加熟悉产品的旅游活动、联合宣传和促销、赠送礼品等）。

2.冲突管理

在分销渠道管理中，除了应加强与中间商的合作之外，旅游企业还必须处理好渠道成员之间的冲突问题。由于旅游企业经常选择多个中间商销售产品，旅游中间商会因竞争而发生冲突。冲突一旦发生，会对旅游企业的整个分销渠道产生不利影响。这些冲突既存在于分销渠道同一层次的成员之间，如为争夺客源，同一层次的旅游中间商之间的冲突；还存在于同一分销渠道的不同层次之间，如旅游批发商与零售商的冲突、旅游零售商与旅游者的冲突。这些冲突是不可避免的，因此必须对其进行有效、合理的管理。

旅游企业要深入了解每个重要渠道成员的实际需要及其满足程度，并根据渠道成员的不同要求采取相应的措施。比如，当旅游代理商希望酒店给予更大的房价优惠时，酒店可根据具体情况，在一些希望增加订单数的房型上给予最优惠的价格；当旅行社希望在旅游旺季能享有优先预订权并延长保留房间的时间时，酒店可根据其取消预订率的高低给予适当的满足等。同时，旅游企业要分析渠道成员之间冲突产生的具体原因，积极地配合渠道成员予以解决。当渠道成员之间发生冲突时，旅游企业不能听之任之；否则，发展下去只会损害各方的利益。

技能训练

一、场景设计

请同学们以广州飞鸟乐园（也可选择本地旅游景点、景区）为例，调查其线下分销渠道的情况，并分析线下分销渠道销售的效果；比较各类线下分销渠道的优缺点与适用条件，并制订第二年的线下分销方案。

二、实训目的

了解线下分销渠道的意义和价值；了解线下分销渠道策略与管理；通过文献查阅

和实地调研，掌握线下分销渠道设计的方法与策略，学会撰写分销渠道选择方案。

三、实训步骤

1. 文献查阅

同学们通过网络、杂志、报纸等渠道了解景区目前的基本情况，做好景区旅游产品线下分销渠道的资料收集工作。

2. 实地调研

（1）材料准备：调研前，列出本次调研的主要目标和景区管理人员的访谈提纲，调研者必须带好笔、笔记本、手机或相机等，做好调研记录工作。

（2）计划准备：调研前，应制订出调研计划，明确调研目的、调研时间、任务分工、联络方式、调研费用等事项。

（3）纪律要求：调研过程中要加强管理，组员必须听从指挥、遵守纪律，并表现出良好的礼仪，体现旅游专业学生的良好形象。

（4）通过实地调研和景区管理人员访谈等，了解景区的线下分销渠道策略。

3. 整理、分析

调研结束后，由组长召集小组成员集中讨论，同学们根据调研目的发表调研心得，并对收集的资料进行整理、分析。

4. 报告撰写

根据调研情况撰写×××景区线下分销渠道调研报告（见表7-4）。

表7-4　×××景区线下分销渠道调研报告

班级		姓名		调研时间	
学号		组号		主要任务	
参考（“小天地”经济型酒店分销渠道选择方案） 标题 目录 正文 结语 附录（照片和参考资料）					

四、技能评价

根据调研情况填写×××景区线下分销渠道实训评价表（见表7-5）。

表 7–5　　×××景区线下分销渠道实训评价表

考评教师		被考评小组	
被考评小组成员			
考评标准	内容	分值	得分
	主题鲜明、条理清楚、逻辑性强	20	
	运用所学理论知识分析问题的能力强	25	
	阐述明确具体，方案撰写质量好	25	
	表述清晰、语速适中、仪表大方	20	
	计算机操作技能熟练，PPT制作精美	10	
合计		100	

注：考评满分为100分，90分及以上为优秀，80～89分为良好，70～79分为中等，60～69分为及格。

任务三　旅游产品线上分销策略

任务目标

1. 知识目标

- 理解并掌握互联网对旅游产品分销渠道的影响。
- 理解并掌握旅游产品线上分销的内涵与特点。

2. 能力目标

- 能够科学地选择旅游产品线上分销渠道。
- 能够灵活地制定旅游产品线上分销策略。

3. 素养目标

- 提升对分销工作岗位的认知度、理解度和职业热爱程度。
- 培养学生线上分销旅游产品的意识和能力。
- 提升学生的市场推广意识和产品分销能力。
- 培养学生诚实守信、守正创新的职业素养。
- 培养学生技能宝贵、创造伟大、知行合一的职业素养和职业精神。

任务导入

开业伊始，长隆旅游度假区就通过企业的官方网站，以及淘宝、携程旅行、驴妈妈等电商平台开展网上分销活动。此外，度假区还通过微信公众号导入会员门票优惠活动，吸引游客加入会员队伍，至今微信公众号已聚集粉丝数百万人。同学们可根据长隆旅游度假区的战略定位，了解其线上分销渠道的设计和策略选择，并对其进行分析和评价。为此，同学们应掌握哪些线上分销渠道的基本理论知识呢？

知识积累

一、互联网对旅游产品分销渠道的影响

互联网信息技术的出现与应用引发了旅游产品分销渠道的深刻变革。互联网的本质在于信息传播，旅游业是信息密集型产业，也是信息依托型产业，旅游产品分销渠道的首要功能是提供信息和促进交易，互联网不可避免地会影响旅游产品分销渠道，甚至被视为一种对传统旅游产品分销渠道（旅游代理）具有竞争性和替代性的资源，因此它是最主要的旅游产品分销方式。互联网对旅游产品分销渠道的影响主要体现在以下几个方面：

（一）提供旅游信息，促进交易

游客可以通过互联网平台增进对旅游产品的了解，激发兴趣，进而促进交易的达成。通过互联网平台提供的旅游信息，游客对旅游产品的特点、价格等进行初步了解；对旅游产品和服务的组合及预订、确认、支付等方面进行了解；对旅游地的风俗习惯、文化差异有初步的认识。此外，旅游企业通过相关的旅游产品分销模式，在互联网上提供旅游指南，可增强分销模式的可行性与可操作性，使旅游产品消费者足不出户就可以了解有关旅游的内容。

（二）去中介化，减少程序，降低资金损耗

所谓去中介化，是指互联网对中间商（尤指传统的中间商）分销功能的替代性影响。采用传统的分销渠道，过程较为烦琐，而且耗时、耗力。去中介化，将会使传统旅行社体系中的旅游代理商和旅游批发商的作用被减弱，同时因受到以互联网为基础的新型旅游中间商的挤压，旅游代理商和旅游批发商的数量将会萎缩。此外，采用互联网平台对旅游消费进行引导，旅游者会直接利用互联网与代理商联系，减少了以往利用中间商时不必要的程序与资金消耗，降低了旅游者的旅行成本，使旅游者在旅游消费的过程中更具便利性。

（三）提高知名度和分销业绩

互联网是一个推动信息快速传播的重要平台。旅游企业利用互联网对旅游产品进行宣传，可以让更多的人了解旅游产品，从而提高旅游产品的知名度。只有旅游景点的知名度提高了，才能更好地对旅游地进行宣传，才能吸引更多的游客前来游览消费，从而不断提高分销业绩水平。

（四）再中介化，促进渠道变革

所谓再中介化，是指中间商利用互联网的便利优势，将自己原有的功能和机制重新组合，继续在旅游产品分销渠道中发挥自己独特的优势。互联网信息技术的推广应用，使旅游者信息获取的成本大大降低，使旅游产品供应商的直销也成为可能。一方面，传统旅行社或旅游代理商通过合理利用互联网信息技术，降低了成本，重组了业务流程，发挥了其核心业务优势，并选择细分市场，提供个性化服务等。它们通过改革获取了生存空间的同时，也改变了传统旅游中介的操作模式。另一方面，以互联网为基础诞生的新生代在线旅游中间商，以多样化的商务模式和交易平台进一步丰富自

身的功能，同时改造了旅游产品的分销渠道，使渠道结构更加复杂。

可见，互联网信息技术是旅游产品分销渠道转变的诱因和重要途径，但渠道成员对互联网信息技术的使用在不同的企业类别、不同的目的地类型以及不同的旅游产品市场都存在差异。

学以致用7-3　　线上旅游产品分销渠道发挥了哪些作用？

（1）请调研本地三家以上使用线上旅游产品分销渠道的旅游企业，分析其线上分销额在其总销售额中所占的比重。

（2）举例说明其线上旅游产品分销渠道在其经营中发挥的作用有哪些。

二、旅游产品线上分销渠道策略的选择

“线上渠道”是相对于传统的线下渠道而言的一个概念。线上渠道最大的特点就在于其手段的特殊性，即依托互联网将产品和服务提供给消费者。旅游产品线上分销是以旅游企业、旅游产品供应商、旅游代理商为主体，以互联网为媒介，通过网络预订的方式为旅游消费人群提供各类旅游产品和旅游服务的过程。线上分销服务主要集中在运输票据和旅游保险的预订、旅游产品的选择和预订、旅游活动中住宿和用餐的预订等方面。当前，线上分销服务已经被广大旅游者所接受，相对于传统的旅游产品分销来讲具有规模、效能、结构上的优势，是整个旅游行业未来发展的必然趋势。目前，旅游产品线上分销渠道策略主要包括：

（一）线上直销与线上间接分销

1.线上直销

线上直销又称网络直销，是旅游企业借助互联网信息技术和网络新媒体，不通过其他营销中间商，直接将旅游产品或服务转移给旅游者，直接实现营销目标的一种销售方式。线上直销可以通过旅游企业自建网站、电子邮件、微博、微信公众号、官方App、网络社群等方式实现，如广州长隆旅游度假区、南京牛首山景区等都建立了自己的网站，旅游者可以直接在企业网络新媒体平台上进行景区门票、客房、餐饮等的预订。

知识拓展7-2　　你了解电子邮件直销与微博直销吗？

（1）电子邮件直销（E-mail Direct Marketing，EDM），是在游客事先许可的前提下，通过电子邮件的方式向目标游客传递旅游产品价值信息的一种网络营销手段。E-mail直销有三个基本因素：用户许可、电子邮件传递信息、信息对旅游者有价值。三个因素缺少一个，都不能称为有效的电子邮件直销。

电子邮件直销是利用电子邮件与受众客户进行商业交流的一种直销方式，同时也广泛地应用于网络营销领域。电子邮件直销比绝大部分网站推广和网络营销手法都要早。

（2）微博直销，是指通过微博平台，以每一个“粉丝”作为潜在的营销对象，发现并满足其各类需求的一种商业行为。旅游企业可通过不断更新微博向网友传播企业信息、产品信息，树立良好的企业形象和产品形象。旅游企业每天更新微博，就可以跟大家交流互动，或者发布大家感兴趣的话题，以实现其营销目标。

2.线上间接分销

线上间接分销又称网络间接分销，是利用网络把企业的产品和服务由中间商（至少一个）销售给消费者的一种营销方式。有些旅游企业考虑到自建网站的成本较高、技术难度较大、后期网站维护成本高等问题，往往会通过其他的门户网站或者外包给第三方平台来搭建间接销售渠道。网络分销商大多具有丰富的客户服务经验，更懂得把握旅游者的消费心理，旅游产品和服务的推广能力更强，如携程旅行、马蜂窝、同程旅行、途牛等，都是旅游企业的网络中间商，为旅游企业分销产品。

（二）平台分销与线上自营分销

1.平台分销

平台分销主要是指线上平台商通过提供旅游资讯，促进旅游产品的销售。一般根据网站性质，平台分销可分为信息平台上分销和交易平台上分销两种。

（1）信息平台上分销。信息平台上分销是指线上平台商通过为旅游者提供旅游咨询（如新浪旅游频道，无在线交易功能的景区、酒店、旅行社网站）、游记攻略（如小红书、马蜂窝、抖音、快手）、互动点评或旅游信息垂直搜索等服务，为广大旅游者的出行提供准确、实时的机票、火车票、酒店、景点等信息，促使旅游者购买。

（2）交易平台上分销。交易平台上分销是指线上平台商向旅游产品的供应商、批发商、零售商、代理商开放，后者将产品放到平台上售卖，平台提供产品的网络预订服务，但行程安排以及合同签订等服务均由后者直接提供，线上平台商通过扣点的形式获得佣金。交易平台通过自建的网站，在信息媒介功能的基础上强化旅游产品交易功能，形成分销渠道。目前，使用这种分销渠道的人数增长迅速，在线旅游交易额也日益增加。

2.线上自营分销

线上自营分销又称买断分销，是指旅游电商向旅游产品的供应商、批发商、零售商等采购旅游产品，再售卖给消费者，赚取中间差价。在该分销策略中，旅游者直接跟旅游电商签订合同，后者为其提供游前、游中、游后的咨询服务。

知识拓展7-3　**你了解搜索引擎营销吗？**

搜索引擎营销（Search Engine Marketing，SEM），就是根据旅游者使用搜索引擎的方式，利用旅游者检索信息的机会，尽可能地将营销信息传递给目标旅游者。简单来说，搜索引擎营销就是基于搜索引擎平台的网络营销，利用人们对搜索引擎的依赖和使用习惯，在人们检索信息的时候将信息传递给目标用户。搜索引擎营销的基本思想是让旅游者发现信息，并通过点击进入网页，进一步了解所发现（需要）的信息。旅游企业通过搜索引擎进行付费推广，可以让旅游者直接与旅游企业的客服人员进行交流，从而实现交易。

（三）手机分销与平板电脑分销

移动营销（Mobile Marketing）是在移动终端上直接向目标用户定向和精确地传递个性化即时信息，通过与目标用户的信息互动达到市场营销目标的行为。其主要包括手机分销和平板电脑分销等方式。

知识拓展7-4　　　　　　你了解App分销方式吗?

App分销是指通过手机、网络社区、SNS等平台上运行的应用程序来开展的营销活动。App分销的成本相对于电视、报纸等营销渠道要低得多，只要开发一个适合于本企业或本产品的应用程序就可以了，推广费用较低，而且这种分销模式的营销效果是电视、报纸所不能代替的，最突出的特点是它具有持续性，促销能力强，一旦旅游者下载到手机客户端或在SNS网站上查看，那么持续地使用就成了必然。此外，App能够全面展示旅游产品信息，让旅游者在购买产品之前就能感受到产品的魅力，从而降低旅游者对产品的抵抗情绪，刺激旅游者的购买欲望。

旅游App已从最初的旅游企业展示、导览、电商功能，演变成直播旅游、虚拟物联、社交等更人性化、多元化的功能。

（1）游览。这是一个对城市最初印象的总结，你可以从中筛选出最感兴趣的项目安排自己的行程。

（2）电子票务。通过旅游App可以购买景区门票，操作安全便捷，购买成功之后凭借手机收到的信息到景区游览。

（3）智能导游。手机开启自动定位功能，旅游伴侣会根据你的位置进行旅游信息推送，你可以通过这个功能在景区附近选择喜欢的餐厅等。

（4）直播旅游。旅游App可以开发在线直播的功能，旅行者就可以在旅游的同时和自己的粉丝们进行互动，从而达到更及时、更直观的推广效果。

（5）旅游攻略。自动推荐目的地的著名景区，供人选择。

（6）预约功能。旅游App开发需要能够随时随地完成附近酒店、景点、餐厅等旅游周边产品预订，省去排队的时间。

（7）实时导航。实时导航能够让用户不迷失方向，实现从路况到路线、室外到室内等不同的层面为游客提供更完善的导航服务。

（8）虚拟物联。通过旅游App打通物联网、人联网、车联网等，满足多方位的服务需求。

（9）搜索功能。站内搜索是用户直达资讯的快速链接。

看动画7-2

你了解App分销方式吗?

技能训练

一、场景设计

请同学们以长隆旅游度假区（也可选择本地旅游景区）为例，调查其线上分销渠道情况，并分析其线上分销的效果，比较各类线上分销渠道的优缺点与适用条件，讨论线上分销对企业分销渠道建设的意义和价值。

二、实训目的

本实训应使学生应深刻理解互联网对旅游产品分销渠道的影响，了解线上分销的方法与策略，培养学生线上分销旅游产品的意识和职业能力。

三、实训步骤

1.文献调研

同学们通过网络、杂志、报纸等媒介，了解景区目前的基本情况；做好景区旅游产品线上分销渠道的资料收集工作。

2.实地调研

（1）材料准备：调研前，列出本次调研的主要目标和景区管理人员的访谈提纲，调研者必须带好笔、笔记本、手机或照相机等，做好调研记录工作。

（2）计划准备：调研前，应制订出调研计划，明确调研目的、调研时间、任务分工、联络方式、调研费用等事项。

（3）纪律要求：调研过程中要加强管理，组员必须听从指挥、遵守纪律，并表现出良好的礼仪，体现旅游专业学生的良好形象。

（4）通过实地调研和景区管理人员访谈等，了解景区的线上分销渠道策略。

3.整理分析

调研结束后，由组长召集小组成员集中讨论，小组同学根据调研目的发表调研观点和心得，并对收集到的资料进行整理、分析。

4.报告撰写

根据调研情况，小组成员撰写×××景区线上分销渠道调研报告（见表7-6）。

表7-6　×××景区线上分销渠道调研报告

班级		姓名		调研时间	
学号		组号		主要任务	
标题 目录 正文 1.旅游企业简介 2.旅游产品分销渠道设计 3.旅游产品线上分销渠道策略选择 4.结论与建议 结语 附录（照片和参考资料）					

四、技能评价

根据讨论情况填写×××景区线上分销调研实训项目评价表（见表7-7）。

表7-7　　×××景区线上分销调研实训项目评价表

考评教师		被考评小组	
被考评小组成员			
考评标准	内容	分值	得分
	主题鲜明、条理清楚、逻辑性强	20	
	运用所学理论知识分析问题的能力强	25	
	阐述明确具体，方案撰写质量好	25	
	表述清晰、语速适中、仪表大方	20	
	计算机操作技能熟练，PPT制作精美	10	
合计		100	

注：考评满分为100分，90分及以上为优秀，80～89分为良好，70～79分为中等，60～69分为及格。

项目综合训练

一、项目背景

黄山风景区位于安徽省黄山市黄山区汤口镇，距离黄山市的屯溪区69千米，是世界自然与文化双重遗产、国家5A级旅游景区、中国旅游的重要符号之一，也是国内旅游信息化工作做得颇有成效的旅游目的地之一。20世纪80年代末90年代初，景区形成了以传统的旅行社为核心的黄山旅游分销渠道体系（如图7-1所示）。自90年代中后期起，中国互联网诞生并开始普及、推广，各类旅游网站、旅游网络公司开始涌现，但并未形成有效的分销渠道，对传统分销渠道（旅行社）的冲击并未显现。

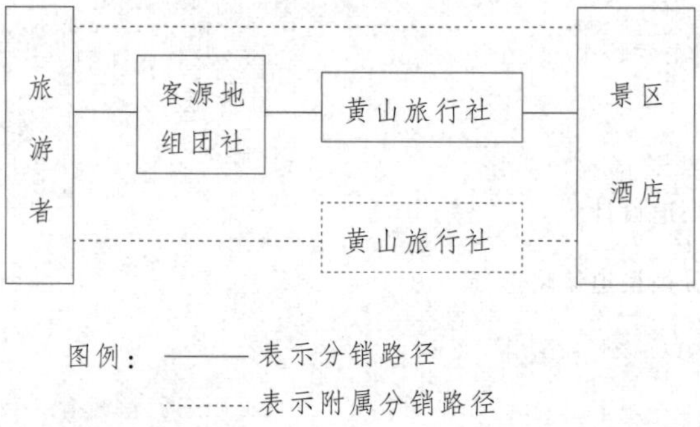

图7-1　以传统旅行社为核心的分销渠道体系示意图

21世纪以来，互联网信息技术的进一步提高使官方旅游网站迅速增多，基于Web2.0的旅游论坛日益火爆，并成为旅游信息传播的重要平台。黄山旅游分销渠道也开始呈现出多元化、网络化的发展特征：一是传统旅行社网络化进程加快；二是在线预订与交易网站快速发展；三是为自助游客提供服务的特色酒店不断成长。互联网对黄山旅游分销渠道的影响较为深远：

1.互联网使传统旅行社的分销路径与功能发生变化（如图7-2所示）

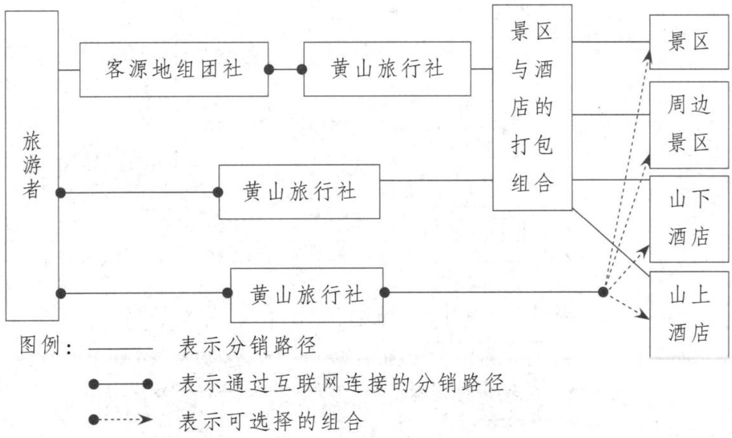

图7-2 传统旅行社网络化分销路径

2.互联网使在线预订网站与实体分销渠道不断融合（如图7-3所示）

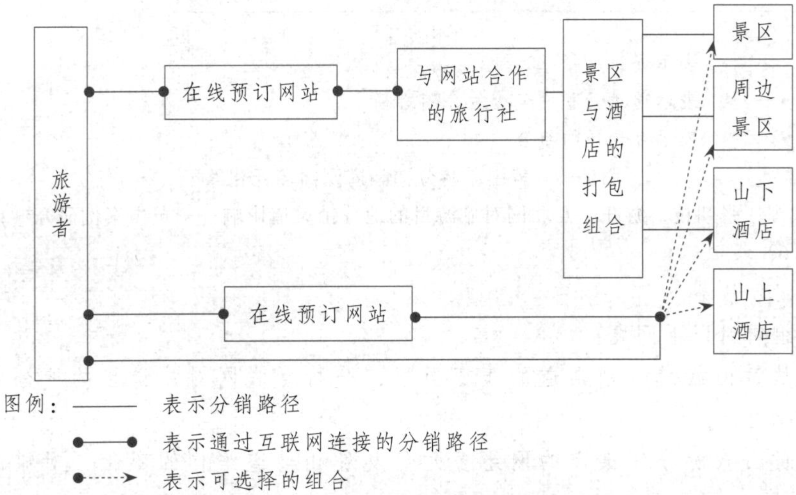

图7-3 在线预订网站的分销路径

3.自助游服务酒店成为新的分销渠道（如图7-4所示）

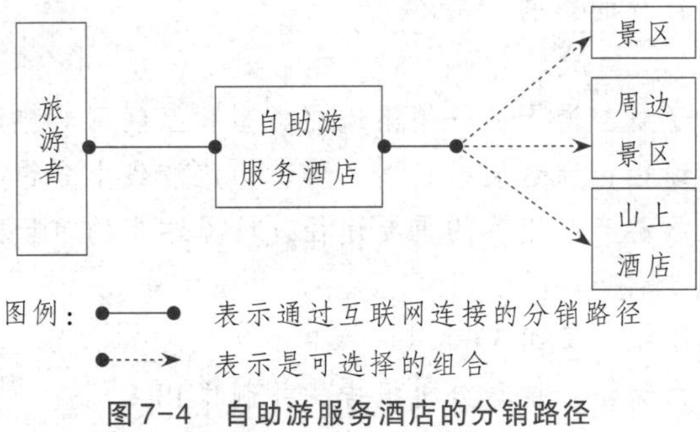

图7-4 自助游服务酒店的分销路径

互联网给旅游业带来的信息传播与交易模式的变革，使得黄山的旅游分销渠道由单一的分销路径逐渐向网络多元化路径转变（如图7-5所示），其分销渠道的功能与结构也随着路径的演变而发生了重大变化。

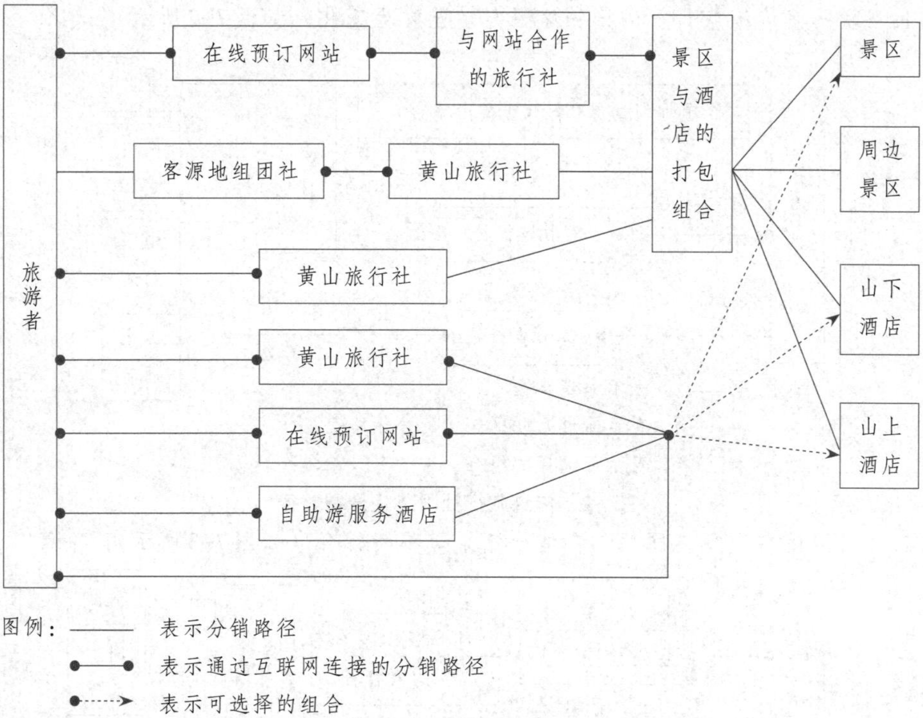

图7-5　黄山旅游分销渠道网络多元化路径

资料来源　张朝枝，游旺．互联网对旅游目的地分销渠道影响——黄山案例研究［J］．旅游学刊，2012（3）．

二、实训任务

分小组研讨以下问题：

（1）从黄山旅游分销渠道的演变历程，分析互联网对旅游目的地分销渠道的影响。

（2）黄山旅游分销渠道的网络多元化发展和渠道结构的变化，对旅游者有什么影响？

（3）结合黄山旅游分销渠道的变革，分析互联网对旅游产品分销渠道的"去中介化"和"再中介化"过程的影响。

三、实训目的

本实训应使学生了解旅游产品分销渠道的类型和互联网对旅游产品分销渠道的影响；掌握线上分销的途径；通过文献查阅了解黄山旅游线上分销的方法与策略；深刻理解分销渠道是实现旅游产品销售的重要途径，培养学生的市场开拓能力。

四、实训步骤

（1）自由组合成小组，每组3～4人。

（2）小组开展自由讨论，撰写分析报告，并制作PPT。

（3）各小组选派一名代表进行汇报交流。

五、实训评价

本综合训练项目的评分见表7-8。

表 7-8　　　　　　　　　　　　**综合训练项目评分表**

考评教师		被考评小组	
被考评小组成员			
考评标准	内容	分值	得分
	主题鲜明、条理清楚、逻辑性强	20	
	运用所学理论知识分析问题的能力强	25	
	创新思维强，分销知识运用熟练	25	
	表述清晰、语速适中、仪表大方	20	
	计算机操作技能熟练，PPT 制作精美	10	
合计		100	

注：考评满分为100分，90分及以上为优秀，80～89分为良好，70～79分为中等，60～69分为及格。

项目同步测试

一、选择题（请选出适合的答案）

1. 旅游产品分销渠道是指旅游产品从生产者向旅游者转移的过程中，帮助其实现转移的所有旅游（　　）。

A. 中间商　　B. 生产商　　C. 销售商　　D. 批发商

2.（　　）是指旅游产品生产者或供给者直接向旅游者出售其产品。

A. 间接分销渠道　　B. 直接分销渠道　　C. 线上分销渠道　　D. 线下分销渠道

3. “SEM”是（　　）营销的简称。

A. 移动终端　　B. 微博　　C. 搜索引擎　　D. 微信

4. 影响旅游产品分销渠道选择的主要因素有：旅游产品、旅游者、旅游企业、旅游中间商、（　　）以及销售环境。

A. 市场特征　　B. 市场规模　　C. 市场反馈　　D. 竞争状况

5. 旅游产品分销渠道管理的功能有（　　）。

A. 调节　　B. 激励　　C. 评价　　D. 改进

6. 旅游产品分销渠道的评估依据有（　　）。

A. 经济性　　B. 控制性　　C. 适应性　　D. 专业性

测一测 7-1

选择题

二、判断题（判断下列各题是否正确，正确的在题后的括号内打“√”，错误的打“×”）

1. 旅游产品分销渠道具有匹配功能。（　　）

2. 直接分销渠道是指旅游产品的生产者或供给者直接向旅游者出售其产品。（　　）

3. 旅游产品分销渠道可以增加旅游产品交易的次数。（　　）

4. EDM 是搜索引擎的简称。（　　）

5. 独家分销渠道策略是指旅游企业在特定的市场区域内仅选择一家营销能力较强的旅游中间商推销自己的产品。（　　）

6. 购买量、购买频率及地理分布等不会对分销渠道的设计产生影响。（　　）

测一测 7-2

判断题

三、简答题

1.旅游产品分销渠道的内涵是什么？

2.影响旅游产品分销渠道选择的主要因素有哪些？

3.互联网对旅游产品分销有哪些影响？

4.旅游产品分销渠道管理的功能有哪些？

项目学习评价

旅游产品分销渠道认知能力与素养测评表见表7-9。（在□中打“√”，A掌握，B基本掌握，C未掌握）

表7-9 旅游产品分销渠道认知能力与素养测评表

专业知识能力	评价指标	自测结果	
旅游产品分销渠道认知	1.旅游产品分销渠道的概念与功能	□A □B □C	
	2.旅游产品分销渠道的类型与策略制定	□A □B □C	
旅游产品线下分销策略	1.旅游产品线下分销渠道的策略制定	□A □B □C	
	2.旅游产品线下分销渠道管理	□A □B □C	
旅游产品线上分销策略	1.互联网对旅游产品分销渠道的影响	□A □B □C	
	2.旅游产品线上分销渠道的策略选择	□A □B □C	
职业能力与素养	评估标准	自测结果	
自我学习	1.能进行时间管理，并阅读相关专业书籍	□A □B □C	
	2.能选择适合自己的学习方式	□A □B □C	
	3.能将已经学到的知识在现实中加以运用	□A □B □C	
文献搜索	1.能根据不同的需要去搜寻、获取并选择信息	□A □B □C	
	2.能筛选信息并进行信息分类	□A □B □C	
	3.能使用多媒体等手段来展示信息	□A □B □C	
与人交流	1.能把握交流的主题、时机和方式	□A □B □C	
	2.能理解对方谈话的内容，准确表达自己的观点	□A □B □C	
	3.能获取并反馈信息	□A □B □C	
团队协作	1.能明确自己在团队中的地位和作用	□A □B □C	
	2.能同合作者进行有效沟通，学会换位思考	□A □B □C	
解决问题	1.能说明学习中出现的问题并指出其主要特征	□A □B □C	
	2.能制订出解决问题的方案并组织实施	□A □B □C	
	3.能对解决问题的方法适时做出总结和修改	□A □B □C	
职业素养	1.能诚实守信，遵守旅游行业从业人员职业道德规范	□A □B □C	
	2.能够守正创新，有增值性成长	□A □B □C	
学生自评		学生签字	
教师评语			
成绩		教师签字	

8 项目八 旅游产品促销策略

项目目标

通过本项目的学习，学生应掌握旅游产品促销及其组合的内涵；能够理解并掌握旅游产品促销组合策略；理解旅游新媒体促销策略的选择与设计；培养学生旅游产品促销媒体选择与促销策略设计的能力，培养学生技能宝贵、创造伟大、知行合一的职业素养和职业精神。

项目导入

看动画8-1

旅游产品促销策略

2021年8月20日，“一部手机游云南”丽江古城智慧小镇专区——“智游丽江古城”小程序上线试运行，该小程序根据丽江古城的景区特色，开设了精品客栈、诚信购物、特色餐厅等板块，实现线上手机定位点餐、VR实景看房、数字文化院落游览等，借助智慧化力量，挑战未来的无限可能，也成为各旅游企业探索的新方向。

如果让同学们来策划某旅游景区的“线上+线下”结合的促销方案，应该怎么做？同学们应该掌握哪些旅游产品促销策略方面的技能与知识呢？

项目分析

思维导图8-1

项目八

为更好地完成调研项目任务，同学们应充分准备如下知识与技能：

1.理解并掌握旅游产品促销及其组合的内涵。

2.理解并掌握旅游产品促销组合并能够在实践中运用。

3.理解并掌握旅游新媒体促销策略的选择与设计。

4.能够运用新媒体开展旅游产品促销。

任务一 旅游产品促销认知

◎ 任务目标

1.知识目标

- 理解并掌握旅游产品促销的概念、内涵。
- 理解并掌握旅游产品促销的作用。
- 理解并掌握旅游产品促销组合策略。

2.能力目标

- 能够描述旅游产品促销的内涵。
- 能够制定旅游产品促销组合决策和策略。
- 能够运用有效的方法设计旅游产品促销组合策略。

3.素养目标

- 培养学生对旅游促销工作岗位的认知度、理解度和职业热爱程度。
- 增强学生对旅游产品促销的意识和能力。
- 培养学生的守正创新意识与思维。
- 培养学生诚实守信、技能宝贵、创造伟大、知行合一的职业素养和职业精神。

◎ 任务导入

老师让同学们分组调研丽江的旅游资源、旅游产品的基本情况，并分析其旅游资源和旅游产品有何特点。为此，同学们应该重点学习并掌握哪些旅游产品促销方面的基本理论知识呢？

知识积累

一、旅游产品促销的内涵

旅游产品促销是指旅游企业将有关企业及其产品的信息，通过各种宣传、吸引和说服的方式，传送给旅游产品的潜在购买者，促使其了解、信赖并购买自己的旅游产品，以达到扩大销售的目的。这一概念包含以下三层意思：

（一）促销目的是吸引旅游者，刺激旅游者产生购买行为

在可支配收入既定的前提下，旅游者是否产生购买行为主要取决于其购买欲望，而旅游者的购买欲望又与外界的刺激、诱导密不可分。因而，旅游产品促销的主要任务就是将旅游企业及其产品的信息传递给旅游者，从而吸引其对企业及其产品的注意并产生兴趣，激发其购买欲望，进而实施购买行为。

（二）促销核心和实质是信息沟通

旅游产品促销活动是以满足旅游者的需要为前提的，其关键在于旅游企业与旅游

者之间进行良好的双向信息沟通。信息沟通是旅游产品促销的核心和实质。旅游产品促销就是通过各种方式和手段，将旅游企业的产品或服务传递给旅游者，并在这一过程中了解旅游者的需求，反馈旅游者对企业及其产品的意见，从而制订相应的营销计划，更好地满足旅游者的需求。

（三）促销主要运用促销组合方式，对企业及其产品进行宣传推广

促销主要包括人员促销和非人员促销。人员促销是企业派出营销人员就某种产品直接与消费者面对面进行口头洽谈交易的一种促销活动；非人员促销是指企业借助于某种媒介传递企业、产品及服务的相关信息，包括广告、营业推广和公共关系等。在企业的促销活动中，通常将人员促销和非人员促销结合起来，即促销组合。

二、旅游产品促销的作用

（一）传递信息，树立声誉

在旅游产品正式进入市场之前，促销活动就已开始，旅游企业必须及时向中间商和旅游者传递有关的旅游产品信息和情报。通过信息的传递，社会各方能了解企业的实力和旅游产品的相关情况，建立起企业及其产品的良好声誉，引起旅游者的注意，从而为企业市场营销活动的成功开展创造良好的条件。

（二）创造需求，扩大销售

旅游企业不论采用什么样的促销方式，都应力求激发潜在旅游者的购买欲望，引发他们的购买行为。旅游者的消费需求、购买动机具有多样性和复杂性的特点，因此，旅游企业只有针对旅游者的心理动机，采取灵活有效的促销方式，诱导或激发旅游者的需求，才能达到扩大销售的目的。并且，通过促销工作，旅游企业还能创造需求，发现新的销售市场，从而使市场需求朝着有利于旅游产品销售的方向发展。

听一听8-1

促销沟通目标

（三）突出特色，提高竞争力

目前，旅游市场上同类、同质的旅游产品比较多，旅游者往往不知如何辨别。通过促销活动，旅游企业宣传本企业及其产品相对于竞争企业及其产品的不同特点以及给旅游者带来的特殊利益，会使旅游者充分了解本企业及其产品的特色，引起他们的注意，进而扩大产品的销售，提高企业的市场竞争能力。

（四）反馈信息，提高经济效益

对旅游企业来说，在成本和价格既定的情况下，旅游产品销量越大，销售额越高，效益越好；否则，情况则相反。而要做到扩大销售、提高效益，就必须重视促销工作。旅游企业通过促销活动，使更多的旅游者或用户了解、熟悉和信任本企业的产品，并通过旅游者对促销信息的反馈，及时调整营销策略，使本企业的旅游产品适销对路，扩大企业产品的市场份额，巩固企业的市场地位，进而提高企业营销活动的经济效益。

学以致用8-1　　如何理解旅游产品促销与沟通的概念及二者的辩证关系？

（1）通过文献查询，加强对旅游产品促销与沟通的概念的理解。

（2）通过对二者概念的理解，进一步明确二者的辩证关系。

三、旅游产品促销组合

（一）旅游产品促销组合的含义

旅游产品促销组合是指将广告、营业推广、公共关系、人员推销等促销方式结合起来，综合运用，发挥各自的优势，以达到旅游企业产品促销的目标。

1.广告促销

广告促销是指旅游企业按照一定的预算方式，支付一定数额的费用，通过不同的媒体（如电视、广播、报刊等）对企业及其产品进行广泛的宣传。广告是一种高度大众化的传播工具，辐射面广，反复传达，形式多样。

2.营业推广促销

营业推广促销又称销售促进促销，是指旅游企业采用一系列具有短期诱导性的战术性促销方式刺激旅游者购买旅游产品。

3.公共关系促销

公共关系促销是指旅游企业以非付款方式，通过企业的营销公关人员或第三方在各种传播媒介上宣传本企业的旅游产品或服务。

4.人员推销

人员推销是指旅游企业派出推销人员或委托推销人员，面对面地向目标顾客进行产品介绍、推广、宣传和销售。

除此之外，现在市场上还出现了一些直接营销的方式，如使用直邮、电话、传真、电子邮件等非人员接触工具与旅游者沟通，或征求特定游客和潜在旅游者对旅游产品的意见。这种促销方式信息反馈及时、针对性强，但是如果使用不当，容易引起旅游者的反感。

知识拓展8-1　你了解旅游产品促销组合的不同工具吗？

旅游产品促销组合的不同工具见表8-1。

表8-1　旅游产品促销组合的不同工具

广告	营业推广	公共关系	人员推销	直接营销
印刷品和电台广告	竞赛、游戏	报刊稿件	推销展示、陈述	目录
包装广告	兑奖	演讲	销售会议	邮购
包装中插入物	彩票	研讨会	奖励节目	电信营销
电影画面	赠品	年度报告	样品	电子购买
简订本和小册子	样品	慈善捐款	交易会和展销会	电视购买
招贴画和传单	交易会和展销会	捐赠		传真邮购
工商名录	展览会	出版物		电子邮件购买
广告复制品	示范表演	关系		音控邮购
广告牌	返点	游说		
陈列广告牌	赠券	确认媒体		
销售点陈列	低息融资	企业杂志		
视听材料	款待	事件		
标记和标识语	折让交易			
录像带	商品组合			

（二）旅游产品促销组合决策的程序

促销组合决策，就是决定如何选择和组合应用几种促销方式，达到企业有效进行促销的目的。同“4P”一样，促销组合决策应体现旅游企业的整体决策思想。其具体操作程序如下：

1.确认目标促销对象

成功的营销实践证明，准确确认目标促销对象，是旅游企业开展促销活动必须首先研究的重要问题。它不仅是企业整个促销战略中的重要组成部分，也是企业决定促销目标、设计促销信息、选择促销渠道、确定促销组合策略及衡量促销效果等工作的重要前提与基础。

在市场营销活动中，企业的目标促销对象主要是企业的产品销售对象。这个问题主要通过企业目标市场的可行性研究与市场营销调研来解决。通过这两项工作，企业可以界定其产品的销售对象是现实购买者还是潜在购买者，是消费者个人、家庭还是社会团体。只有明确了促销对象，才有可能发送有针对性的旅游信息，实现促销的预期效果。

2.确定准确的促销目标

旅游企业在不同时期及不同的市场环境下，会开展不同的促销活动，有着特定的促销目标。所谓促销目标，是指旅游企业促销活动所要达到的目的。例如，在一定时期内，某个旅游企业的促销目标是在某一市场激发旅游者的需求，提高旅游产品的市场占有率；而另一个旅游企业的促销目标则是加深旅游者对企业的印象，树立企业的良好形象，为其产品今后占领市场、提高市场竞争地位奠定基础。显然，这两个企业的促销目标不同，因此，促销组合策略也不应该一样。由此我们可以发现，促销目标的确定，必须服从旅游企业市场营销的总体目标，不能为了促销而促销。

3.有效设计促销信息

旅游企业在明确了促销目标以后，必须设计有效的信息，传递给促销对象。要设计有效的信息，旅游企业必须研究信息内容、信息结构、信息格式等问题。其中，信息内容是指企业对目标促销对象所要表达的诉求，并以此刺激其反应。诉求一般分为理性诉求、感性诉求和道德诉求三种方式。信息结构主要考虑提出结论、单面与双面论点及表达顺序等问题。国外学者最新的研究表明：最佳的广告只是提出问题，让观众自己得出结论。单面或双面论点是指企业在夸奖自己产品的优点之外，是否也适当地提及一些缺点。表达顺序是指企业将最有力的论点放在最前面还是最后面的问题。

4.有效选择促销渠道

旅游企业在开展市场营销活动时，可用来传递信息的促销渠道主要有两类：人员促销渠道与非人员促销渠道。人员促销渠道是指两个或两个以上的人之间的直接促销，主要包括企业的销售人员与目标购买者之间的接触、有关专家向目标购买者当面推荐、亲朋好友及俱乐部会员对目标购买者的建议等形式。人员促销渠道之所以有促销效果，主要在于当事人可直接说明，同时也能及时得到反馈，且可利用良好的“口碑”相传来提高企业及其产品的知名度与美誉度。非人员促销渠道是指不以人员的接触或互动来传递信息，其方式包括通过媒体、营造气氛与制造事件等。

5.编制促销预算

开展旅游促销活动、实现一定的促销目标必须投入一定的促销费用。对这些费用必须事先做出预算。一般来说，人员促销、广告促销、公关促销和营业推广促销的促销费用是依次递减的。当然，促销费用与促销效果并不一定成正比，旅游企业应根据自身的经济实力和宣传期内受干扰程度大小决定促销方式。旅游企业编制促销预算的方法主要有量入为出法、销售百分比法、竞争对策法和目标任务法等。

6.确定促销组合策略

在促销费用确定后，旅游企业应根据促销对象的特点确定促销方式和促销组合策略。一般说来，目标市场销售范围广、涉及面多的情况下，应以广告促销为主，辅以其他促销方式；目标市场相对集中、销售范围较小、需求量较大的情况下，应以人员推销为主，辅以其他促销方式。如果目标市场旅游者的文化水平较高、经济收入宽裕，应较多地运用广告和公关促销；反之，应多用人员促销和营业推广促销。同时，要把促销费用合理分配于广告、公关、营业推广和人员促销等具体的促销方式中。

7.对旅游产品促销的管理

旅游产品促销是一项涉及企业内外部多方面的复杂工作，如果缺乏有效的计划、组织、监控、协调等管理手段，就会得不偿失。旅游产品促销管理的主要任务是根据旅游企业的总体战略及阶段性目标制订沟通计划并付诸实施，在人员、机制上予以保证，并对沟通全过程实行监控，及时纠偏，不断改进，以防止出现大的疏漏，树立良好的产品形象和企业形象。

学以致用8-2　　**影响旅游产品促销组合策略的因素有哪些?**

(1) 通过网络搜索或图书馆查询资料的方式，了解旅游产品促销组合策略的影响因素。

(2) 了解旅游产品在不同生命周期中的特点，并运用所学知识，举例设计不同旅游产品的促销组合策略。

技能训练

一、场景设计

请同学们以“丽江”(或选择本地景区、景点）为例，分小组利用课余时间去图书馆、计算机房（或景区）等，进行文献查阅（或实地调研），了解景区及旅游产品的基本情况，整理调研资料后，分析其旅游资源和产品有何特点。分析其促销成功或失败原因，并分组完成实训报告。

二、实训目的

本实训应使学生了解并掌握旅游产品促销的内涵和方式，掌握旅游产品促销的作用，能够理解并掌握旅游产品促销决策，并在实际中加以运用。

三、实训步骤

1.调研前的准备

（1）资料准备：在调研前一周，同学们通过图书馆和网络、杂志、报纸等媒介对“丽江”景区的基本情况以及促销策略进行查询，并利用课余时间开展小组讨论，将收集到的资料进行汇总、整理、分析。

（2）知识准备：调研前，对相关基础理论知识进行回顾，熟悉旅游产品促销的内涵、作用和系统构成。

（3）分组准备：由指导教师根据班级人数进行分组，每组选出1名组长。

2.文献查阅或实地调研

（1）根据调研方案分组，每个小组明确每位同学的职责，不同小组确定时间后分别前往图书馆、计算机房（或景区）。

（2）进入图书馆和计算机房的小组进行文献查阅（如果有条件，也可以选择实地调研）。

（3）调研结束后，由组长召集小组成员集中讨论，请小组同学根据调研目的发表调研观点和心得，最后整理、汇总相关资料。

3.报告撰写

根据各小组调研情况，每位同学写出×××景区旅游产品促销策略调研报告（见表8-2）。

表8-2 ×××景区旅游产品促销策略调研报告

<table>
<tr><td>班级</td><td></td><td>姓名</td><td></td><td>调研时间</td><td></td></tr>
<tr><td>学号</td><td></td><td>组号</td><td></td><td>主要任务</td><td></td></tr>
<tr><td colspan="6">标题
目录
正文
1.景区简介
2.景区旅游资源的特点
3.景区旅游产品促销活动的亮点
4.景区旅游产品促销策划的启示
结语
附录（相关资料）</td></tr>
<tr><td>备注</td><td colspan="5"></td></tr>
</table>

四、技能评价

根据调研情况填写×××景区旅游产品促销策略调研评价表（见表8-3）。

表8-3　　×××景区旅游产品促销策略调研评价表

考评教师		被考评学生	
被考评小组			
考评内容	对旅游产品促销策略的内涵、作用和系统的认知与实践能力		
考评标准	内容	分值	得分
	能够明确此次调研的主要目的	10	
	能够做好本次调研前期的准备工作	15	
	能够掌握旅游产品促销策略的内涵、内容	25	
	能够运用促销组合决策提出新的促销策划创意	20	
	调研报告撰写规范、层次清楚、语句通顺	15	
	团队协作意识好，职业素养有提升（小组互评）	15	
合计		100	

注：考评满分为100分，90分及以上为优秀，80～89分为良好，70～79分为中等，60～69分为及格。

任务二　旅游产品促销组合策略

任务目标

1.知识目标

- 理解并掌握旅游产品的广告功能与形式。
- 理解并掌握旅游产品营业推广的内涵与形式。
- 理解并掌握旅游产品公共关系的内涵与形式。
- 理解并掌握旅游产品人员推销的内涵与形式。
- 理解并掌握智慧旅游技术促销的内涵与特征。

2.能力目标

- 能够运用有效方法设计旅游广告策略。
- 能够运用有效方法设计旅游营业推广策略。
- 能够运用有效方法设计旅游公共关系策略。
- 能够运用有效方法设计旅游人员推销策略。
- 能够运用有效方法设计智慧旅游技术促销策略。

3.素养目标

- 提升学生对旅游产品促销岗位的理解度和职业热爱程度。
- 增强学生旅游产品促销组合的设计能力。
- 培养学生的创意创新思维和团队协作精神。
- 培养学生诚实守信、守正创新的职业素养。
- 培养学生技能宝贵、创造伟大、知行合一的职业素养和职业精神。

任务导入

结合任务一的调研数据资料，现以本地消费者为促销对象，拟开展“丽江”旅游促销策划系列活动。要求同学们在专业指导教师的指导下，为“丽江”设计促销组合策略，提升“丽江”的知名度、美誉度和旅游吸引力。为了完成此次任务，应该学习并掌握哪些旅游产品促销组合策略设计的基本理论知识呢？

知识积累

一、旅游广告促销策略

旅游广告是旅游企业借助广告媒体说服目标受众、实现经营目标的有效途径。

（一）旅游广告的要素与作用

1.旅游广告的要素

旅游广告通常包括以下五个基本要素：

（1）广告的主体，即广告的发布者，通常是提供某种商品或者服务的旅游企业。

（2）广告的客体，即广告的接受者，也就是旅游企业的目标客户群体，包括现实消费者和潜在消费者。

（3）广告的媒体，即广告传播的媒介渠道，包括报纸、杂志、广播、电视、互联网等各种传统和新兴媒体，是广告传播的物质技术条件。

（4）广告的内容。广告的内容是向消费者宣传产品或者服务的有关信息，带有强烈的商业目的，这也是商业广告和公益广告的区别。

（5）广告的费用。广告播出必须支付一定的费用，免费进行的传播不算商业广告。

2.旅游广告的作用

旅游广告向广大目标受众传播旅游企业的相关信息，起到提高旅游产品和企业的认知度、增强美誉度和促进购买的作用。

（1）提高认知度。旅游市场上的旅游者常常是“健忘”的，对旅游产品“喜新厌旧”是大多数旅游者所具有的共性。因此，旅游企业要通过旅游广告的传播，不断提醒旅游者关注本企业及其产品，提高目标市场旅游者对产品和企业的认知度。

（2）增强美誉度。旅游广告尤其是公关广告可以帮助旅游企业树立良好的形象，增强美誉度。其不仅能起到进一步扩大市场份额的作用，而且能为旅游企业可持续营销创造极为有利的条件。

（3）促进购买。旅游产品是满足人们享受和发展需要的高层次产品，需求弹性较大。旅游企业通过大众传播媒介向目标受众传递旅游产品信息，可以唤起潜在旅游者的旅游需求，强化现实旅游者的旅游需求，促使旅游者将需求最终转化为购买行为。

（二）旅游广告决策

旅游广告具有媒体众多、信息覆盖面广、感染力强和效果滞后等特点。旅游企业在实施广告策略时，通常要对以下五个方面进行决策（如图8-1所示）：

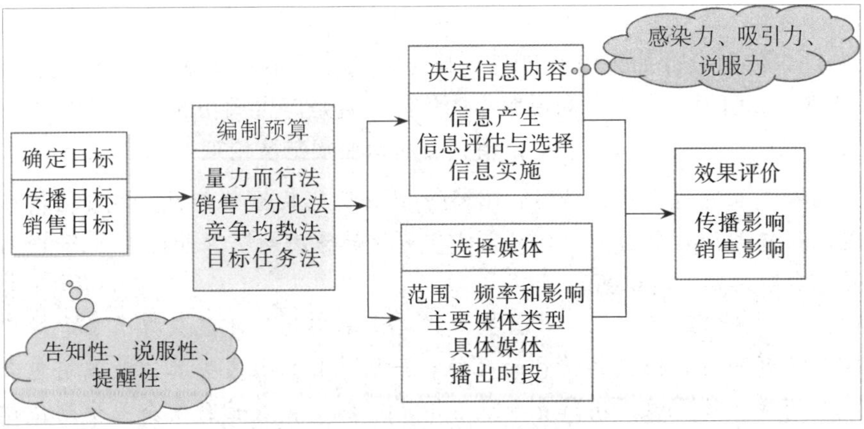

图 8-1　旅游广告决策程序

1.确定旅游广告目标

旅游广告要有较好的效果，必须有的放矢。旅游企业应依据经营总目标和各个时期的具体目标，并针对旅游广告受众的特点，明确在一定的时期内旅游广告要达到什么目标。旅游广告所要达到的具体目标有三类，即告知性目标、说服性目标和提醒性目标。

学以致用 8-3　　你知道不同类型的广告所要达到的目标吗？

（1）告知性广告：告知新产品、新用途、价格情况、各种旅游服务项目、品牌形象、购买地点。

（2）说服性广告：说服购买、说服偏好转移、消除旅游者疑虑、修正旅游者印象、改变旅游者态度、树立品牌形象。

（3）提醒性广告：保持较高知名度、提醒旅游者需要、提醒新老顾客注意、保持产品印象。

讨论以下广告属于哪种类型：

（1）"桂林山水甲天下，××山水甲桂林。"

（2）"××××年××月××日，××企业隆重开业，×折酬宾，欢迎惠顾。"

（3）"春天来了，你来××景区踏青了吗？"

2.旅游广告预算编制

旅游广告宣传的目的就是吸引旅游者，扩大旅游产品的销售，提高企业的经济效益。因此，旅游企业在选择广告形式时必须注意广告宣传所取得的经济利益要大于广告费用的支出。电视是很好的广告媒体，它形象生动，信息传递范围广、速度快，但电视广告费用高。因此，对于形象性不强、宣传范围有限的产品，不宜选用电视广告这种宣传方式。不同旅游企业的广告预算亦不同，有的旅游企业广告预算高达数亿元，有的旅游企业只有几千元，为了使有限的经费获得较好的广告效果，旅游企业必须注意选好广告媒体。一般说来，旅游企业广告预算少的，只适宜在适当的时机推出产品广告；而广告预算较多的，则可以一起运用或交叉选用产品广告和企业广告。旅游企业可以采取目标任务法、销售百分比法、竞争均势法和量力而行法等进行广告预算编制。

3.设计旅游广告信息

旅游广告信息设计如果没有创意，缺乏特色，千篇一律地模仿，就会失去吸引力。设计富有吸引力、感染力和说服力的旅游广告是广告成功的重要基础。

文旅相彰8-1　　营销人员的职业规范及伦理道德

营销人员在进行广告设计时，需遵守职业规范及伦理道德，不得通过夸大产品功能及性能进行虚假宣传、夸大宣传，需加强德法兼修、自我修炼，讲究诚信，以优质服务获得顾客的认可。

（1）广告内容的真实性：广告只有内容是真实的，才能获得消费者对广告的信任感，达到扩大企业产品销售的目的。如果广告的内容失真，欺骗消费者，不仅会损害消费者的利益，同时也会使企业名誉扫地，甚至会使企业受到法律的制裁。真实性被认为是广告的生命。

（2）广告表达的思想性：广告不仅是促进产品销售的手段，也是传播社会意识形态的一种重要工具，内容健康的广告会引导人们奋发向上。因此，广告在制作和表现手法上，应该引导人们奋发向上、积极进取。

（3）广告制作的艺术性：广告的制作必须主题明确、布局合理、色彩协调、健康美观，给人以美的享受。为此，广告制作的语言要生动有趣、幽默易懂，切忌简单抄袭和文字雷同；广告形式应灵活多样，不断创新，切忌千篇一律、一成不变；广告图像必须美观大方，富有想象力、吸引力；图文布局合理，色彩协调，以引起人们的注意，启发人们的联想，增进人们的情感，使人们得到美的享受。

思政元素：守正创新

头脑风暴：您知道广告信息设计的重点要求吗？

4.旅游广告媒体选择

不同的广告媒体有不同的特点，制约着广告意图的表达与实现，因此，选择广告媒体时不仅要考虑广告触及面、展露频率、展露影响度，同时还要考虑不同媒体的优势和不足。

（1）旅游广告触及面：是指在一定时间内有多少旅游者接触到旅游广告。

（2）旅游广告展露频率：是指在一定时间内平均每个旅游者接触旅游广告的次数。

（3）旅游广告展露影响度：是指某一特定广告媒体的展露质量和展露价值，反映了特定媒体与特定目标市场旅游者的密切程度。

知识拓展8-2　　你知道不同的广告媒体的优劣势吗？

不同广告媒体的优劣势见表8-4。

表8-4　　不同广告媒体的优劣势

媒体	优点	局限
报纸	传播范围广、传播速度快、选择性强、信息详尽、可靠性高	信息时效短、注目率低、印刷效果欠佳、感染力差
杂志	针对性极强、有效期长、广告对象理解度高、广告内容含量大、印刷精美	灵活性小、成本费用高、受众有局限性

续表

广播	传播速度快、覆盖面广、灵活性强、成本低廉、移动性强	广告信息易逝、不便于记忆、表现手法单一、形象性差
电视	形象生动，说服力强；辐射面广，渗透力强；传播迅速，时空性强；直观真实，理解度高；表现手法多样，艺术性强	信息时效短、信息量相对较小、广告费用高、选择性低
网络	覆盖范围广、信息容量大、信息交互传递、形式多样、广告投放准确、动态实时、易统计、广告投放效率高	硬件要求高、受众人群需要具备电脑操作技能、上网费用高、主动性差
户外广告	重复出现，强化印象；成本低廉；选择性强	广告信息量有限、媒体形象不佳
交通广告	易引起受众的注意、成本低廉、选择性较好	受众范围有限、信息容量小、不能引起立即购买
直邮（DM）	选择性强、具有较强的灵活性、费用低廉、广告效果可测	传播范围小、易引起受众的反感

5.旅游广告效果评价

旅游广告效果是旅游广告经过媒体传播后对受众所产生的直接和间接影响的总和。旅游企业可从三个方面进行广告效果的测试与评价，即影响受众注意的能力、受众对旅游广告的心理反应、广告受众购买旅游产品的意愿。旅游广告发布后，旅游企业需了解实际沟通的效果。

（1）传播效果测定。通常，旅游企业通过接收率测定传播效果。接收率指接收旅游广告信息的人数占媒体受众的百分比，比例越高，说明传播效果越好。

（2）销售效果测定。旅游企业可以对旅游广告发布前后旅游产品的销售量增长、利润增长等情况进行对比，以此来判断旅游广告的效果。通常，用销售或利润效果比率来测定旅游广告效果。其计算公式为：

$$E=Y\div C$$

式中：E——销售或利润效果比率；C——旅游广告费用增长率；Y——销售或利润增长率。

（三）旅游广告设计常用的策略

1.从市场角度设计广告策略

现代旅游企业奉行市场导向观念，旅游广告必须适应市场、科学引导消费。因此，旅游广告要符合目标市场的要求，要能抓住目标游客的关注点、兴奋点，针对不同目标市场设计满足不同诉求、不同风格的广告。

如针对老年人旅游线路，可把广告设计的重点放在有利于健康方面，广告风格以稳健为宜。

如针对旅游者的心理需求，予以巧妙迎合——“夏天酷热难耐，去××避暑胜地是您冷静的选择”。

不同旅游者或同一旅游者不同时期的关注点也不同，因此对旅游广告策略应适时予以调整。如针对许多旅游者担心购物被“宰”的心理，有的旅行社打出了“绝无购物”的所谓纯旅游广告。

如针对旅游者求新、求异、求特的心理进行广告设计并以此来推介旅游产品，这类广告忌荒诞无稽，广告风格应轻松活泼。

2.从产品角度设计广告策略

旅游企业从产品角度设计广告策略是指向旅游市场受众宣传其旅游产品的功能与特色。其主要包括：一是差别广告策略，主题是“人无我有、人有我优、人优我特”，突出旅游产品的与众不同；二是系列产品策略，将旅游产品组合成一个系列进行广告推介，各产品广告相互配合，产生整体的宣传效果；三是品牌广告策略，即针对旅游者认牌消费的特点，通过广告宣传培植名牌，进一步提高现有名牌的知名度和美誉度。

3.从竞争角度设计广告策略

旅游企业从竞争角度设计的广告策略主要包括攻势型广告策略和防御型广告策略两种形式。

攻势型广告策略是指旅游企业通过各类广告宣传，在广告覆盖面、广告密度、广告受众知晓度等方面赶超竞争对手，以取得沟通与促销优势的广告策略。

防御型广告策略是指旅游企业为保护市场，通过维持现有广告覆盖面、广告密度、广告受众知晓度等进行防御，防止竞争对手击败自己的广告策略。

二、旅游营业推广促销策略

旅游营业推广是指旅游企业在特定时间、一定的预算内，对某一目标市场所采取的能够迅速刺激购买欲望以达成交易的临时性促销措施。与旅游广告、公关和人员推销等方式不同的是，旅游营业推广限定时间和地点，以给旅游者一定奖励的形式促使其购买。这些奖励或是金钱或是实物产品或是附加服务，以此来激发旅游者的需求。

（一）旅游营业推广的作用

1.吸引旅游者购买，短期促销效果明显

旅游企业面向旅游者推出的打折、赠送等优惠活动能让旅游者感受到产品的实际效用，加深对产品的了解。当现实的产品和实惠摆在旅游者面前的时候，广告的效力可能会消失，这时旅游企业如果能够运用适当的销售促进手段来告知、提醒、刺激潜在旅游者，就可以促使他们立即购买。

2.有利于维护老顾客，吸引产品的新使用者

营业推广的很多手段，如销售奖励、赠券等通常都附带价格上的让步，其直接受益者大多是经常使用本品牌产品的顾客，从而使他们更乐于购买和使用本企业产品。

3.有利于协调与中间商的关系

旅游企业可以运用多种营业推广的手段来影响中间商，协调与中间商的关系。如通过向零售商提供交易补贴，弥补零售商制作产品广告等所支出的费用。其能调节中间商的交易行为，使中间商做出有利于自身的经营决策。

4.有利于更好地应对竞争

旅游市场竞争是全方位的竞争，旅游企业可扬长避短，与对手进行营业推广竞

争，有时可以把原本用于广告竞争的一部分预算转用于营业推广，通过给旅游者更多的实惠刺激其购买。

（二）旅游营业推广决策

旅游营业推广决策是旅游企业产品促销决策的重要组成部分，其决策程序如图8-2所示。

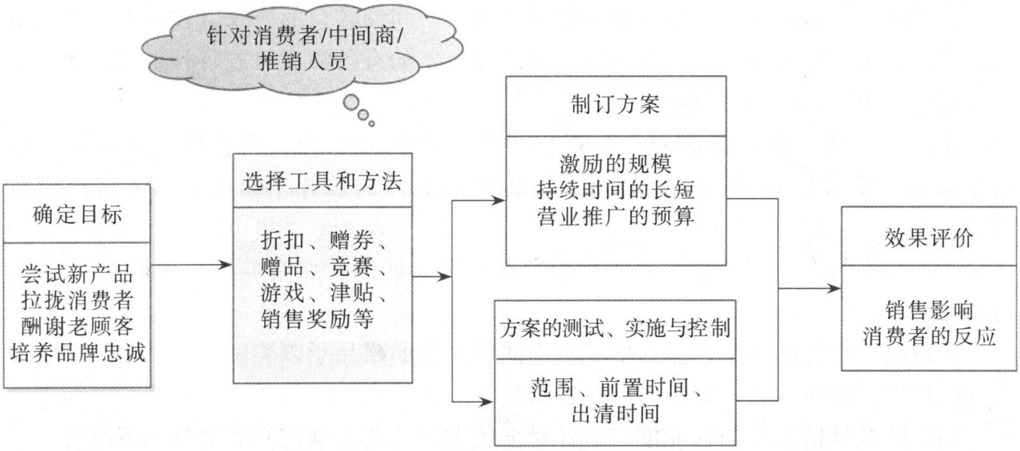

图8-2　旅游营业推广决策程序

1.明确营业推广的目标

旅游企业首先要明确旅游营业推广所要达到的目标。这一目标既要与旅游企业的整体目标相符，也要根据所选定的目标旅游市场对象而定。旅游营业推广的对象包括旅游者、旅游中间商和推销人员三类，促销对象不同，营业推广的目标亦不同。例如，针对旅游者的营业推广的目标是增加使用量、促使其购买相关产品、使潜在旅游者变为现实旅游者；针对旅游中间商的营业推广的目标是鼓励其增加经销（代理）量或协助开展促销活动；针对推销人员的营业推广的目标是鼓励推销人员积极地推销某些旅游产品。

2.选择营业推广的工具和方法

旅游企业应根据营业推广的目标和促销对象，选择合适的工具和方法。

（1）针对旅游者的营业推广。针对旅游者的营业推广常见的有如下六种：

①提供优惠旅游产品。旅游企业常以一定的优惠价格提供旅游产品。

②赠送旅游纪念品。旅游企业可以通过赠送旅游纪念品的方法进行营业推广，如向团队客人赠送太阳帽、旅行包等。

③抽奖。旅游企业常通过抽奖的方式对旅游者进行营业推广，即旅游者购买旅游产品可参加抽奖。如一家酒店餐饮部推出名片抽奖活动，凡来消费的客人可把名片放进抽奖箱中，每月抽奖一次，中头奖者可免费携带两名家庭成员住总统套房一晚，并提供免费套餐。这种推广方式颇受用餐者的欢迎并产生了轰动效应。

④赠送折价券。为吸引回头客，一些旅游企业还对来消费的客人赠送折价券。折价券不可兑换现金，也不可凭此领取相应金额的实物，但下次来企业消费可抵减一定金额的现金。

⑤免费试用。它是指旅游企业通过邀请特定的旅游者免费旅游或免费试住、试吃

等方式来进行营业推广。

⑥办理会员卡。它是指旅游者交纳一定的会费后即成为旅游企业的会员，价格上便可享受一定的优惠。

（2）针对旅游中间商的营业推广。针对旅游中间商的营业推广常见的有如下四种：

①折扣。它是指旅游产品提供者根据与旅游中间商签订的协议，在房费、餐饮费用、景点门票、交通费用等方面予以一定的减免，如有的酒店对旅行社组织的团队客人在房价上予以50%的优惠等。

②广告津贴。它是指旅游产品提供者在与中间商联合做广告促销产品时，补贴中间商一部分广告费用，或以给予广告津贴的形式委托中间商进行一定的广告宣传。

③旅游交易会、展览。它是指旅游产品提供者通过参加旅游产品交易会和展览，对中间商进行营业推广。

④赠品。它是指旅游产品提供者给中间商一定的赠品予以奖励。其一般采取发放印花的形式，印花达到一定量时可兑换赠品。

（3）针对推销人员的营业推广。针对推销人员的营业推广常见的有如下两种：

①销售竞赛。它是指旅游企业组织推销员之间或小组之间进行销售竞争，达到一定的销售目标给予一定的物质奖励或精神奖励。如有的酒店评选月度、季度、年度最佳销售人员，给当选者发放奖金和证书，以调动推销人员的积极性。

②销售奖励。它是指旅游企业按事先的约定发给销售人员奖金和奖品或组织销售人员旅游。

3.制订营业推广方案

旅游企业进行营业推广必须先制订一个科学、切实可行的方案。营业推广方案是旅游企业营业推广活动的具体安排，包括规模与强度、对象、途径、时间、时机及费用等内容。

（1）旅游营业推广的规模与强度。一般而言，旅游营业推广规模越大，对潜在旅游者产生的影响就会越大；强度越高，刺激程度就会越强。但从成本效益的角度看，规模大、强度高，不见得就能达到最佳投入产出比。有时营业推广强度过高，还可能会引起受众产生抵触情绪。

（2）旅游营业推广对象。这是指要明确旅游企业进行营业推广的对象是谁，是经销商、代理商、潜在旅游者还是推销人员，以及谁是重点、由谁去完成、强度如何等。

（3）旅游营业推广途径。旅游营业推广的形式多样，多种形式又可通过多种途径来实施，如既可采取赠券形式，也可采取赠物形式，还可采取抽奖形式等进行营业推广。在实际经营中，旅游企业往往针对不同的目标市场采取不同的营业推广途径。

（4）旅游营业推广时间。旅游企业营业推广时间长短要适宜。营业推广时间太长不一定妥当，如一家三星级酒店一年365天标准客房都打5折，仅卖138元/天，客人却并不怎么买账。营业推广时间也不能太短，太短则刺激作用有限。

（5）旅游营业推广时机。由于旅游产品季节性强，一般在旺季到来前就要进行营业推广，销售高峰期也是营业推广的高潮期，如果错过时机，营业推广效果往往很差；而且如果旅游产品“过时”，不仅不能吸引旅游者去购买，反而对企业有负面影响。

（6）旅游营业推广费用。旅游企业要根据推广目标、规模和强度、途径、时间等来确定营业推广预算，要把旅游营业推广费用与带来的效益进行比较。

4.营业推广方案的测试、实施与控制

旅游营业推广方案制订好之后，要有条不紊地组织实施。在实施前，有时还要进行测试，以防止发生重大失误；在测试可行后，方可付诸实施。在实施过程中，还要进行必要的控制，发现问题及时解决，不断改进营业推广方案，力求达到最佳效果。

（1）旅游营业推广方案的测试。旅游企业在进行重大营业推广活动前，往往会选择在一定范围内进行小规模测试，测试结果证明方案较为有把握时才全面付诸实施。如果发现方案存在重大缺陷，则要重新制订；如果发现方案存在部分问题，待修改完善后方可付诸实施。

（2）旅游营业推广方案的实施。旅游营业推广方案在经过测试并完善后，应按计划组织实施，把方案化为具体行动。

（3）旅游营业推广方案的控制。在旅游营业推广方案的实施过程中，往往还会出现这样或那样的问题，一旦重大疏漏未被及时发现并纠正，将会产生不良后果，甚至损失惨重、影响极坏。

5.营业推广的效果评价

（1）传播效果测定。通常，旅游企业可通过接收率测定传播效果。接收率是指接收旅游营业推广信息的人数占媒体受众的百分比，比例越高，说明传播效果越好。

（2）销售效果测定。它是指旅游企业把旅游营业推广前后的旅游产品销售量增长、利润增长等情况进行对比，以此来判断旅游营业推广效果。

三、旅游人员推销促销策略

旅游人员推销是旅游企业通过推销人员与客户的直接沟通、促销达成交易的营销策略。一般而言，人员推销的基本要素包括推销人员、旅游产品、目标受众；常见的人员推销方式有上门推销、固定门市推销、会议推销、网络直销等。

（一）旅游人员推销的作用

与其他沟通和促销形式相比，旅游人员推销最大的特点在于能充分发挥推销人员的作用，直接与旅游者进行双向沟通，并通过观察旅游者的反应来捕捉商机。其具体作用主要体现在如下三个方面：

1.信息传递的双向性

旅游企业的推销人员在与旅游者的沟通中，可以向其传递旅游企业、旅游产品、价格、购买时间、购买地点等方面的信息。由于旅游产品的主要形式是服务，很难像实物产品那样摆放在旅游者面前，因此推销人员以口头形式向旅游者说明往往比广告等沟通与促销形式更有说服力。另外，由于推销人员与旅游者面对面交流，可了解旅游者对本企业所提供的旅游产品的质量、服务、特色、价格等的反应与建议，还可通过了解旅游者对竞争产品的比较评价，发现本企业产品的优势与不足，据此改进营销组合，强化优势，克服不足，使营销组合更能适应旅游者的要求，为赢得竞争创造条件。

2.信息沟通的有效性

旅游企业派出人员进行沟通与推销时，能够在与旅游者交流的前几分钟内就做出其是否为目标顾客的判断，有助于分离出目标旅游者，提高推销的效率；根据不同推销对象的个人信息和背景特征制定差异化的推销策略，并在销售过程中根据旅游者的反应灵活调整推销策略和销售战术，说服旅游者购买，从而达成交易。

3.销售关系的长期性

在与旅游者直接接触和沟通的过程中，推销人员通过自身的服务，可化解旅游者的疑虑、赢得旅游者的信任，与其拉近距离，并与旅游者建立起长期的密切关系。这种商务友谊关系能够增加旅游者的转换成本，提升其忠诚度。

（二）旅游人员推销的决策

旅游人员推销的决策包括推销队伍的组织、推销人员的报酬设计、推销队伍策略和推销队伍管理等方面的决策。

1.明确人员推销的目标任务

旅游企业首先要明确人员推销所要完成的销售目标任务。销售目标任务一般要围绕企业的战略目标以及具体的沟通与推销目标而确定。为实现企业目标，推销人员肩负着寻找潜在旅游者，在企业和旅游者之间进行双向信息沟通并为旅游者提供售前、售中、售后服务及谈判、签约等重要使命。

2.做好推销队伍的组织与管理工作

旅游推销人员是旅游企业的销售代表，在旅游者眼中还是旅游企业的象征。因此，组织与管理一支高素质、高效率的推销队伍是做好人员推销工作的关键。

（1）推销人员的选拔。首先，应根据旅游企业的特点和推销工作的需要，确定推销人员选拔的基本标准。这些标准包括职业道德、知识水平、能力与心理素质等。其次，选拔的范围应尽可能大一些，一般应面向社会招聘，选拔考核的方式既要有基础知识方面的笔试，还应有面试。考核内容包括应聘人员的仪表、语言表达能力和应变能力，有时还要进行心理测试。通过考核，择优选聘理想的推销人员。

（2）对推销人员的培训。旅游企业招聘到推销人员后，还要进行必要的岗前培训，培训内容一般包括企业文化方面的培训、旅游产品专业知识与技能的培训、推销知识与技巧培训等。

对推销人员的培训形式灵活多样，根据需要和可能既可采取脱产培训的形式，也可采取不脱产培训的形式；既可以送出去培训，也可以把有关营销方面的专家请进来举办讲座，还可以由优秀的推销人员现身说法、互相交流。

（3）对推销人员的激励。有效的激励机制既是调动推销人员积极性的手段，又是鞭策推销人员成就一番事业的“助推器”。激励的方式既有物质激励，又有精神激励。

知识拓展8-3　　你了解企业激励推销人员的方式有哪些吗？

（1）奖金奖励。根据推销人员销售定额或利润定额的完成情况按一定比例支付奖金。

（2）权限激励。根据规定，给予推销人员一定的权限，如产品价格一定幅度的浮动权，在旅游旺季时优先保障其所需的旅游产品，一定额度的招待费使用权，一定范围内的旅游纪念品发放权等。

（3）荣誉激励。对推销业绩突出的推销人员授予适当的荣誉。有的旅游企业会通过评选最佳推销员等方式来激励推销人员。

（4）情感激励。旅游企业应尊重推销人员的劳动，尽可能改善推销人员的生活和工作环境，及时解决其推销工作中遇到的疑难问题。企业高层主管应经常深入推销人员队伍，了解其生活中的酸甜苦辣，倾听其内心的呼声。

（5）事业激励。旅游企业应提供必要的进修机会，积极支持推销人员在实现企业价值的同时实现个人价值，协助推销人员成就一番事业。

（4）对推销人员的评价

旅游企业对推销人员进行准确评价是一项复杂的工作。评价指标可体现在业绩指标和品德指标两个方面。其中，业绩指标既包括推销人员在一定时期所带来的销售额和销售净利润，还包括推销人员每天平均访问客户的次数、平均每次访问的时间、平均每次访问的费用与业绩之比，一段时期内所开发的新客户数、流失的老客户数，销售业绩的纵向比较与横向比较，对客户的服务情况，客户满意程度、客户投诉率等。品德指标是不可或缺的“软”指标，一些所谓“能干”的推销人员，常通过损害客户利益和企业利益的方式追求个人短期利益。其“业绩”越高、个人得到的利益越多，对客户和企业损害的程度越严重。

3.设计推销人员的报酬

报酬设计关系到旅游企业和推销人员的利益，以“多赢”的思路科学设计推销人员的报酬，可调动推销人员的积极性和创造性，对促进旅游产品的销售有着重要作用。推销人员的报酬一般由固定报酬、变动报酬、津贴和福利等几部分组成。

知识拓展8-4　　你知道推销人员所获报酬的形式吗？

（1）薪金制，是指旅游企业根据推销人员的岗位和所承担的工作任务支付固定报酬。其优点是报酬设计工作较简化，推销人员较有安全感；不足之处是容易出现吃“大锅饭”的现象，对推销人员没有起到激励的作用，不利于调动推销人员的积极性。

（2）佣金制，是旅游企业根据推销人员所完成的销售量或创造利润的多少支付报酬的一种形式。其优点是把报酬与推销业绩挂钩，有利于最大限度地调动推销人员的积极性，充分发挥推销人员的才干。其不足之处是推销人员为追求销量和利润常常会采取“高压”的推销手段，易引发潜在旅游者的不满；推销人员不愿承担与个人利益无关但对旅游企业非常重要的工作，如信息收集、客户服务等工作。

（3）薪金+佣金混合制，是旅游企业把薪金制与佣金制结合起来使用支付推销人员报酬的一种形式，即旅游企业既按一定的方法支付推销人员的薪金（称为底薪），又按推销人员所完成的销售量或所创造的利润支付佣金。

（4）选择性薪酬制，是指旅游企业先设计出上述三种薪酬形式，再由推销人员根据岗位特点和自身特长来选择其中的一种。这种薪酬制更能发挥推销人员的特长和潜力。

（三）旅游人员推销的基本过程

旅游人员推销要按照一定的步骤进行，推销过程中的每一个步骤都值得重视。其主要包括以下六个方面：

1.锁定潜在消费者

推销人员首先要寻找推销对象，即潜在旅游者。推销人员可以通过多种渠道寻找潜在旅游者，如可从上游旅游产品供应商、下游旅游中间商处寻找线索，从潜在旅游者的行业组织中寻找线索，从电话簿中寻找线索，从报纸、杂志、广播、电视、互联网等媒体中寻找线索，从政府驻外机构处寻找线索等。有了潜在旅游者以后，推销人员还需进行筛选，剔除没有价值的线索，发现并锁定有价值的旅游者。

2.访问前的准备

推销人员在访问潜在旅游者前要做必要的准备工作，包括尽可能了解访问对象的需求特点、性质、所在机构的情况、购买风格、主要决策人等。推销人员还要选择对潜在旅游者来说比较适宜的访问方法，如电话访问法、登门访问法等。此外，确定访问时机也很重要，如正赶上客户出差、开会，此时就不宜上门拜访。

3.接触目标旅游者

推销人员可以通过电话、信函、介绍人介绍等多种方式与目标旅游者进行预约，并在约定的时间登门拜访。在拜访目标旅游者的时候，一方面，要注意自身的着装、仪态、语言、态度等；另一方面，在介绍企业、产品信息的同时，也要注意倾听目标旅游者的需求，及时回答其提出的问题，然后针对目标旅游者的需求灵活调整销售方案。

4.克服障碍，消除异议

销售谈判的过程不可能是一帆风顺的。在销售接触中，旅游者总会提出对产品某一方面的疑虑，也就是销售异议。比如，质疑旅游产品价格高、怀疑设备设施质量等。对此，推销人员要保持足够的耐心，利用专业知识说服旅游者；通过与其建立良好的关系来维系旅游者；通过适当的服务来感动旅游者；通过树立良好的个人形象来赢得旅游者；通过沟通技巧和推销技巧的运用，诱导旅游者说出有异议的真实原因，并对症下药，消除旅游者的顾虑，获取旅游者的信任。

5.把握时机，达成交易

推销人员要善于捕捉时机，把旅游者的购买欲望转化为实际购买行为。一些经验丰富的推销人员往往能很好地把握“火候”，一旦时机到来，他们总会用肯定的询问诱导旅游者成交。如某旅游企业要组织团体旅游，推销人员会这样问：“贵公司把旅游发团时间定在××时还是××时？”

这一阶段要求推销人员能够察言观色，通过旅游者的肢体、表情、提问、评论等各种信号，判断旅游者内心是否已经产生了购买意向。一旦捕捉到旅游者的购买意向，推销人员应当把握住机会，运用巧妙的语言提出成交要求，或者是打动犹豫不决的旅游者立即购买。

6.进行售后跟踪服务

推销人员在授权范围内代表旅游企业与旅游者签约后，并不等于推销工作结束了，推销人员还要把有关信息传递给旅游者并把交易情况通报所在企业，以便各部门齐心协力提供完善的服务。现代旅游企业特别重视“回头客”，一笔交易的达成，往往是新一笔交易的起点。所以推销人员在达成交易后还要追踪客户（旅游者）是否满意，撰写访问报告上交企业、建立客户档案。这是推销的后续工作中的重要内容。

四、旅游公共关系促销策略设计

公共关系作为一种社会现象历史悠久，在客栈时期，人们就知道“君子爱财，取之有道”，以“童叟无欺”的“招牌”招徕旅客。现代旅游企业更懂得借助公共关系树立良好形象的重要性。20世纪80年代以来，国内不少旅游企业相继设立了公共关系部，专门执行公共关系职能。

（一）旅游公共关系的特点

旅游公共关系是一种“柔性化”的沟通和促销方式。其主要目的不是销售产品，而是通过与社会和企业内部的“对话”来提升形象，内求团结和协调、外求理解与支持，为企业发展赢得良好的内外部环境。作为实现企业长期营销目标的间接促销工具，公共关系与广告、人员推销相比，具有如下特点：

1.可信度高

由第三方机构进行的信息报道和宣传公信力更强，更容易获得目标受众的信任。

2.能够消除防卫

公共关系宣传以不涉及商业利益的形式出现，让旅游者的注意力集中到公关活动上，从而消除了旅游者对企业和产品的抵触心理，传达力更强。

3.具有新闻价值

公共关系活动本身具有话题性和新闻性，有助于吸引旅游者的眼球，从而提升企业品牌知名度和顾客忠诚度。

（二）旅游公共关系的职能

1.信息收集

信息对企业而言，是生存和发展所必需的资源。旅游企业能够通过公共关系活动收集到与企业和产品形象相关的各种信息，包括旅游者对企业的态度；对产品、服务质量的反应和评价；内部员工的意见和建议等；甚至包括企业外部的营销环境信息，如国内外在政治、经济、文化等方面的大趋势，企业竞争者的动向，旅游者需求的潮流及购买行为的特征变化等。

2.决策参考

通过公共关系活动，旅游企业可以将收集的各种信息充分利用起来，进行综合分析后，对企业的决策和行为在公众心目中产生的影响进行考察，从而判断企业的决策和行为是否符合公众的意向，为企业的下一步营销决策提供参考。

3.舆论宣传

公共关系活动能够将企业的信息及时、有效、准确地传递给社会公众，为企业树立良好的形象营造舆论氛围。旅游企业可以通过广播、电视等各类大众媒体发布信息，或者是开展公关活动，以此加深公众对企业品牌和产品信息的正面了解，给公众留下良好的印象，并引导舆论朝着有利于企业的方向发展，使企业的知名度和美誉度得到提升。

4.沟通协调

无论是对外部公众还是对内部员工，旅游企业内外各要素都需要相互联系和沟通。一般来说，企业对内部员工主要是进行情感交流，增强内部员工的归属感和认同感；对外部公众则以争取信任和理解为主。交流、沟通是公共关系活动的基础，任何公共关系活动的实施都依赖于公共关系主客体之间的交流、沟通。

5.危机处理

旅游企业一旦爆发某种危机，或是面临某些突如其来的负面信息，公共关系部门都可以帮助其在第一时间做出迅速回应，表达出处理危机的诚意和与公众进行沟通的意愿。正确地进行危机公关能够使旅游企业化“危机”为“机会”，消除不良的负面信息，改变旅游者对企业的负面评价。

知识拓展8-5　　你知道公共关系的“PENCILS”（铅笔）吗？

20世纪90年代，菲利普·科特勒形象地以“PENCILS”（铅笔）来指代营销公关所涉及的七个领域：①P（Publication）——出版物；②E（Event）——事件；③N（News）——新闻；④C（Community Relation）——社区关系；⑤I（Identify Media）——确定媒体；⑥L（Lobby）——游说；⑦S（Social Cause Marketing）——社会理念营销。

（三）旅游公共关系的方法

旅游公关的方法种类繁多，旅游企业的营销人员可运用多种公关手段，开展针对新闻界、社会公众、企业内部员工的公关活动。

1.新闻公关

新闻公关是指利用或策划有吸引力的新闻事件，吸引媒体报道以扩大企业影响。由于新闻界站在旅游企业和旅游者之外的第三者立场上，能客观公正地提供信息，因而可信度高，往往会起到广告难以起到的作用。因此，旅游企业要掌握新闻特点，及时为新闻单位提供其感兴趣的新闻；在利用或策划新闻事件时，切忌胡编滥造，炮制“假新闻”。

2.公益活动公关

旅游企业可以根据自身的需要量力而行，有选择地参与社会公益活动。参与社会公益活动既要积极，又要讲求实效。旅游企业可以通过为社会公益活动提供支持与赞助，在奉献爱心的同时，树立企业“义”与“善”的社会形象。

3.宣传资料公关

旅游企业还可通过印制内部“企报”、产品宣传小册子来进行公关宣传，或通过设计“企服”、“企徽”、带有企业标志的名片等进行公关宣传，展示企业的良好形象。有的旅游企业还通过公开出版诸如《××经营管理模式》等书籍等进行公关宣传。

4.专题公关

专题公关主要有开幕式公关、开放参观公关、展览公关、联谊活动公关等形式。

其中，开幕式公关是指旅游企业通过开业及有关专项活动的开幕式进行公关宣传，达到展示企业风采、扩大社会影响的目的；开放参观公关是指旅游企业特别是酒店通过向社会公众开放来公关；展览公关是指旅游企业通过展览的形式进行公关，以达到扩大影响的目的；联谊活动公关是指旅游企业通过与社区、共建单位、合作单位、友好支持单位等的代表和旅游者代表开展联谊活动来进行公关。

5.领导人演讲

领导人演讲是指企业领导人通过个人魅力极强的演讲和报告，向社会公众传达企业的文化、信念等，将领导人的正面形象与企业品牌相结合，提升品牌的正面效应。

文旅相彰8-2　　创新旅游宣传推广

“十四五”旅游业发展规划明确提出：要围绕“旅游是一种生活、学习和成长方式”的理念加强宣传推广，进一步挖掘国内旅游市场潜力，营造良好社会氛围。强化品牌引领，实施国家旅游宣传推广精品建设工程。支持建设一批旅游营销创新基地，孵化一批具有较高传播力和影响力的旅游品牌。推动旅游宣传推广与城市经济发展、节庆品牌塑造、商务环境改善等互动发展和一体发展。创新办好中国旅游产业博览会、中国（武汉）文化旅游博览会、中国义乌文化和旅游产品交易博览会、中国体育旅游博览会、中国森林旅游节。加强新媒体宣传推广，推动跨区域旅游创新协同和支持机制建设，实施旅游宣传推广联盟示范建设专项行动。

具体要求如下：

结合落实国家战略，聚焦重点区域，激活消费潜力，创新旅游宣传推广理念、方式，推出一批体现文化和旅游深度融合特点的旅游节庆、展览、营销等活动，建立国家旅游宣传推广精品项目名录，实现滚动化建设、市场化发展、动态化管理。

资料来源　国务院.国务院关于印发“十四五”旅游业发展规划的通知（国发〔2021〕32号）[EB/OL].[2022-01-20]. http://www.gov.cn/zhengce/content/2022-01/20/content_5669468.htm.

思政元素：守正创新

头脑风暴：如何围绕新理念，创新本地旅游产品的宣传推广？

五、智慧旅游技术促销策略设计

（一）智慧旅游技术促销含义

促销是指企业向消费者进行的信息传播活动，以促进销售为目的。在日趋白热化的市场竞争中，企业不仅要选择合适的产品、价格、渠道策略，还要主动向消费者介绍旅游产品的特征及优点，吸引或说服消费者购买其产品。常用的促销手段包括广告、公共关系、营业推广、人员推销等。除此之外，随着物联网、云计算、移动互联网等新一代信息技术的应用，旅游信息化开始步入“智慧旅游”时代，网络成为旅游者获取旅游信息的重要渠道，旅游者的消费行为发生了变化，旅游者在旅游时表现得更加自主化、个性化及多样化，这也要求企业的促销方式要对应做出改变才能保证企业营销目标更好地实现。

智慧旅游技术促销，是将大数据、物联网、区块链、虚拟现实等新技术融合应用于营销领域的新思维、新理念、新方法及新工具，其本质是用新型科技手段提升营销的精准度和转化效率。其一方面讲究人脑与电脑、创意与技术、企业文化与企业业务、感性与理性的结合，另一方面是创造以人为中心、信息技术为基础、营销为目的、创意创新为核心、内容为依托的个性化营销，以最终实现品牌与实效的完美结合，实现虚拟与现实的数字化商业创新、精准化营销传播、高效化市场交易的全新营销理念与技术。

（二）智慧旅游技术促销特征

1.感知化

传统营销只能通过线下体验，或通过市场调查来了解消费者的需求，不能及时捕捉消费者的需求信息，有时滞性和非客观性。而智慧营销可以利用新科技，全面、及时感知消费者对商品和服务的需求。每一个网络用户账号代表一个潜在消费者，各个网络平台可以通过记录网络用户的行为来推测、感知其需求。例如，通过搜索的关键词、交易的数据、交易的行为习惯、经常浏览的内容等，推测消费者对商品的需求情况，并且这种记录是即时跟踪的，能充分感知消费者在不同时间段的不同需求。

2.精准化

过去在没有互联网技术的情况下，企业要获取消费者的有效信息比较困难，一是要通过合法渠道；二是获取成本比较高。智慧营销则可以利用信息技术，收集消费者在网络里的每一个行为产生的数据。大数据技术可以对这些数据进行分析，筛选出有效信息，并使用特定工具将这些有效信息建构成完整的用户画像。精准的数据分析，有助于降低企业获取客户的成本，提高收益。

3.互动化

企业要通过互动去激发消费者的反馈信息，直接获取消费者对产品的意见，从而有针对性地改进产品，真正帮助消费者解决在消费过程中所遇到的问题。智慧营销打破了传统营销的地域界限、时间界限，只要有一台手机或一台电脑，消费者就可以在任意地点、任意时间，通过网络渠道向企业咨询互动，也可以与其他消费者进行交流讨论，甚至可以通过先进的技术，进行线上产品体验和情景模拟。

（三）智慧旅游技术促销策略

1.以技术优势为前提，开展精准营销

在智慧旅游环境下，通过发挥技术优势，精准收集、智慧分析游客的旅游诉求，更加清晰地判断市场需求，更加准确地开展营销策划，实现以智慧化理念为基础的精准营销。首先，借助数据技术分析，精准描绘营销群体的人物画像。通过对潜在客源消费需求、消费能力及信息渠道等多种因素进行分析，进而策划、设计精准的市场营销方案，以实现精准投放。其次，要做好营销品牌定位，通过发挥5G技术、VR技术等智慧优势，积极开展“5G+VR”云游服务、720°全景导览服务，为游客呈现“全景式”的三维旅游景区，提高游客的观赏体验。最后，在智慧旅游环境下，通过发挥智慧搜索技术的应用优势，旅游经营者可以根据游客的搜索状况来预测游客偏好，根据游客的反馈意见，实时调整旅游营销的服务内容及计划方案。

2.以多方力量为动力，开展协同营销

为有效降低旅游营销成本，提升营销效能，需要积极融入智慧旅游场景，充分整合多元力量，积极搭建协同营销平台，更好发挥协同营销体系优势。一方面，充分依托微博、微信“两微”平台，以及抖音、快手等媒体工具建设智慧营销矩阵。该营销矩阵既是展示形象、传播营销信息的权威平台，也是与游客互动交流的平台。另一方面，要积极联合涉旅企业、科技企业及服务业等多方力量，搭建协同营销平台。

3.以服务游客为导向，开展用户导向营销

为适应智慧旅游的发展趋势，要始终坚持游客导向，通过为游客提供多层次、个性化的旅游服务项目，实现最佳营销成效。一方面，要从整合旅游营销资源、构建精准营销和遵循用户主导等视角出发，通过遵循游客多样化的旅游诉求，关注游客个性化的旅游消费偏好，全面提升旅游营销的实际效能。在智慧旅游环境下，通过创新旅游产品设计方案，合理规划旅游线路，为游客提供旅游所需的各类服务，切实改善游客旅游体验，增强游客实际满意度，形成新的旅游营销形态。另一方面，要注重满足不同群体的旅游消费诉求，打通“营销堵点”。要针对不同消费群体的消费痛点、内在诉求等因素来开展差异化、个性化营销。通过挖掘大众消费增长潜力，优化旅游消费环境，关注消费者在旅游需求偏好、旅游消费层级和旅游质量等方面的差异，提高企业营销与游客实际诉求的匹配度。

技能训练

一、场景设计

在完成本项目“任务一”的基础上，以丽江景区（或选择本地其他景区、景点）为例，请同学们以本地消费者（或自选目标受众）为目标受众，以提升景区美誉度和吸引力为促销目标，在专业教师的指导下，分组开展促销组合策略设计，并撰写促销策划方案。

二、实训目的

本实训应使学生了解并掌握旅游产品广告促销策略、营业推广策略、人员推销策略和公共关系策略，并能够运用所学的理论知识和方法，进行促销组合策略设计。

三、实训步骤

1.设计前的准备

（1）知识准备：在旅游产品促销组合策略的选择与设计开始前对相关基础理论知识进行回顾，熟悉旅游产品促销组合策略。

（2）资料准备：在旅游产品促销组合策略的选择与设计开始前，准备好进行“任务一”调研时所获得的相关数据信息及分析资料。

（3）设施设备准备：各小组必须准备好笔、笔记本、电脑、应用软件等，做好旅游产品促销组合策略的选择与设计记录工作。

（4）计划准备：旅游产品促销组合策略的设计开始前应制订出设计计划，明确设计目的、时间、任务分工、设计方法等事项。

2.设计工作实施

（1）根据计划和分工，小组成员充分讨论、分析所收集到的资料。

（2）小组成员运用头脑风暴法，充分讨论旅游产品促销组合策略的设计构思。

（3）由组长召集小组成员，就旅游产品促销组合策略的设计目的发表心得，优选设计构思，并撰写方案。

3.撰写方案书

根据讨论情况，各小组成员撰写×××景区促销组合策略设计方案（见表8-5）。

表8-5 ×××景区促销组合策略设计方案

班级		姓名		设计时间	
学号		组号		主要任务	
标题 目录 正文 1.引言 2.促销主题 3.促销目的 4.促销对象 5.促销方式选择 6.促销时间安排 7.促销费用预算 8.促销组织与管理 结语 附录（参考资料）					
备注					

四、技能评价

请根据设计情况，填写“丽江景区（或×××景区）促销组合策略设计方案评价表”（见表8-6）。

表8-6 丽江景区（或×××景区）促销组合策略设计方案评价表

考评教师		被考评学生	
被考评小组			
考评内容	旅游产品促销组合策略的选择与设计能力		
考评标准	内容	分值	得分
	能够明确此次任务的主要目的	10	
	能够做好本次设计的前期准备工作	15	
	能够掌握旅游产品促销组合策略的设计方法	25	
	旅游产品促销组合策略的设计报告撰写规范、层次清晰、语句通顺	20	
	任务实施过程中纪律表现良好（小组互评）	15	
	团队协作意识强，职业素养有提升（小组互评）	15	
合计		100	

注：考评满分为100分，90分及以上为优秀，80～89分为良好，70～79分为中等，60～69分为及格。

任务三　旅游新媒体促销策略

任务目标

1.知识目标

- 理解并掌握新媒体的内涵与特征。
- 理解并掌握旅游新媒体促销的内涵与类型。
- 理解并掌握旅游新媒体促销的选择与设计。

2.能力目标

- 能够描述旅游新媒体促销的特点。
- 能够学会运用旅游新媒体开展促销。
- 能够根据促销目标选择合适的新媒体开展促销。

3.素养目标

- 增强学生对新媒体、新媒体促销的认知。
- 培养学生对新媒体的运用意识和能力。
- 培养学生守正创新意识与思维。
- 培养学生诚实守信、技能宝贵、创造伟大、知行合一的职业素养和职业精神。

任务导入

为进一步提升“丽江”在本地市场的知名度、美誉度和旅游吸引力，根据任务一、任务二的数据资料和促销组合策略设计结果，请同学们利用新媒体进行旅游产品促销。为出色地完成任务，同学们应该学习并掌握哪些旅游新媒体促销方面的理论知识呢？

知识积累

一、旅游新媒体促销认知

（一）新媒体的内涵与特点

1.新媒体的内涵

对新媒体的界定，至今没有定论，学者们众说纷纭。其主要观点有：

（1）联合国教科文组织对新媒体下的定义是：网络媒体，即“以数字技术为基础，以网络为载体进行信息传播的媒介”。

（2）新传媒产业联盟秘书长王斌对新媒体下的定义是：“以数字信息技术为基础、以互动传播为特点、具有创新形态的媒体。”

（3）清华大学熊澄宇教授认为：“新媒体就是依托计算机信息处理技术和互联网对各种信息进行传播的媒介总和。它不仅具有像电视、报纸、广播等传统媒体的功能，还拥有互动性、即时性、拓展性和融合性等特点。”

（4）中国人民大学新闻学院教授匡文波将新媒体定义为：“借助计算机（或具有计算机本质特征的数字设备）传播信息的载体。”

可见，新媒体是相对于传统媒体而言的，是在报刊、广播、电视等传统媒体发展起来以后出现的新的媒体形态，是利用数字技术、网络技术、移动技术，通过互联网、无线通信网、有线网络等渠道以及电脑、手机、数字电视机等终端，向用户提供信息和娱乐的传播形态及媒体形态。新媒体的外延，如图8-3所示。

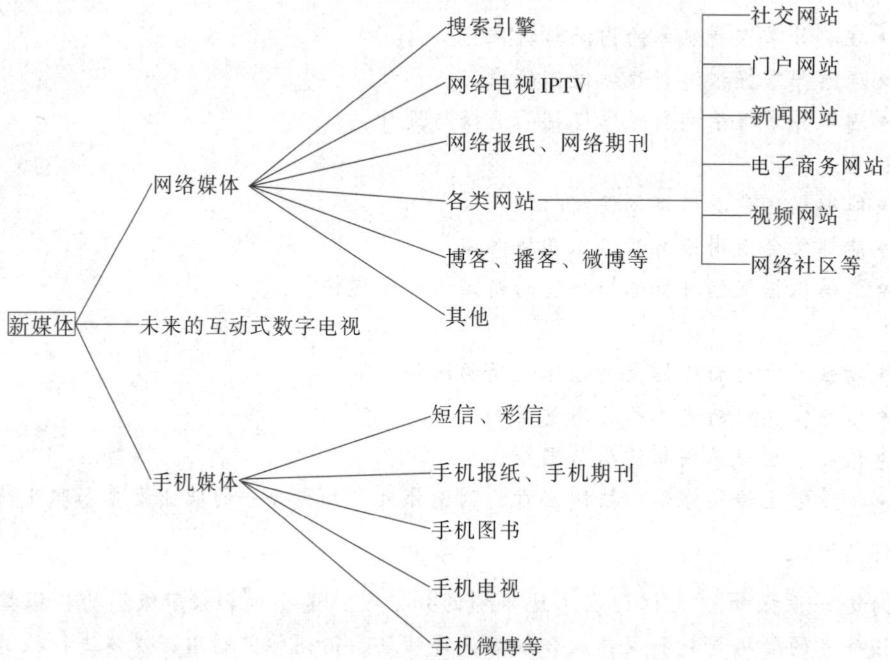

图8-3 新媒体的外延

资料来源 匡文波. 关于新媒体核心概念的厘清［J］. 新闻爱好者，2012（10）：32-34.

2.新媒体的特点

相对于报刊、户外、广播、电视四大传统意义上的媒体，新媒体被形象地称为“第五媒体”。它具有即时性与交互性、海量性与共享性、多媒体与超文本性、个性化与社群化等特点。

（1）即时性与交互性。新媒体是建立在数字技术和网络技术基础之上的，即时性、交互性强。新媒体基于网络而诞生，信息传播非常迅速，传播范围也广，不受时间和空间的限制。一方面，可以实现信息实时传播，即信息的发布与接收基本上是同时发生的；另一方面，新媒体也给网络信息管理带来了极大的挑战。

新媒体还具有交互性的特点，人们接收信息不再是被动的，而是可以参与讨论和交流的。例如，网络中的各种社区论坛、微信、微博等，人们可以在这些平台上发表观点、分享心情、发布信息等。此外，网络互动电视也改变了过去传统电视的单向传播方式，体现出了极强的交互性。

（2）海量性与共享性。新媒体最为显著的特点即数字化传播方式。数字化意味着媒介文本内容可以和物质载体相分离，数据能被压缩到很小的空间里，同时以非常快的速度和非线性的方式处理，数字化后的视频和音频等媒体信息具有海量性和共享性。此外，新媒体技术特别是互联网技术，具有全天候和全覆盖性的特征，可以连接网上任何一位用户，实现网络信息资源共享。

（3）多媒体与超文本性。通过互联网技术、多媒体技术、超文本技术等，用户可以随心所欲地阅读自己想要阅读的信息。其中，多媒体是指把文本（text）、图形（graphics）、图像（images）、动画（animation）和声音（sound）等形式的信息综合应用起来，使用户可以通过多种感官与计算机进行实时信息交互。超文本（hypertext）是指用超链接的方法，将不同空间的各种文字信息组织在一起的网状文本。概括地说就是收集、存储和浏览离散信息以及建立和表现信息之间关联性的一门网络技术。

（4）个性化与社群化。新媒体实现了信息传播与收阅的个人化。它以网络环境为基础，基于用户的信息使用习惯、偏好和特点向用户提供满足其各种个性化需求的服务。新媒体提供的个性化信息服务，是信息的传播者针对不同的受众提供的不同服务。同时，互联网更加适应受众需求的多样化和受众市场的细分化、社群化。互联网的交互性特征引起了用户的分化。它将目标受众按年龄、性别、种族、社会地位、文化程度、兴趣爱好、专业程度等标准划分为一个个群体，从而有针对性地为这些不同群体提供信息服务。

学以致用8-4　　尝试旅拍旅游对旅游产品的推广

什么是旅拍？旅拍一般指在旅途中，用摄影记录旅行生活，常被应用在婚纱摄影、蜜月旅行、毕业旅行、纪念日旅行等特殊纪念日的旅游活动中。目前旅拍已不限于惯常纪念日出行，许多旅游达人、探店“网红”通过旅拍来分享旅游攻略，并联合旅行社等旅游服务商开发旅拍旅游线路，市场潜力巨大，旅游营销效果极佳。

首先，许多旅游达人将旅拍作为内容社区频道高调推出。伴随自媒体的发展，以及游客爱好做攻略的习惯来看，旅拍对在线旅游平台和旅游企业发挥的作用非常大，旅拍内容将会是最重要且最大体量的内容生产要素。

此外，明星达人通过上传旅拍内容让用户感知不同的旅行方式，鼓励用户在社区积极互动寻找志同道合的旅游伙伴，通过旅行内容和社交产品的构想，驱动用户决策出行。这种方式比起长篇大论的大篇幅攻略文章，更具直观性和趣味性。

资料来源　周卫芳. 旅游景区新媒体营销应用研究——以横店影视城为例［J］. 宁波大学学报（人文科学版），2015（2）.

讨论：

（1）进行网络调查，了解国内提供的旅拍线路具有哪些特点？

（2）尝试对抖音旅游达人推出的旅拍线路进行分类和评价。

（二）旅游新媒体促销的内涵与渠道

旅游新媒体促销是指旅游企业充分运用新媒体这一新型营销工具开展旅游产品促销活动。它是基于特定旅游产品的概念诉求与问题分析，对游客进行有针对性的心理引导的一种促销模式。从本质上来说，旅游新媒体促销是旅游企业软性渗透的促销策略在新媒体形式上的实现，通常借助媒体表达与舆论传播使游客认同某种概念、观点和分析思路，从而达到旅游企业品牌宣传、产品销售的目的。

旅游新媒体促销的渠道，或称旅游新媒体促销的平台，主要借助于互联网、移动互联网等新兴媒介，主要包括门户网站、搜索引擎、微博、微信、SNS、博客、播客、BBS、RSS、WIKI、手机、移动设备、App等。旅游新媒体促销并不是单一地通过上面的渠道中的一种进行，而是实行多种渠道整合促销，甚至在促销资金充裕的情况下，可以与传统营销媒介相结合，形成全方位立体式营销体系。

听一听8-2

抖音视频营销

二、旅游新媒体促销策略的选择

促销目标不同，选择的新媒体渠道就不同，从而形成了不同的旅游新媒体促销策略。

（一）旅游官网促销

微课堂8-1

旅游新媒体促销策略

旅游官方网站本身具有很强的权威性，公众对这些旅游官网表现出较高的信任度。网站上推广的内容，如重点介绍的景区、景点信息往往会被消费者接收到。旅游者在做出旅游决策或出游前，往往会对旅游路线、酒店、旅行社、购物等信息加以核实，旅游官方网站因其权威性成为旅游者最佳的选择。由此而言，旅游官方网站促销是旅游目的地新媒体促销中尤为重要的渠道，应受到高度重视。

在国家层面，中国旅游网是较权威的旅游官方网站，主要介绍我国旅游业的整体发展状况。此外，各省市的旅游管理部门也都有自己的官方网站。一些旅游业发展较好的地级市、县级的旅游行政管理部门也建立了旅游网站，旨在推广本地旅游整体形象、介绍当地旅游信息等。一些发展较好的旅游景区、旅游企业，为了更好地宣传和营销旅游产品，也建立了旅游网站，为游客提供权威的旅游景区票务信息、旅游指南以及酒店预订、景区周边的天气预报、旅游信息交流论坛等服务。

值得注意的是，旅游官方网站在丰富内容的前提下，要充分保证其权威性、安全性、准确性、及时性、真实性，促进网站健康、良性运转。

（二）旅游网络中间商促销

旅游网络中间商可根据旅游目的地的旅游产品类型、地理区位、受欢迎程度、发展水平等进行分类，将旅游产品直观地呈现给旅游者，并通过网络这一平台与旅游者开展交易活动。目前，具有代表性的旅游网络中间商有携程旅行网、艺龙旅行网、途牛旅游网、去哪儿旅行网等。旅游企业、旅游景区主要依据其提供的服务内容、服务价格、服务质量等，选择合作的旅游网络中间商。

（三）网络社区促销

随着互联网的普及，各种类型的网络论坛如雨后春笋般出现，如旅游类论坛、汽车类论坛、房地产类论坛、教育类论坛等。由于旅游产品主要是一种体验和经历，很难用一定的标准去评估，具有很强的风险性，因此旅游者在购买旅游产品前会通过网络渠道搜索相关信息，通过参考他人对该旅游产品的评价，来帮助自己做出旅游决策。也正因为如此，旅游企业必须重视旅游产品的网络口碑。

数据显示，近年来，越来越多的旅游企业、旅游景区等，会选择在口碑网、大众点评网等权威的消费点评网站中发掘“意见领袖”，来对旅游景区进行有针对性的信息传播，从而起到影响和引导消费的作用。

（四）搜索引擎促销

搜索引擎促销是目前最主要的网站推广营销方式之一，尤其是基于自然搜索结果的搜索引擎推广，由于是免费的，受到众多中小企业网站的重视。近年来，搜索引擎促销广泛应用于旅游企业的营销活动中。很多旅游企业都在百度、Google、Bing（必应)、搜狗、360、SOSO等搜索引擎上进行推广。

旅游搜索引擎促销主要的实现方法包括：竞价排名、分类目录登录、搜索引擎登录、付费搜索引擎广告、关键词广告、搜索引擎优化、地址栏搜索和网站链接策略等。

（五）微博促销

博客（Blog)，即网络日志，2000年开始进入中国，曾红极一时，但是近年来，随着微博的火速升温，博客的受众在大大减少。微博（Micro Blog)，即微型博客的简称，也是博客的一种，具有“短、灵、快”和低成本营销等特点。目前，微博已经成为很多旅游企业开拓市场和主动管理目标客户的一种全新营销方式。旅游企业通过官方微博向旅游者推送旅游产品信息，能够激发旅游者的购买欲望，促进旅游产品销售。

例如，旅游景区通过微博巧妙地将旅游产品信息包装成能够被网民讨论和交流的互动话题，从而体现出其强大的自发传播性，让旅游信息或相关资讯能够像病毒一样迅速传播，从而获得良好的营销效果。

（六）微信促销

微信促销是新媒体营销模式的一种创新，是伴随着微信的流行而产生的一种网络营销方法。由于微信没有地理位置上的限制，智能手机用户注册微信后，就可以立即与周围同样注册的“朋友”建立起一种联系。微信促销有两大优势：一是“一对一”的对等信息交流。微信普通用户之间需要互相加好友，构成对等关系。旅游企业的促销人员可通过微信添加好友，为客户提供“一对一”的旅游咨询服务。二是“二维码”扫描，微信有目标明确的用户群。目前，越来越多的旅游企业有自己的“二维码”，游客通过手机扫描“二维码”，添加微信好友，就可以实时接收到旅游企业及旅游产品的相关信息；同时，旅游企业将微信作为移动式在线客服平台，为用户推送景区及旅游产品的相关语音、图片、视频、图文等消息，并提供预订、景点门票打折、旅游咨询、游客投诉等各种服务。

（七）网络视频促销

网络视频是一个极好的信息传播平台。借助互联网，旅游企业将其产品以视频的形式展示出来，会更加直接、丰富、形象、有效。目前，国内点击率较高的视频网站有优酷、爱奇艺、腾讯视频等，甚至一些社交网站都可以上传视频。

旅游企业可以通过邀请一些旅游者前来旅游，借助他们拍摄的旅游视频来宣传自己的旅游产品，从而引起更多网友的关注；也可以选择与一些网络视频媒体合作，通过举办具有创新意识的优秀旅游景区介绍的视频比赛，吸引更多的网友积极地参与到竞赛中，鼓励他们将自己的旅游视频上传到网络平台上，从而提高旅游企业的知名度、美誉度和旅游产品的销量。

技能训练

一、场景设计

在完成本项目任务一、任务二的基础上，以丽江（或本地其他景区、景点）为例，请同学们以本地消费者（或自选目标受众）为目标受众，以提升景区美誉度和吸引力为促销目标，在专业教师的指导下，分组开展新媒体促销策划，并展示新媒体促销设计方案。

二、实训目的

本实训应使学生了解并掌握旅游新媒体促销的内涵、特点、渠道，旅游新媒体促销策略的类型，以及旅游新媒体促销策略的选择和设计方法。

三、实训步骤

1.设计准备

（1）知识准备：在旅游新媒体促销策略的选择与设计开始前，对相关基础理论知识进行回顾，熟悉旅游新媒体促销策略。

（2）资料准备：在旅游新媒体促销策略的选择与设计开始前，准备好在任务一的调研中所获得的相关数据信息及分析资料。

（3）设施设备准备：各小组必须准备好笔、笔记本、电脑、应用软件等，做好旅游新媒体促销策略的选择与设计记录工作。

（4）计划准备：在旅游新媒体促销策略设计开始前，应制订出设计计划，明确设计目的、时间、任务分工、设计方法等事项。

2.设计工作实施

（1）根据计划和分工，小组成员充分讨论、分析收集到的资料。

（2）小组成员运用头脑风暴法确定选择何种新媒体。

（3）小组成员运用头脑风暴法讨论新媒体促销设计构思。

（4）根据讨论情况，优选设计构思，并撰写设计方案。

3.设计方案

根据讨论情况，分小组撰写丽江景区（或×××景区）新媒体促销设计方案（见表8-7）。

表8-7 **丽江景区（或×××景区）新媒体促销设计方案**

<table>
<tr><td>班级</td><td></td><td>姓名</td><td></td><td>设计时间</td><td></td></tr>
<tr><td>学号</td><td></td><td>组号</td><td></td><td>主要任务</td><td></td></tr>
<tr><td colspan="6">标题
目录
正文
1.引言
2.促销主题
3.促销目的
4.促销对象
5.新媒体渠道选择
6.新媒体促销策略
结语
附录（参考资料）</td></tr>
<tr><td>备注</td><td colspan="5"></td></tr>
</table>

四、技能评价

根据设计情况填写×××景区新媒体促销设计方案评价表（见表8-8）。

表8-8　×××景区新媒体促销设计方案评价表

考评教师		被考评学生	
被考评小组			
考评内容	旅游新媒体促销策略的选择与设计能力		
考评标准	内容	分值	得分
	能够明确此次任务的主要目的	10	
	能够做好本次设计的前期准备工作	15	
	能够掌握旅游新媒体促销策略设计的方法	25	
	旅游新媒体促销策略设计方案撰写规范、层次清楚、语句通顺	20	
	任务实施过程中纪律表现良好（小组互评）	15	
	团队协作意识好、守正创新的职业素养有提升（小组互评）	15	
合计		100	

注：考评满分为100分，90分及以上为优秀，80～89分为良好，70～79分为中等，60～69分为及格。

项目综合训练

一、项目背景

当前，散客旅游的时代已经到来，游客出游的个性化与差异化趋势明显。在这样的背景下，旅游景区该如何开展促销活动呢？

（1）多样促销，点燃兴趣。在个性化的消费时代，不同的游客对旅游产品有着不同的感知方式和兴趣点，单一的促销方式不足以让多数游客对景区产生兴趣，且现代化社会，人们获取信息的途径也不同。旅游企业可结合实际情况，采取旅游广告、公共关系、营业推广、人员推销、节事活动、口碑、网络、捆绑优惠销售等多种方式，将景区的特色及品牌打出去，点燃不同人群的兴趣点，提升景区的知名度。

（2）广告宣传，多种途径。在现代化社会，信息传播的方式多种多样，从报纸、杂志到微信、微博，从广播、电视到视频网站，不同的游客对不同的媒介兴趣不同。因此，旅游景区为了展示自己的品牌形象，需要多途径宣传。通过电视、户外广告、杂志组合宣传是旅游景区传统、经典的促销方式，不过在互联网时代，网络宣传同样不容忽视。

（3）细节促销，展示景区形象。散客相比于团体游客，在旅游过程中更注重细节。从景区的可进入性到景区本身的环境、设施、布局、线路等，都会成为散客旅游过程中关注的对象及游览结束后谈论的话题。因此，景区需要关注细节，小到一个垃圾桶的形状、特色，大到景区大门、游客服务中心、公共卫生间等服务设施的建筑风格、卫生标准、服务等，都是景区的形象展示。此外，游客和员工都是营销活动的组成部分，加强员工的专业素质培训和服务意识的提高对提升旅游者的满意度也是至关重要的。

资料来源 汤俊. 散客时代 旅游景区如何促销［EB/OL］.［2016-12-20］. http://mt.sohu.com/20161220/n476383165.shtml.

二、实训任务

分小组研讨以下问题：

(1)“目前，散客旅游的时代已经到来，游客出游的个性化与差异化趋势明显”，你是如何理解这句话的？

(2) 案例中的多样促销策略，你认为设计得好吗？

(3) 面对当前的散客旅游现状，选择本地一家旅游景区，为其设计一份完整的旅游产品多样促销方案。

三、实训目的

了解并掌握旅游产品促销及其组合策略的核心概念、本质，理解并掌握旅游产品促销策略的选择与设计，能够针对相关项目选择新媒体开展促销策略的设计。

四、实训步骤

(1) 自由组合成小组，每组3~4人。

(2) 小组开展自由讨论，选择旅游产品促销组合策略，编制方案，并制作PPT。

(3) 各小组选派一名代表进行汇报交流。

五、实训评价

本综合训练项目的评分见表8-9。

表8-9 综合训练项目评分表

考评教师		被考评小组	
被考评小组成员			
考评标准	内容	分值	得分
	主题鲜明、条理清楚、逻辑性强	20	
	运用所学知识分析问题的能力强	25	
	具有创新思维，调研知识运用熟练	25	
	表述清晰、语速适中、仪表大方	20	
	计算机操作技能熟练，PPT制作精美	10	
合计		100	

注：考评满分为100分，90分及以上为优秀，80~89分为良好，70~79分为中等，60~69分为及格。

项目同步测试

一、选择题（请选出适合的答案）

1.旅游企业在拟定旅游信息时，要注意（ ）。

A.旅游信息的内容　　B.旅游信息的结构

C.旅游信息的表达形式　　D.旅游沟通通路的选择

2.旅游促销策略包括（　　）。

A.旅游广告　　B.公共关系　　C.营业推广　　D.人员推销

3.旅游广告要达到的目标有（　　）。

A.告知型目标　　B.劝导型目标　　C.提醒型目标　　D.推广型目标

4.旅游营业推广的作用包括（　　）。

A.有利于加快旅游产品进入市场的进程

B.有利于引导重复购买

C.有利于增加旅游产品的销售

D.有利于更好地应对竞争

5.旅游人员推销决策包括（　　）。

A.旅游推销队伍的组织　　B.旅游推销人员的报酬设计

C.旅游推销队伍策略　　D.旅游推销队伍管理

6.旅游公共关系中专题公关的形式包括（　　）。

A.开幕式公关　　B.开放参观公关

C.展览公关　　D.联谊活动公关

测一测 8-1

选择题

二、判断题（判断下列各题是否正确，正确的在题后的括号内打“√”，错误的打“×”）

1.旅游广告是一种人员沟通与促销方式。（　　）

2.旅游广告在形式上要体现艺术性，以获得增强感染力的效果，因此其内容不需要体现真实性。（　　）

3.与旅游广告、公共关系、人员推销相同，旅游营业推广限定时间和地点，以给旅游者一定奖励的形式促使其购买。（　　）

4.一些旅游企业往往结合历史资料或通过实验的方式来检测广告与销售额之间的关系。（　　）

5.旅游人员推销是旅游企业的推销人员通过与客户的间接沟通达成交易的一种营销策略。（　　）

6.当旅游企业遇到突发事件和危机时，信息沟通的作用显得十分重要，危机公关往往会产生重大营销机会，有时甚至能给企业带来转机。（　　）

测一测 8-2

判断题

三、简答题

1.促销组合的决策有哪些？

2.旅游广告的决策类型有哪些？

3.旅游营业推广决策包括哪些程序？

4.旅游人员推销包括哪几个步骤？

项目学习评价

旅游产品促销策略认知能力与素养测评表见表8-10。（在□中打“√”，A掌握，B基本掌握，C未掌握）

表 8-10　　旅游产品促销策略认知能力与素养测评表

专业知识能力	评价指标	自测结果
旅游产品促销认知	1.旅游产品促销的内涵认知 2.旅游产品促销的作用认知 3.旅游产品促销组合决策	□A □B □C □A □B □C □A □B □C
旅游产品促销组合策略的设计	1.旅游广告促销策略设计 2.旅游营业推广策略设计 3.旅游人员推销策略设计 4.旅游公共关系策略设计	□A □B □C □A □B □C □A □B □C □A □B □C
旅游新媒体促销的选择与设计	1.旅游新媒体促销的内涵认知 2.旅游新媒体促销策略	□A □B □C □A □B □C
职业能力与素养	评估标准	自测结果
自我学习	1.能进行时间管理，并阅读相关专业书籍 2.能选择适合自己的学习方式 3.能将已经学到的知识在现实中加以运用	□A □B □C □A □B □C □A □B □C
文献搜索	1.能根据不同的需要去搜寻、获取并选择信息 2.能筛选信息，并进行信息分类 3.能使用多媒体等手段来展示信息	□A □B □C □A □B □C □A □B □C
与人交流	1.能把握交流的主题、时机和方式 2.能理解对方谈话的内容，准确表达自己的观点 3.能获取并反馈信息	□A □B □C □A □B □C □A □B □C
团队协作	1.能明确自己在团队中的地位和作用 2.能同合作者进行有效沟通，学会换位思考	□A □B □C □A □B □C
解决问题	1.能说明学习中出现的问题并指出其主要特征 2.能制订出解决问题的方案并组织实施 3.能对解决问题的方法适时做出总结和修改	□A □B □C □A □B □C □A □B □C
职业素养	1.能诚实守信，遵守旅游行业从业人员职业道德规范 2.能够守正创新，有增值性成长	□A □B □C □A □B □C
学生自评	学生签字	
教师评语		
成绩	教师签字	

9 项目九 旅游目的地营销策略

项目目标

通过本项目的学习，学生应掌握旅游目的地及其营销的内涵，能够识别不同类型的旅游目的地，判断不同类型旅游目的地的核心要素；掌握旅游目的地形象的类型；能够根据旅游目的地形象的塑造方法，对不同类型的旅游目的地进行形象设计和营销，培养学生的工匠精神和技能宝贵、创造伟大、知行合一的职业素养。

项目导入

黄山，是世界文化与自然双重遗产、世界地质公园、国家5A级旅游景区、国家级风景名胜区、全国文明风景旅游区示范点、中华十大名山、有“天下第一奇山”的美称。黄山位于安徽省南部黄山市境内，有72峰，主峰莲花峰海拔1 864米，与光明顶、天都峰并称黄山三大主峰，为黄山36峰之一。黄山是安徽旅游的标志，是中国十大风景名胜景区中唯一的山岳风光。黄山的代表性景观有“四绝三瀑”：四绝是奇松、怪石、云海、温泉；三瀑是人字瀑、百丈泉、九龙瀑。黄山迎客松是安徽人民热情友好的象征，承载着拥抱世界的东方礼仪文化。明朝旅行家徐霞客登临黄山时赞叹：“薄海内外之名山，无如徽之黄山。登黄山，天下无山，观止矣！”被后人引申为“五岳归来不看山，黄山归来不看岳”。

将军山位于南京市雨花台区与江宁区的交界处，古名观音山，因南宋名将岳飞在此抗金而得名。将军山距江宁大学城较近，周边大学林立，有南京航空航天大学、正德职业技术学院、南京邮电大学、南京新华电脑专修学院等。将军山的正北面是秦淮新河；与浡泥国王墓旅游区遥望；西南面与牛首山、大石头观光休闲区相衔；近邻则是龙泉禅寺。将军山被誉为“南京九寨沟”“金陵第一景”，风景绝佳，四面环山，淙淙的山泉汇成了宽阔的河面，阳光下粼粼的波光像一面闪耀着金光的绸缎，成群的白鹭徘徊、翱翔在蓝天白云之间，穿行憩息于树木林梢之上；罕见的水中杉树林荫翳蔽日，空气清新、湿润，贴水而建的蜿蜒曲折的杉木小桥，构成了大自然的绿色氧吧。

看动画9-1

旅游目的地营销策略

从旅游功能方面看，上述两个景区属于哪种类型的旅游目的地？从空间形态方面看，同样是山岳型景区，上述两个景区有什么不同？如果对上述两个景区进行旅游目的地形象设计，应该怎样做？

从这些问题出发，同学们应该掌握哪些旅游目的地类型识别以及形象设计方面的知识与技能呢？

项目分析

思维导图9-1

项目九

为了更好地完成旅游目的地类型识别的实习任务，同学们应充分准备以下知识与技能：

1.理解并掌握旅游目的地的内涵和核心要素。

2.理解旅游目的地形象的类型，能够进行旅游目的地形象塑造。

3.掌握旅游目的地形象的营销策略。

任务一 旅游目的地认知

任务目标

1.知识目标

- 理解并掌握旅游目的地的内涵。
- 掌握旅游目的地营销的内涵。
- 理解并掌握旅游目的地的核心要素。
- 理解并掌握旅游目的地利益集团。
- 理解并掌握旅游目的地的类型划分。

2.能力目标

- 能够准确描述目的地要素的构成。
- 能够科学地识别不同类型的旅游目的地。
- 能够根据旅游目的地的类型特征，制定旅游目的地营销策略。

3.素养目标

- 培养学生对专业的认同和对职业的热爱。
- 培养学生的野外调研能力。
- 培养学生的爱岗敬业、团队协作精神。
- 培养学生的诚实守信和守正创新的职业素养。
- 培养学生的工匠精神和技能宝贵、创造伟大、知行合一的职业素养。

任务导入

老师让同学们分组查阅黄山、将军山的基本资料，调研并分析这两个景区分别属于哪种类型的旅游目的地，有哪些特征，主要营销策略有哪些；同时，让同学们了解如何有效识别不同类型的旅游目的地。为此，同学们应该重点学习并掌握哪些旅游目的地的基本理论知识呢？

知识积累

一、旅游目的地及其营销的内涵认知

（一）旅游目的地的内涵

多年以来，我国作为入境旅游接待国，始终致力于旅游目的地的建设。目前，世界旅游组织也在倡导加强对旅游目的地的管理与研究。那么，究竟什么是旅游目的地呢？

世界旅游环境研究中心（1992）将旅游目的地定义为：“乡村、度假中心、海滨或山岳休假地、小镇、城市或乡村公园；人们在其特定的区域内实施特别的管理政策

和运作规则，以影响游客的活动及对环境造成的冲击。”

英国学者布哈利斯（Buhalis，2000）认为，旅游目的地是一个特定的旅游区域，被旅游者公认为一个完整的个体，有统一的旅游业管理和规划的政策、司法框架，由统一的目的地管理机构进行管理的区域。他认为，旅游目的地是旅游产品的集合体，并且向旅游者提供完整的旅游经历。旅游目的地产品是与目的地的市场形象有关的一切旅游产品和服务的总体，即旅游目的地由6个“A”构成，分别是旅游吸引物（attractions）、交通（accessibility）、设施和服务（amenities）、包价服务（available package）、活动（activities）、辅助性服务（ancillary service）。

保继刚（1996）认为，一定地理空间上的旅游资源同旅游专用设施、旅游基础设施以及相关的其他条件有机结合起来，就成为旅游者停留和活动的目的地，即旅游目的地。

魏小安（2004）认为，能够使旅游者产生旅游动机，并追求旅游动机实现的各类空间要素的总和就是旅游目的地。

邹统钎（2006）认为，旅游目的地是一个感性概念，它为游客提供一个旅游产品和服务的合成品、一种组合的体验经历。旅游目的地的核心要素有两点：一是旅游吸引物；二是人类聚落，要有永久性的或者临时性的住宿设施，游客一般要在这里逗留一夜以上。

综上所述，旅游目的地是指能够对一定规模的旅游者形成旅游吸引力，并能满足其特定旅游目的的各种旅游设施和服务体系的空间集合。从范围上来看，旅游目的地的空间范围有大有小，大到一个城市、一个国家，甚至可以跨越国家边界；小到一个景区、一个城镇、一个村落。从旅游者主体来看，旅游目的地与旅游者的旅游目的、动机和行为有关。旅游者最终停留的地点或者说最终到达的地点，就是旅游目的地，其他地方为过境地。此外，旅游目的地的形成尚需以下要素：地理空间、基础设施、接待设施、产业链条等。

（二）旅游目的地营销的内涵

由于对旅游目的地的认识不同，因此人们对旅游目的地营销概念的界定也不同。

伦德伯格（Lundberg，1990）认为，旅游目的地营销包括三个方面的内容：①确定目的地能够向目标市场提供的产品及目的地总体形象；②确定对该目的地具有出游力的目标市场；③确定能使目标市场信任并抵达该目的地的最佳途径。

赵西萍（2002）认为，旅游目的地营销就是要提高旅游目的地的价值和形象，使潜在旅游者充分认识到该地区与众不同的优势；开发有吸引力的旅游产品，宣传、促销整个地区的产品和服务，刺激来访者产生消费行为，提高旅游产品在该地区的销售额。

王国新（2006）认为，旅游目的地营销就是要在确定的目标市场上，通过传播、提升、组合目的地的关键要素，改变旅游者的感知，树立目的地形象，提高旅游者的消费满意度，进而影响其消费行为，达到引发市场需求、开拓旅游市场的目的。

袁新华（2006）认为，旅游目的地营销是以旅游目的地区域为营销主体，代表区域内的各种相关机构、所有旅游企业和全体从业人员，以一个旅游目的地的整体形象加入旅游市场激烈的竞争中，并以不同的方式和手段传播旅游信息，制造兴奋点，展示新形象，从而吸引消费者注意力的全过程。

舒伯阳（2006）认为，旅游目的地营销作为目的地全面吸引游客注意力的工程，其基本理念是从产品营销向综合形象营销跨越，从分散的个别营销向整合营销传播提升。

综上所述，旅游目的地营销的内涵可以概括为：向旅游者提供旅游目的地的相关信息，突出旅游目的地的形象并打造景区吸引物；通过向潜在群体和目标群体进行营销，吸引其注意力，诱发其对旅游目的地产生向往，进而做出旅游消费行为。

二、旅游目的地的核心要素构成

构成旅游目的地的核心要素主要包括以下几个方面：

（一）独特的旅游吸引物

这种旅游吸引物在旅游市场上具有与众不同的特征。旅游吸引物包括自然的、人造的、出于特殊目的的、历史遗留下来的吸引物以及风俗和节庆活动。例如，山东省泰安市作为旅游目的地，拥有五岳独尊的泰山。

听一听 9-1

旅游吸引物

（二）足够的市场空间和市场规模支持

旅游目的地要有足够的市场开发价值和相应的市场发展空间，足以支持旅游业的规模开发和运营。

（三）系统、完备的旅游设施和旅游服务

旅游目的地要有一定的旅游产业基础和服务能力，有系统完备的旅游服务和接待设施；同时，这种产业体系要具有开放性，能够构建有效连接客源地与目的地的产业链。

（四）目的地居民认同、参与并提供各种支持保障

当前，国内一些地方在旅游开发的过程中过分夸大旅游业的经济功能（价值），存在着忽视甚至歧视当地居民利益的倾向。一些地方不仅忽视居民作为独特旅游吸引物的市场价值，甚至把他们的正当利益视为开发的障碍，旅游开发的结果常常是压缩他们的生存空间，这是一种典型的“杀鸡取卵”的短视行为。事实上，一旦没有当地居民的生活作为依托，许多旅游目的地由于缺乏内在活力，往往变成一座没有生命力的“死城”，其旅游资源的市场价值也会大打折扣。此外，对旅游目的地而言，当地居民还构成了开发旅游业的人力资源基础。旅游业是一种劳动密集型产业，需要大量的社会用工的支持，一旦离开当地居民的支持和参与，该地区的旅游业将难以获得良好的发展。

（五）一定的可管理性

旅游目的地的空间范围通常是由其资源赋存、潜在的旅游客源市场规模、目的地旅游产业的发展体制与运行模式共同决定的。因此，旅游目的地的空间范围既有可能小于既定的行政区域，也有可能大于既定的行政区域。一旦旅游目的地的空间范围大于既定的行政区域，该旅游目的地就存在着一个如何重新组织、管理和控制的问题。例如，我国著名的珠江三角洲旅游区、长江三角洲旅游区以及环渤海旅游区等，现有的旅游行政管理体制和管理模式无法适应对其进行市场化和产业化管理的要求，需要重新塑造能满足现代旅游业发展要求的管理模式。因此，为规范旅游业的管理模式和

维护旅游者的利益，旅游目的地内部必须建立内在的、一体化的组织机构和管理机构，并保证内部市场行为明确、统一和协调一致。对于跨越行政区域的旅游目的地，其管理机构和管理模式可以有一定的弹性或自主性，但必须保证管理职权统一，从而使旅游目的地有序、协调发展。

学以致用9-1　　如何界定旅游目的地、旅游景区、旅游区？

（1）通过文献资料查询，了解国内外学者对旅游目的地、旅游景区和旅游区概念的不同表述。

（2）对学者们的观点进行归纳整理，找出共性的认识。

（3）试着通过自己的理解和认知，运用规范的语言对旅游目的地、旅游景区、旅游区进行概念界定。

三、旅游目的地的利益集团构成

一个旅游目的地中包含了各种利益集团，主要有：

（一）当地居民

当地居民是旅游目的地最主要的利益集团，他们生活和工作在旅游目的地，并为旅游者提供当地资源。当地居民是影响旅游目的地社会承载能力的一个重要因素，旅游目的地在进行各种决策时，只有使当地居民参与其中，才能确保旅游发展不会给当地居民及其家庭带来不可接受的影响。

（二）旅游者

旅游者可以从旅游目的地提供的旅游产品中寻求满意的旅游体验，他们更喜欢具有高质量服务水平和组织管理有序的旅游目的地。

（三）旅游企业

旅游企业的主要责任是开发旅游产品和寻求最大的投资回报。旅游业被认为是两极分化的行业，其中既有国际性大企业，也有在夹缝中生存的小企业。国际性大企业趋向于跨国经营，资金充足、专业化程度高、实力强，在旅游目的地的影响力较大；在夹缝中生存的小企业一般是规模较小的家族企业，资金不足、专业化程度低、实力弱，在旅游目的地的影响力较小。

（四）政府部门

政府部门认为，旅游是增加收入、刺激当地经济发展和增加就业的有效手段。作为一个重要的利益集团，政府部门对目的地的旅游发展通常具有引导和协调的作用。

四、旅游目的地的类型

旅游目的地的数量和种类十分丰富，因此可以有多种不同的分类方法。

（一）按旅游目的划分

按旅游目的的不同，旅游目的地可以分为观光旅游目的地、度假旅游目的地和专项旅游目的地三种。

1.观光旅游目的地

观光旅游目的地是指旅游资源的性质和特点适合开展观光旅游活动的旅游地。按属性的不同，观光旅游目的地又包括自然风光观光地、城市风光观光地和古迹名胜观光地。观光旅游目的地一般围绕独特的自然景观和人文景观来组织旅游活动。

2.度假旅游目的地

度假旅游目的地是旅游资源的性质和特点能够满足旅游者度假、休闲和休养需要的旅游地，主要包括海滨度假地、山地温泉度假地和乡村旅游度假地。度假旅游目的地是随着度假旅游活动的兴起而兴起的，同观光旅游目的地相比，度假旅游目的地的旅游活动项目少、活动空间小，并且具有较显著的季节性。

3.专项旅游目的地

专项旅游目的地是指为特色旅游需求（如探险、修学、购物和专项研究等）提供产品或服务的旅游地。例如，中国香港有“购物天堂”的美誉，吸引了周边许多国家和地区的旅游者来消费，形成了以“购物”为主要诉求的旅游目的地。

（二）按旅游目的地的构成形态划分

按构成形态的不同，旅游目的地可以分为板块型旅游目的地和点线型旅游目的地两种。

1.板块型旅游目的地

板块型旅游目的地是指旅游吸引物相对集中在某个特定区域内，所有旅游活动都以这个区域的服务设施和旅游服务体系为依托，都以这个区域为中心来展开的旅游目的地。板块型旅游目的地通常以一个主要旅游城市为中心，并依托现代化的交通建立起来。度假旅游目的地和专项旅游目的地一般都属于板块型旅游目的地。

2.点线型旅游目的地

点线型旅游目的地是指旅游吸引物分散于一个较大的地理空间内，不同空间点上的吸引物之间的吸引力相对平衡，没有明显的中心吸引点的旅游目的地。在点线型旅游目的地内，不同空间点上的吸引物以旅游线路的形式通过一定的交通方式和组织体系结合在一起，旅游者在某一空间点只停留一段时间。交通方式和组织体系是点线型旅游目的地形成的主要条件。许多观光旅游项目都是围绕旅游线路组织旅游活动的，因此属于点线型旅游目的地的范畴。

（三）按空间范围划分

按空间范围的不同，旅游目的地可分为旅游目的地国家、区域性旅游目的地、城市旅游目的地和景区四种。

1.旅游目的地国家

旅游目的地国家是按照国际旅游市场的空间格局来划分的，属于国际性旅游目的地的范畴。一些旅游资源特色鲜明且相对集中的国家，尤其是一些对旅游业依赖性较强的小国，往往把发展旅游业作为基本国策，从而形成了以旅游业为主体的国家经济结构，如印度洋上的群岛国家马尔代夫就是典型的旅游目的地国家。

2.区域性旅游目的地

区域性旅游目的地有双重含义：一是从国际旅游市场的角度来看，它可能包含多个资源和属性相同的旅游目的地国家，如加勒比海区域旅游目的地包含了加勒比海周边的古巴、牙买加、多米尼加等多个旅游目的地国家。二是从一个国家的空间范围来看，对一些著名的旅游大国而言，其独特的历史进程和特定的地理、气候环境可能在该国范围内孕育出多种不同特征的旅游资源，从而形成了多个各具特色的区域性旅游目的地。以我国为例，东部沿海和西部内陆地区的旅游资源完全不同，从而形成了不同的区域性旅游目的地。

3.城市旅游目的地

城市旅游目的地是按一个特定旅游区域空间范围来划分的，它由多个旅游景区组成。城市旅游目的地不仅是重要的旅游吸引物，而且承担了旅游相关支持系统的功能。

4.景区

景区是旅游目的地的最小单位，如建在美国、法国、日本和我国的迪士尼乐园。

（四）按开发时间和发育程度划分

按开发时间和发育程度的不同，旅游目的地可分为成熟旅游目的地和新兴旅游目的地两种。例如，加勒比海、地中海等区域内著名的旅游目的地都属于成熟旅游目的地。

文旅相彰9-1　　坚持创新驱动发展，推进智慧旅游发展

"十四五"期间，我国要重点打造一批智慧旅游城市、旅游景区、度假区、旅游街区，培育一批智慧旅游创新企业和重点项目，开发数字化体验产品，发展沉浸式互动体验、虚拟展示、智慧导览等新型旅游服务，推进以"互联网+"为代表的旅游场景化建设。提升旅游景区、度假区等各类旅游重点区域5G网络覆盖水平。推动停车场、旅游集散中心、旅游咨询中心、游客服务中心、旅游专用道路、旅游厕所及旅游景区、度假区内部引导标识系统等的数字化、智能化改造升级。通过互联网有效整合线上线下资源，促进旅行社等旅游企业转型升级，鼓励旅游景区、度假区、旅游饭店、主题公园、民宿等与互联网服务平台合作建设网上旗舰店。鼓励依法依规利用大数据等手段，提高旅游营销传播的针对性和有效性。

具体要求如下：

加快智慧旅游景区建设。科学推进预约、限量、错峰旅游，促进旅游景区实现在线、多渠道、分时段预约，提高管理效能。建设旅游景区监测设施和大数据平台，健全智能调度应用，促进旅游景区资源高峰期合理化配置，实现精确预警和科学导流。普及旅游景区电子地图、线路推荐、语音导览等智慧化服务，提高游览的便捷性。支持各地区因地制宜建设特色化智慧旅游景区，运用数字技术充分展示特色文化内涵。"十四五"期间，推动国家4A级以上旅游景区基本实现智慧化转型升级。

完善智慧旅游公共服务。以提升便利度和改善服务体验为导向，引导模式创新，构建开放、共享的智慧旅游公共服务体系。规范智慧旅游公共服务平台建设，支持开发针对老年人等特殊群体的专门应用程序和友好界面。

丰富智慧旅游产品供给。鼓励旅游消费新模式发展，打造沉浸式博物馆、主题公园、旅游演艺等旅游体验新场景。引导开发数字化体验产品，推动文化和旅游资源借助数字技术"活起来"。

拓展智慧旅游场景应用。建立健全智慧旅游标准体系，强化现代信息技术在旅游领域的应用普及，丰富拓展智慧旅游场景应用，推出一批智慧旅游创新案例和项目。

资料来源 国务院.国务院关于印发"十四五"旅游业发展规划的通知(国发〔2021〕32号)[EB/OL].[2022-01-20]. http://www.gov.cn/zhengce/content/2022-01/20/content_5669468.htm.

思政元素:守正创新

头脑风暴:国家智慧旅游建设工程会给旅游目的地发展带来哪些影响和变化?

五、文旅融合背景下目的地营销创新

随着观光市场的发展遇到瓶颈,国家开始引领市场对目的地注入文化,提炼内容,打造更具情感体验的产品,以文化引领为目的地突破发展瓶颈的新趋势。同时,随着互联网行业的不断发展和各项技术的进步升级,越来越多目的地开始注重线上投入及优化,加大线上宣传力度,增加线上渠道,进行软硬件技术配套升级,加快智慧旅游目的地的建设,为游客提供更高效便捷的服务。

(一)数据化决策

旅游企业通过收集终端数据,分析用户消费场景终端,不断优化用户画像,满足消费者的个性化需求。尤其要重视游客的反馈及评价,之后再展开营销规划工作。以杭州为例,作为国内优质旅游目的地,在最初发展阶段就利用大数据为目的地营销做诊断或决策。特别是针对核心游客群体,进行个性化的产品推荐;通过游客真实的评价反馈,更好地优化目的地体验,不断丰富市场上受欢迎的产品及服务。目前,有的景区也进行了系统的数据采集分析,从数据源区域层级、渠道层级、可应用数据样本层级来采集数据。随之,来拆解出与游客相关联的用户画像,同步结合市场美誉度、游客评价口碑、新媒体热点分析以及渠道评估,为目的地景区提供诊断或决策的参考。其实,进行数据化营销,不仅仅是为了赢得客户,也是为了更好地管理客户和留住客户,形成良性发展态势。

(二)消费场景化思维

旅游产品体系是指旅游产品各种表现形式的集合,这些产品表现形式相互关联,是旅游资源开发及旅游业经营和管理的重点,也是呈现给旅游者的核心价值所在。同时产品体系化也是主题分类化的一个过程,使得游客能在特定的细分市场快速形成心智认知,以及不断外延细分市场以外的核心价值,从而使产品更具有相对的竞争优势。

场景化营销即将各种体验元素整合起来的一种方式,要素中有空间、时间、人物、事件等。所以笔者认为一个好的旅游目的地,起码要具备"五好"融合的场景化体验元素。一是有"好的故事",情景化文化故事。二是要有满足口腹之欲的好的味道、好的食材。三是要有"好物",君自故乡来,应知故乡物。好的伴手礼能够引发消费的共鸣。四是要有"好戏",能够将文化创新式呈现,留住游客,甚至是有好的节庆及特色主题展会。五是要有"好玩的打卡点",即最佳拍摄点和深度玩法体验及集合更多场景的体验。比如,浙江《丽水国际摄影名城发展规划(2021—2030年)》是国内第一个关于摄影产业发展的规划,让丽水处处是摄影点,全面提升了丽水市的知名度、美誉度和影响力。此外，还有更多形式多样的玩法，加入更多科技性的互动体验，让玩法的趣味性及参与性更强。所以在目的地产品设计中，场景化思维在产品开发、找寻用户、提升体验等方面就尤为重要，通过移动设备、社交媒体、定位系统、穿戴传感、大数据检测等，可以有更多触点与游客进行连接，甚至可以在特定场景中，为游客提供有价值的信息及有趣互动，来引导游客，抓住游客的心，勾起游客的情感共鸣。所以在互联网时代，不仅要打造体系化产品，更要提升产品场景体验感，并更多地考虑如何找到消费者的触点，这样才能保证产品及营销的精准投放。

（三）用户至上迭代思维

迭代是一种互联网思维，是一种趋近未来试错的方法。迭代是使用重复结构，利用"旧值"来推导"新值"的过程。譬如，近年来流行的网红景区及网红打卡点，游客参与越来越充分，也助推目的地品牌及产品不断迭代。特别是进入新媒体时代，信息传播更快，信息势能不再依赖传统媒体，根据二级传播理论，意见领袖势能的概念越来越强。在大数据时代，应该通过游客需求及体验逆向引导产品创新供给。但信息流也是一把双刃剑，信息流一旦失控会产生较大的负面影响。因此，积极地建设与游客的互动机制，是管理好品牌与地方经济的前提。要做好目的地品牌管理及营销工作，就要渗透到各渠道的口碑、攻略、评论这些场景里去，通过大数据对目的地品牌美誉度及游客需求进行调研；迭代游客需求，不断完善产品供给，及时了解不同群体的关注点以及期望，并有针对性地满足及有效沟通，才能更好地引导游客参与目的地品牌与产品优化迭代。

（四）目的地电子口碑正向激励

口碑是人类社会最古老、最有效的信息交流方式。"众口铄金，积毁销骨""三人成虎"等中国古代成语都显示了口碑古而有之的巨大影响力。口碑是非商业的人际沟通，其内容包括产品、品牌、服务、使用经历及销售者信息，分为正面和负面两类。

电子口碑有别于传统口碑的主要特征有：以各种新媒体终端为媒介，通过互联网、移动互联网公开或非公开地实现间接沟通，传播范围全球化，速度呈现指数型增长；实现一对多或多对多的沟通，时间上呈异步性；沟通非面对面，具有匿名性，强、弱联结共存；由消费者贡献的、非正式的、评论性的信息，呈多媒体（文字、图片、视频等）表现形式；保存的持久性和可测量性。

利用旅游目的地电子口碑的正向激励可以提升目的地的影响力。旅游者同一般消费者有一个共同的特点，就是在产生正面的品牌体验时，较少在新媒体平台上进行互动分享，而当产生负面情绪或不理想的体验时，常常通过新媒体渠道去控诉声讨。因此，目前消费者创造的内容负面信息相对较多，而正面信息相对较少。例如，在一些购物网站，商品的默认好评大大高于有实际内容的点评，而在有实际内容的点评中，负面的点评居多，而正面的好评往往被消费者认定为"枪手"之举。旅游者分享正面的目的地体验，有利于旅游目的地积极品牌形象的传播。目的地可以采取的激励策略包括：

1.创造事件与话题

积极创造符合新媒体口碑传播特点的事件与话题，通过多媒体形式宣传旅游品牌和产品，实现旅游口碑在新媒体平台上的聚集和广泛传播。

2.培养意见领袖

重视对新媒体社区中的活跃用户特别是意见领袖的营销，如通过邀请旅游论坛的版主或资深会员参加旅游目的地的实地体验和互动活动，使其身临其境，产生对旅游品牌的认同，主动传播积极正面的口碑信息，从而成为旅游新媒体口碑营销的积极参与者。

3.激发旅游者信息分享

激发旅游者分享正面的旅游体验，如在携程旅行网、艺龙旅行网等各大网站，通过设定优厚的点评奖励积分机制，鼓励旅游者参与点评。旅游者消费旅游产品后，通过发布有实际内容的点评可以获得优厚的积分奖励，甚至可以直接变成下一单的折扣或折换等价产品，由此激发旅游者分享体验的动力。其不仅丰富了点评的内容，而且全面反映了旅游产品的真实情况。在这类网站中，对旅游产品的好评倾向远高于负面点评。

（五）5G在文化旅游中的应用趋势

5G 数字技术的快速发展，将成为新时代国家经济发展的新动能，成为促进文化和旅游融合发展的新推手，解决有效链接文化资源与旅游市场的问题。5G 在文化旅游中的应用主要表现在以下几个方面：

第一，智能科技将为游客提供更身临其境的目的地展示体验，游客可以更容易地做出消费决策，特别是一批小众的目的地会成为网红点，形成旅游的新业态。

第二，随着智能技术的优化升级，游客的服务体验会得到实时的技术支撑。

第三，旅游目的地利用智能科技的力量会“重焕新颜”，可以带来更多的体验及互动，对产品进行文化活化及再现。

第四，社交+旅游将成为新的旅游商业模式，旅游从业人员应用新媒体将有望解决百万导游转型、就业问题，这也是发展优质旅游服务的时代命题。所以对旅游目的地而言，要拥抱新的技术机遇，加快技术储备，关注游客的深度体验，积极进行产品的创新。

综上所述，只有以用户需求来构建旅游目的地产品及营销创新的决策机制，利用场景化营销进行产品打造，考虑游客消费的更多触点，进行多渠道营销方式整合，与游客保持互动，才能更好地适应急速变化的市场环境。

技能训练

一、场景设计

场景1：请同学们分小组利用课余时间去图书馆、计算机房等，查阅黄山、将军山的相关资料，了解并分析这两个景区属于哪种类型的旅游目的地。从空间形态方面看，同样是山岳型景区，这两个景区有什么不同？分组对这两个景区进行旅游形象设计，并完成实训报告。

场景2：傅家边农业生态园位于南京市溧水区洪蓝镇东南面，是江苏省10个省级重点农业科技园区之一、国家3A级旅游景区，也是南京市第一家正式对外开放、江苏省最大的农业科技观光园和全国农业旅游示范点。傅家边农业生态园创建于1994年，现已建成梅园景区、神山湖景区、青龙山景区、无想山景区、竹海景区和中心科普区，形成了十里梅岭、百种花木、千亩竹海、万亩茶果园、万只果园草鸡的农业科技园。傅家边农业生态园的农产品非常有名且富有特色，主要包括“傅家边”牌系列产品（脆梅、青壳鸡蛋、水晶梨）、“溧峰”茶叶（以翠毫为主）、“天骄”系列产品（黑莓、蓝莓、紫薯等罐头）、蜂制品（蜜、胶囊）、洪蓝御带糕。此外，还有葡萄、提子、桃子、观赏竹、滨梅、非洲菊、彩色马蹄莲等。到溧水探究秦淮河源头，去傅家边农业生态园采摘水果，这一绿色健康生态游正成为城市中又一个新时尚。

联系一个类似南京溧水区傅家边农业生态园的现代农业园，考察其作为一个旅游目的地有什么特征，与传统旅游景区相比有何不同。

二、实训目的

本实训应使学生认识旅游目的地的类型在不断变化，不同类型的旅游目的地具有不同的特征。

三、实训步骤

1.联系要调研的农业园

由指导教师出面事先与农业园联系好，并协商好参观时间、路线、交通工具及互动交流等相关事项。

2.做好参观前的准备工作

（1）知识准备：考察前，学生对旅游目的地的理论知识做一个系统的回忆和整理，同时查阅相关资料，了解要调研的农业园的概况。

（2）材料准备：考察前，列出本次考察的主要目标和座谈提纲，学生必须带好笔及笔记本，做好调研记录工作。

（3）纪律要求：外出调研时，学生必须听从指挥、遵守纪律、注意交通安全，并表现出良好的礼貌礼节，维护学校的形象。

3.实地考察研讨

由指导教师带队，组织学生前往现代农业园参观，由农业园的相关负责人进行解说；参观内容包括现代农业园的主要产品、面向的目标群体、空间范围等。

4.校内讨论及报告撰写

回校之后由指导老师组织讨论，请每位同学发表参观感言与心得，指导教师要注意适时提问，启发学生思考。讨论结束之后，请每位同学就参观情况写出×××农业园旅游考察实训总结（见表9-1）。

表 9-1　　　　　　　　×××农业园旅游考察实训总结

<table>
<tr><td>班级</td><td></td><td>姓名</td><td></td><td>调研时间</td><td></td></tr>
<tr><td>学号</td><td></td><td>组号</td><td></td><td>主要任务</td><td></td></tr>
<tr><td colspan="6">标题
正文
1.引言
2.考察目的
3.考察内容
4.考察结论
结语
附录（资料、照片等）</td></tr>
<tr><td>备注</td><td colspan="5"></td></tr>
</table>

四、技能评价

根据参观情况，填写×××农业园参观评价评分表（见表9-2）。

表 9-2　　　　　　　　×××农业园参观评价评分表

<table>
<tr><td>考评教师</td><td colspan="2"></td><td>被考评学生</td><td></td></tr>
<tr><td>考评地点</td><td colspan="4"></td></tr>
<tr><td>考评内容</td><td colspan="4">对旅游目的地的认知能力和分析能力</td></tr>
<tr><td rowspan="7">考评标准</td><td colspan="2">内容</td><td>分值</td><td>得分</td></tr>
<tr><td colspan="2">能够明确此次参观的主要目的</td><td>15</td><td></td></tr>
<tr><td colspan="2">能够明确列出访谈提纲</td><td>20</td><td></td></tr>
<tr><td colspan="2">参观后能够深刻了解现代农业园的特色</td><td>20</td><td></td></tr>
<tr><td colspan="2">外出参观时纪律表现良好</td><td>15</td><td></td></tr>
<tr><td colspan="2">参观后能够增强旅游新产品的创新意识</td><td>15</td><td></td></tr>
<tr><td colspan="2">参观后对旅游目的地的类型有了进一步了解</td><td>15</td><td></td></tr>
<tr><td colspan="3">合计</td><td>100</td><td></td></tr>
</table>

注：考评满分为100分，90分及以上为优秀，80～89分为良好，70～79分为中等，60～69分为及格。

任务二 旅游目的地形象定位设计

任务目标

1.知识目标

- 理解并掌握旅游目的地形象与旅游企业形象的内涵。
- 掌握旅游目的地形象的类型。
- 理解旅游目的地形象要素。
- 掌握旅游目的地形象的塑造方法。

2.能力目标

- 能够根据旅游目的地形象的类型对旅游目的地形象体系进行分析。
- 能够分析影响旅游目的地形象的主要因子。
- 能够运用目的地形象定位方法对旅游目的地进行形象定位。

3.素养目标

- 培养学生维护旅游目的地形象的人文素养。
- 培养学生的野外实践能力和吃苦精神。
- 培养学生的逻辑思维能力和分析问题能力。
- 培养学生的守正创新思维和职业素养。
- 培养学生的工匠精神和技能宝贵、创造伟大、知行合一的职业素养。

任务导入

在现代农业园景区的考察过程中，实训小组已经了解到现代农业园作为一个旅游目的地的基本特征，包括它的空间范围、产品特征、基础设施、服务设施、客源群体等。从目的地营销的角度看，实训小组该如何对现代农业园进行形象塑造呢？在分析和塑造目的地形象的过程中，他们应该掌握哪些营销理论知识呢？

知识积累

一、旅游目的地形象的概念与类型

微课堂9-1

旅游目的地形象的概念与类型

（一）旅游目的地形象的概念

旅游目的地形象（destination image，DI）一般被认为是旅游者、潜在旅游者对旅游目的地的总体认识、评价，是旅游目的地在旅游者、潜在旅游者头脑中的总体印象。从感受对象的角度来看，旅游目的地形象主要包括两类：一类是旅游目的地在潜在旅游者头脑中的形象；另一类是旅游目的地在现实旅游者头脑中的形象。也就是说，前者是指人们对未游览过的旅游目的地的印象；后者是指人们对已游览过的旅游目的地的印象。从旅游产品销售的角度来考虑，旅游目的地在潜在旅游者头脑中的形象更加重要，因为旅游目的地形象是激发潜在旅游者旅游动机的重要因素之一。

旅游目的地形象具有以下特点：第一，旅游目的地形象是旅游者对旅游目的地总体的认知，而非对某单一要素或事物的认知；第二，旅游目的地形象是旅游者对旅游目的地的总体评价，而非对某单一要素或事物的评价；第三，旅游者对旅游目的地的认知和评价主要来源于旅游目的地经过提炼并对外传播的形象、在（潜在）旅游者心目中形成的印象和旅游者实地体验后形成的印象；第四，旅游目的地形象具有地域性；第五，旅游目的地形象只有在旅游者和旅游目的地之间传播，并被潜在旅游者接收才算真正形成。可见，旅游目的地形象是由旅游目的地开发者、管理者和旅游者共同决定的。

学一学9-1

“一带一路”最美甘肃

文旅相彰9-2　**建好用好国家文化公园**

党的二十大报告提出：健全现代文化产业体系和市场体系，实施重大文化产业项目带动战略。加大文物和文化遗产保护力度，加强城乡建设中历史文化保护传承，建好用好国家文化公园。《“十四五”旅游业发展规划》也明确指出：“十四五”期间，我国将加快建设长城、大运河、长征、黄河等国家文化公园，整合具有突出意义、重要影响、重大主题的文物和文化资源，重点建设管控保护、主题展示、文旅融合、传统利用四类主体功能区，实施保护传承、研究发掘、环境配套、文旅融合、数字再现五大工程，突出“万里长城”“千年运河”“两万五千里长征”“九曲黄河”整体辨识度。推进优质文化旅游资源一体化开发，科学规划、开发文化旅游产品和商品。推出参观游览联程联运经典线路，开展整体品牌塑造和营销推介。同时将推进以国家公园为主体的自然保护地体系建设，形成自然生态系统保护的新体制新模式。充分发挥国家公园教育、游憩等综合功能。

资料来源　国务院.国务院关于印发“十四五”旅游业发展规划的通知（国发〔2021〕32号）[EB/OL].［2022-01-20］. http://www.gov.cn/zhengzhengce/content/2022-01/20/content_5669468.htm.

思政元素：守正创新　历史文化保护传承

头脑风暴：如何开展国家文化公园的目的地形象定位和宣传？

（二）旅游目的地形象的类型

旅游目的地形象由多方面因素组成，根据不同的标准可以对旅游目的地形象进行不同的分类。

1.总体形象和特殊形象

总体形象是指社会公众对旅游目的地总的看法和印象。中国作为世界上最具有吸引力的旅游目的地之一，在外国游客心目中的总体形象究竟如何呢？20世纪80年代，有关学者和机构曾经通过国内数十家旅行社对10个国家的游客进行了调查（见表9-3），发现不少外国游客认为中国文物古迹众多，自然风光美丽，有精美的手工艺品，有风味独特的佳肴。

表9-3　　外国游客对中国作为旅游目的地的感觉

游客的期望	客源国									
	泰国	马来西亚	印度尼西亚	澳大利亚	日本	墨西哥	加拿大	美国	德国	法国
体验不同的文化和生活方式	−	+	±	−	±	−	+		+	±
参观重要的历史古迹	+	+	+	+	+	−	+	+	+	+
欣赏美丽的自然风光	+	+	+	+	+	−	+	+	+	+
追求宜人的气候	±	−	−	−	−	−	−	┬	−	−
购买精美的纪念品	+	+	−	−	+	+	+		┬	±
品尝美味可口的食物	+	+	+	+	±	+	+	+	┬	+
享受适合的接待设施	+	−	−	−	−	+	┬	┬		−
学习有助于自身事业的知识	±	+	−	┬	┬	−	┬	┬	±	┬
廉价的度假（低廉的费用开支）	−	−	−	−	−		−	−	−	−
参加冬季运动	−	−	−	−	−	−	−	−		−
会见有意义的人	±	+	−	┬	−		┬	┬	┬	┬
参观社会主义制度下的建设成就	+	+	−	−	−	┬	┬	┬	±	┬

注：（+）表示旅游者的期望；（−）表示旅游者无此期望；（±）表示部分旅游者有这种期望；（┬）表示个别旅游者有这种期望。

资料来源　屠如骥. 旅游心理学［M］. 天津：南开大学出版社，1986.

特殊形象是针对某些特定市场设计形成的形象，也叫局部形象。特殊形象是构成总体形象的基础，是影响总体形象树立的重要因素之一。旅游企业应选择最能反映自身特色和影响力的特殊形象并进行强化，给公众以鲜明的印象，从而将特殊形象牢牢根植于公众头脑中。总体形象和特殊形象的关系可以通过图9-1反映出来，三个圈分别代表三种特殊形象，共同部分就是总体形象。

图9-1　总体形象和特殊形象的关系

例如，上海针对不同的市场进行形象定位，同时通过组合包装，突出了上海大都市鲜明的整体形象。针对国际市场，上海着力渲染三个方面：改革开放带来的经济发展新成就（如浦东陆家嘴金融开发区、浦东国际机场）；东西交融、古今文化荟萃的海派特色（如外滩、城隍庙、豫园商城）；别具一格的民俗风情（如上海石库门、朱家角古镇）。针对国内市场，上海则突出了可与国外媲美的国际大都市风貌，以及改革开放以来的建设新成就、城市新景点。通过塑造这些个性突出的旅游形象，上海树立了区域整体旅游形象。

2.实际形象和期望形象

实际形象是指公众普遍认可的旅游形象，是旅游目的地进行形象塑造的基础和起点。期望形象是指旅游目的地期望在公众心目中树立的形象，是旅游目的地的理想形象，是旅游目的地形象塑造的奋斗目标和努力方向。

例如，黄山犹如一幅波澜壮阔、气势雄伟的立体画卷。在这幅巨大的天然画卷上，奇松、怪石、云海有机结合，相得益彰；景色四季各异，春天繁花似锦，夏日翠谷涌泉，金秋丹枫似火，冬季玉砌冰雕。1982年黄山成为首批国家级风景名胜区，1985年以唯一的山岳风景区入选中国十大风景名胜风景区，1991年入选中国旅游胜地四十佳。黄山获得的这些殊荣，树立并强化了黄山自然风光绝美的旅游目的地形象。这一形象经过媒体和旅游者的宣传，更加鲜明，更加深入人心。事实上，黄山不仅拥有优美的自然风光，而且拥有灿烂的文化，1990年被联合国教科文组织列为世界文化与自然双重遗产。

知识拓展9-1　你了解黄山的文化遗产——徽州文化吗？

黄山“文化遗产”的殊荣归功于周边地区底蕴深厚的徽州文化。徽州文化的内涵十分丰富，几乎涉及文化的各个领域，并以自身特色在全国产生了极大的影响。徽州文化主要包括新安理学、徽派朴学、徽派篆刻、徽派版画、徽州戏曲、徽州刻书、新安医学、徽菜、徽派地理、徽州民俗、徽州方言、徽派建筑等。徽州文化不仅体现了中国传统的儒家思想，也受到了道家思想的深刻影响。因此，徽州文化是中国传统文化的典型反映。徽州是中国传统文化厚实的沉淀区，特别是现存的大量以徽州古村落、古民居、古牌坊、古街道等为代表的徽派建筑，极具可视性，是难得的文化旅游资源。

黄山特色鲜明的自然风光展现的优美的旅游形象，使得黄山“文化遗产”的殊荣被淡化，徽州文化的旅游形象在游客心中尚不鲜明、不稳固（见表9-4）。因此，从旅游目的地形象塑造的角度看，黄山不仅要保持“自然风光优美”的旅游形象，而且应塑造“世界文化与自然双重遗产”的旅游形象，从而树立完整、全面的黄山旅游形象，促进黄山及周边地区旅游业的发展，实现皖南旅游区的总体发展。

表9-4　游客对黄山周围景区的感知及旅游意向调查表

来黄山旅游前，您知道右边所列景区吗？	九华山	太平湖	齐云山	歙县棠樾牌坊群	黟县古民居群	屯溪老街	全不知道
占调查总人次的比例（%）	64.3	31.3	16.1	17.8	16.1	29.1	22.2
来黄山旅游前，您曾游览过哪些景区？	九华山	太平湖	齐云山	歙县棠樾牌坊群	黟县古民居群	屯溪老街	全未游览过
占调查总人次的比例（%）	25.7	11.3	9.1	15.2	5.7	22.2	49.1
黄山旅游结束后，您将去游览哪些景区？	九华山	太平湖	齐云山	歙县棠樾牌坊群	黟县古民居群	屯溪老街	全不去
占调查总人次的比例（%）	27.6	16.2	5.2	4.3	4.8	18.3	55.2

资料来源　凌善金. 旅游地形象设计研究：以安徽为例［M］. 合肥：安徽人民出版社，2009.

学以致用9-2　　西安在你心目中的旅游形象是怎样的？

看动画9-2

西安在你心目中的旅游形象是怎样的？

西安是我国著名的历史文化名城，也是世界四大古都之一，拥有大量珍贵的历史文化遗迹和文物，以及近千个文物保护单位。在长安定都的1 000多年历史，正是中华文明最繁荣、最鼎盛的时代，中国古代鼎盛文化赋存造就的华夏盛世文化是西安给海外旅游者的整体印象和实际形象。现代西安作为中国西部地区重要的中心城市，展现出了现代都市文化的蓬勃生机。古代文明和现代文化的有机融合，是西安正在着力塑造的旅游形象。

讨论：查询相关资料，谈谈西安在你心目中的旅游形象。

3.真实形象和虚假形象

真实形象是指留给公众的符合实际的旅游目的地形象；虚假形象则是一种失真的旅游目的地形象，它往往是信息传递失真造成的。摒弃失真的旅游目的地形象，树立真实的旅游目的地形象，是旅游目的地、旅游企业所追求的主要目标之一。

真实的旅游目的地形象往往能够反映旅游目的地、旅游企业等富有个性的特征，而富有个性的特征往往是旅游产品的吸引力之所在。例如，美国的纽约并没有优美的自然风光，但拥有自由女神像、联合国总部大楼等富有吸引力的人文景观。与美国其他旅游资源富集的城市相比，纽约的优势并不明显，所以一些旅行社的旅游宣传广告并没有刻意宣传人们熟知的景观和事物，而是着力宣传纽约这座城市的基本特征。其中一家旅行社在招徕广告中写道："纽约既是美国不断发展与财富积累的结晶，是美国的精华所在，又是美国社会病态与罪恶最集中、最突出的城市。美国最好的与最坏的东西都集中在这里，混合在一起！不来纽约，就不能说到过美国和了解美国。"这则招徕广告以简洁生动的语言描绘了纽约富有个性和吸引力的旅游目的地形象。据统计，每年赴美国的外国旅游者大多要游览纽约，以见识当代世界典型的大都会。

旅游目的地形象直接影响着旅游者的选择行为，而旅游广告宣传的主要目的就是塑造美好的旅游目的地形象，因此旅游广告宣传在旅游业的发展中起着十分重要的作用。特别是随着旅游市场的竞争日趋激烈，各地、各旅游企业都希望通过树立良好的旅游目的地形象来招徕旅游者。显然，在旅游宣传中进行适当的形象包装是必需的，但是经过包装的"旅游目的地形象"在本质上与真实形象应该是一致的。如果广告宣传中的旅游目的地形象与现实不符，负面效应就会随之出现。

知识拓展9-2　　你了解旅游目的地形象失真的原因吗？

一些学者对旅游目的地形象失真甚至扭曲的原因进行了分析，发现原因是多方面的。布列顿认为，首先，一个国家或地区的旅游业常常不得不用华丽的宣传来掩盖其"阴暗面"。例如，夏威夷的许多旅游宣传广告经常使用少女的纯真微笑和"Aloha"（当地人的问候语），并将夏威夷描绘成天堂般的度假胜地，但事实上夏威夷同美国其他大城市一样，存在非常高的犯罪率和许多社会问题。其次，由于旅游产品严重雷同，因此旅游市场的竞争十分激烈，每个旅游目的地、每个旅游企业都必须努力树立良好的自身形象。很少有人能辨别出加勒比国家和太平洋岛国旅游资源的不同之处，但人们都能够举出加勒比国家和太平洋岛国的相似之处——海洋、沙滩、阳光、微笑。旅游产品雷同迫使加勒比国家和太平洋岛国不得不通过树立独特的形象、进行强有力的宣传来吸引更多的旅游者。

4.有形形象和无形形象

有形形象是指能够通过感官直接感受到的旅游目的地形象。例如，优美的自然风光、富有历史沧桑感的古迹、旅游目的地的基础设施、旅游服务人员的行为等，构成了旅游目的地的有形形象。无形形象则建立在有形形象的基础上，是通过旅游者的记忆、思维等心理活动在人脑中升华而得到的形象。无形形象主要体现为旅游目的地、旅游企业等的内在精神，它不是用眼睛观察到的，而是用心“感受”到的。

学以致用9-3　　**深圳华侨城有形形象如何体现？**

自1989年以来，深圳华侨城连续推出了4个涵盖不同文化主题且规模宏大的旅游景区：1989年的锦绣中华、1991年的中国民俗文化村、1994年的世界之窗、1998年的欢乐谷。四大主题公园既是华侨城的主体，也是深圳市旅游业标志性和支撑性的吸引物。四大主题公园静态的物质景观和公园内定点、定时的动态表演，共同构成了富有深圳特色的旅游目的地形象。

讨论：通过查阅文献资料详细了解华侨城，并阐释其有形形象是如何塑造和展示的。

与旅游目的地的有形形象相伴生的是许多能让人感受得到、让人品味的无形形象，这同样是旅游景区成功运营的关键因素。例如，针对旅游者的心理需求，深圳华侨城内每个小景区的背景音乐都随景而异，在郁郁葱葱的荔枝林里，不时会传出几声“鸟鸣”，从而营造一种使旅游者身心愉悦的氛围。此外，清洁工会默默跟在旅游者后面将旅游者随手丢弃的杂物捡起，这种跟进式清扫体现了“游客至上”的服务精神，也是一种无声且有形的提示。这些都已经成为华侨城重要的无形形象。1998年，深圳锦绣中华建立了一套包括1份质量手册、40个程序文件、102个作业指导书和189个质量记录表格等在内的完整的质量体系，并通过了国家验收，成为国内第一家通过国际质量标准认证的旅游景区。

二、旅游目的地形象要素

旅游目的地形象是人们对旅游目的地信息的处理过程及其结果。从过程的动态性来看，可将旅游目的地形象的构成要素分为形象感知主体、形象感知客体和形象感知渠道三个方面。

（一）形象感知主体

形象感知主体是与旅游行为相对应的旅游目的地形象感知的主体，这里所说的旅游行为包括潜在旅游行为。因此，形象感知主体是包括潜在旅游者、首次旅游者和重游者在内的具有旅游动机或旅游行为的人，只要这些人对某一旅游目的地具有各种层面的感知和认知，那么他们就是该旅游目的地形象的感知主体。感知主体的社会背景、知识背景、心理特征等一系列因素都将影响对旅游目的地形象的感知。

（二）形象感知客体

形象感知客体是指旅游目的地。在旅游地理学中，旅游目的地是指由若干具有共性特征的旅游景点与旅游接待设施组成的地域综合体，它不仅包括旅游资源，还包括旅游者实现旅游目的所不可缺少的各种基础设施。

（三）形象感知渠道

形象感知渠道是指旅游目的地的形象由客体产生，最终被主体感知的中间环节。李蕾蕾（1999）在对旅游目的地形象的本体进行研究时，提出了“人-地感知因素系统”和“人-人感知因素系统”的概念。前者指人对旅游目的地地理景观的感知，属于直接形象感知；后者指人与人之间的感知关系，其属于直接的感知互动，并产生深层次的心理感受而不只是单纯的感官感受，属于间接形象感知。

从感知主体和客体的关系来看，形象感知渠道可以分为信息和感知两个方向相反的途径。客体通过各种渠道将信息传递给感知主体，感知主体基于自己的知识和阅历，根据客体传递过来的信息形成对客体新的感知。两个方向、两个终端，形成了主体和客体间持续的感知与被感知关系，如图9-2所示。

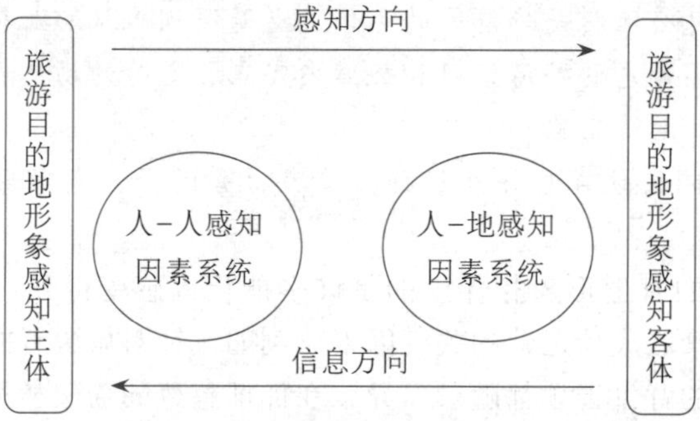

图9-2　旅游目的地形象感知渠道

学以致用9-4　　面对游客的感知差异性，如何塑造景区形象？

金牛湖风景区位于南京市六合区东北部，享有“南京西湖”之美称。金牛湖风景区四周有金牛山、癞牛山、牛屎山、团山、冶山、尖山等，湖水碧绿，水清如镜，宛如一块碧玉镶嵌在群山之中，是南京市自然保护区和金陵四十景之一。金牛湖风景区现已发展成为国家4A级旅游景区、国家水利风景区、国家地质公园核心景点、省级森林公园，并被评为市级度假区。

通过网络调查发现，有的游客认为金牛湖风景区景色优美，是南京的“日月潭”、观光胜地；有的游客认为金牛湖风景区空气清新，是度假的好去处；而有的游客则认为金牛湖风景区周边别墅太多，旅游产品单一，不适合游客休闲度假……

讨论：面对游客的这些感知差异性，金牛湖风景区应该怎样进行形象塑造？

三、旅游目的地形象设计与定位

旅游目的地形象设计是一个复杂的系统工程，就其基本程序来说，一般包括前期的基础性研究和后期的显示性研究。前期的基础性研究可以从地方性分析、受众调查和形象替代分析等方面着手，而后期的显示性研究主要是对旅游目的地形象的具体表述。旅游目的地形象设计是按一定程序进行的。

（一）旅游目的地形象设计与定位的前期工作

1.地方性分析

（1）地方。地方是人类生活的基础，在提供所有的人类生活背景的同时，给予个人或集体以安全感或身份感。旅游目的地（包括休闲场所）是一个被消费的地方，旅游者在这个地方的体验是一种地方感。同时，旅游地居民对当地的自然、文化、民俗以及旅游开发有不同的感受和态度，非常有必要从感觉、心理、意义、价值等角度研究旅游者和旅游目的地、旅游目的地居民和旅游目的地、旅游业和旅游目的地之间的关系，并以此为基础对旅游目的地进行开发、规划、品牌建设及推广。

地方性是指一个地方不同于其他地方的特性。旅游业的快速发展和全球化的交流很容易导致地方文化、特色的缺失，越来越多的旅游目的地被塑造成大众脸谱，地方文脉与地格正渐渐被经济利益取代，地方差异的消失、旅游无地方特色的悲剧将导致旅游业发展的恶性循环。

旅游目的地是一个拥有自然和人文旅游景观及旅游功能（还可能叠加其他功能），能够进行旅游活动的地方。旅游目的地形象，即旅游者（包括潜在旅游者）对旅游目的地的感知和印象，是人们赋予旅游目的地的地方意义。所以，旅游目的地形象的塑造要基于地方性、挖掘地方性、强化地方性、营造地方性，以引导和强化旅游者（包括潜在旅游者）对旅游目的地的感知和印象，增强旅游目的地的吸引力。商品化的旅游目的地是无地方性的。无地方性的旅游目的地品牌营销是没有根基与灵魂的，只有将地方文脉渗透到旅游目的地品牌的建设与营销中，才能使品牌的生命力延长，而不是成为一时的宣传口号。

听一听 9-2

地方感

（2）地方感。地方感包含两层含义：地方自身固有的特性（地方性）和人们对这个地方的依附感（地方依附）。对一个旅游目的地来说，其地方性越强，对人们的意义越独特，形成的旅游吸引力就越强；人们产生的依附感越强，重游的意愿也就越强。地方感是人的情感与所处环境相互作用而产生的一种反应，因为人的记忆、感受、价值等情感因素与地方资源（旅游资源）之间会产生情感意义上的互动，由此个人就会产生对地方的依附行为。对地方感的研究有助于旅游产品开发者了解旅游目的地品牌竞争的根本是旅游目的地地方性的营造。

有关地方感的研究成果可以应用于旅游目的地形象设计中。在旅游目的地形象设计中，基于旅游目的地的地方文脉，即自然地理特征、历史文化特征和民族民俗文化特征，提炼旅游目的地的独特地方性，有利于增强旅游者对旅游目的地的感知意向和情感链接，这种持续性的情感链接有可能进一步发展成为地方依赖，从而提高旅游者对旅游目的地的重游率和忠诚度。地方依赖度高的旅游者愿意在旅游目的地花费更多的时间和金钱，从而增加自身的地方体验欲望，在心中树立良好的旅游目的地形象。

地方感由一系列因素构成，其主要来源于地点、产品和人。地点是物质外表，包括历史和文化遗迹、建筑和自然环境，以及在公共领域展现出来的形态和举办的事件类型。产品是同地点相关的，主要指在当地历经时代变迁形成的具有自我特色的产品。人的角色经常被忽略，事实上，居民对游客评判一个旅游目的地起着很重要的作用，包括他们的文化（历史的和当代的）、行为、态度（对外来者和游客的态度）、口音、名声等。地点、产品和人共同构成了一个的地方DNA，如图9-3所示。

地点	产品	人
地形/风景、公共领域、公共艺术、历史、建筑	属于自己的产品	文化、态度、口音、名声（著名的/臭名昭著的）

图9-3　地方DNA

（3）对地方性的具体分析。任何旅游目的地都有其地方特性，这种地方特性可称为“地格”。地格的形成类似于人格的养成，既有先天的基础，也有后天的孕育。先天的基础就是当地的自然地理环境，而后天的孕育相当于人类的历史作用。也有学者将其称为地方文脉。地格分析包括对地方文脉的把握，对地方历史文化的“阅读”和提炼，即精练地总结出该地的基本风格。这个过程包括自然地理特征分析、历史进程分析、民俗考察三个主要部分。

①自然地理特征。一个地方如果在地理特性上与其他地方截然不同或有特殊地位，就有可能被强化开发为地方性，成为吸引旅游者的事物。这种特性是旅游目的地形象设计的基础。在一定范围内，地理上的唯一性或地域范围内的“之最”地位，本身就是一个极富吸引力的因素，可对其进行挖掘，形成独特的旅游目的地形象，并可作为后期设计的切入点。如青藏高原为世界上海拔最高的高原，被称为“世界屋脊”。

②历史进程分析。对地方历史进程进行考察、分析，寻找区域内具有一定知名度和影响力的历史遗迹、历史人物、历史事件以及古代文化背景等，可以此塑造旅游目的地形象。我国以古都著称的各大旅游城市大都借助了历史进程进行旅游目的地形象设计，如历史文化名城洛阳。

③民俗考察。通过地区自然地理特征和历史进程分析，基本上可以总体把握一个地区的地方性，并提出初步的旅游目的地形象理念。但有的地区历史进程不显著，且经考古发现历史遗存不充分，这就需要从当地的民族文化着手，对地方特色进行挖掘，尤其是少数民族地区。这些地区民族文化丰富，这也是极富旅游吸引力、号召力的内容，是旅游目的地形象设计中不可或缺的要素。

知识拓展9-3　　你了解历史文化名城洛阳吗？

历史文化名城洛阳，从夏朝起，先后有多个王朝在此建都。其地上及地下的历史遗迹众多，如龙门石窟是中国四大石窟之一，白马寺是佛教传入中国后兴建的第一座官办寺院。这些深厚的历史渊源和浓郁的文化背景，与洛阳的旅游业及旅游目的地形象有着紧密的联系，甚至成为洛阳地方性的首要因素。

2.受众调查

受众调查和市场定位是确定旅游目的地总体形象、选择促销口号的科学基础和技术前提。旅游目的地形象构建的主要目的是向潜在旅游者推销旅游目的地，帮助旅游者更清晰、更方便地了解地方特色，促使其产生旅游动机，从而把潜在的旅游者转变为付诸行动的现实旅游者。因此，有必要了解旅游者对某地的认知情况，这是树立旅游目的地形象的第二个基础。由此，就必须进行受众调查，以树立正确的旅游目的地形象。

3.形象替代分析

形象替代分析也就是竞争者分析。随着旅游业的发展，各旅游目的地都在不断地寻求其独特的地方性。这是因为在目前形成的纷繁复杂的旅游目的地体系中，任何一个旅游目的地都面临着来自其他旅游目的地，尤其是地方性或客源市场较为类似的旅游目的地的竞争。因此，在旅游目的地形象设计中，一方面要对市场竞争者进行分析，充分了解其在竞争中所处的位置及优劣势；另一方面就是挖掘旅游目的地产品的差异性，以及通过旅游目的地形象表现出来的差异性。

（二）旅游目的地形象定位

微课堂9-2

旅游目的地形象定位

在前期的基础性研究中，地方性分析揭示了旅游目的地的地方资源特色和文化背景，从总体上把握了旅游目的地的风格；受众调查揭示了公众对旅游目的地的认知和预期；形象替代分析为旅游目的地形象设计者揭示了旅游目的地的竞争优劣势，使设计者可以更为客观、科学地设计旅游目的地形象。这些工作构成了旅游目的地形象设计的前提，也是旅游目的地形象设计不可或缺的重要环节。旅游目的地形象设计的后期显示性研究，首要任务是旅游目的地形象的定位，它将为整个旅游目的地的形象设计指明方向。

定位源于广告界，初见于20世纪60年代，真正为商品停滞开辟一条生路的定位时代始于70年代以后的美国。定位时代的广告宣传，重点不在于产品或企业本身，而是通过定位给潜在消费者留下美好的印象，并在消费者的心中占据一定的位置。

1.旅游目的地形象定位的原则

旅游目的地形象定位是指为使旅游目的地形象深入旅游者的心中，并占据某一位置而做的努力，目的是确立有利于自身发展的形象。在定位的过程中，可以借鉴以下定位原则：

（1）以资源为基础，顺应文脉原则。所谓地方文脉，是指城市所在地域的地理背景，包括地质、地貌、气候、土壤、水文等自然环境特征，也包括当地的历史、社会、经济、文化等人文地理特征，因而它是一种综合的、地域性的自然基础，历史文化传统，社会心理积淀和经济发展水平的四维空间组合。

（2）个性化原则。旅游目的地的个性化是产生旅游吸引力的一个极为重要的因素。在旅游目的地形象的设计、塑造中必须遵循个性化原则，充分且合理、有效地挖掘并增强地方特色，给旅游者（包括潜在的旅游者）留下深刻的印象，做到“人无我有”。

（3）市场导向原则。旅游目的地形象定位的主要目的是得到旅游者对旅游目的地产品的认可，从而激发旅游者的旅游动机，并最终产生旅游行为。

（4）时代特色原则。在旅游目的地形象设计的过程中，应当适应时代的变迁，反映旅游目的地不同时代的精神和文化。

2.旅游目的地形象定位的方法

旅游目的地形象定位是形象设计的前提，它为旅游目的地形象设计指明了方向。具体的旅游目的地形象定位的方法有以下几种：

（1）领先定位。这种定位适用于独一无二或无法替代的旅游目的地。例如，中国的万里长城、埃及的金字塔等，它们在世界范围内都具有不可替代性。

（2）比附定位。这种定位并不占据原有形象阶梯的最高阶，而是避开“第一”的位置，抢占“第二”位，但在对外宣传上往往不以“第二”的形式出现，而是同样突显其独特性，如三亚的旅游目的地形象定位——“东方夏威夷”。

（3）逆向定位。这种定位强调并宣传定位对象是旅游者心中第一位形象的对立面和相反面，同时开辟一个新的、易于接受的心理形象阶梯。例如，野生动物园是传统动物园的对立面，将人置于“笼”中，动物在“笼”外。

（4）空隙定位。这种定位放弃了与游客心中原有的旅游目的地形象的关联，而是开辟一个全新的形象阶梯。这种定位更有利于树立一个与众不同的独特形象。例如，深圳的中国民俗文化村在形象定位中，首次将“全园秀”（show）引入园内，每日定时举行大型游园活动。随后，这种“全园秀”的形式传播到全国各地。

（5）重新定位。这种定位方法严格来说，并非真正意义上的定位方法，而是由于旅游目的地的衰落，对其采取的再定位，即以新形象替代陈旧的旅游目的地形象，重新在旅游者心中占据一定的位置。

知识拓展9-4　　你了解什么是旅游目的地形象界面意象吗？

界面意象是指既能体现旅游目的地形象理念核心的深邃内涵，又能为广大普通旅游者接受、具有较高传播效率的表现形式，包括产品形象及其宣传口号、视觉形象等。

请列举一些旅游目的地的宣传口号，上网查阅一些旅游目的地的形象Logo，说说它们的特征。

技能训练

一、场景设计

同学们在学习了旅游目的地形象塑造的方法后，决定对上次考察的农业园再次进行实地调研，对目的地进行形象定位设计。本次调研的主要目的包括：了解农业园的自然特征、历史文化特征、游客群体特征等；在目的地对游客进行现场调查，内容包括游客对目的地形象感知的内容，以及感知的美誉度、兴趣度等。为此，实训小组做好了准备工作，并准备按计划开展实地调研。

二、实训目的

本实训应使学生了解并掌握旅游目的地形象塑造的过程与具体方法，重点在于针对不同类型的旅游目的地、不同的旅游产品、不同的游客群体等，进行目的地形象设计。

三、实训步骤

1.考察前的准备

（1）文献准备：在考察前一周，小组成员分别通过报纸、杂志、网络等对该农业园的概况进行了解，并利用课余时间分组讨论，将收集到的资料汇总、整理、分析。

（2）知识准备：梳理旅游目的地形象塑造方法等的相关知识，查阅相关目的地形象设计案例。

（3）材料准备：调研前，列出本次调研的主要对象和访谈内容，小组成员必须带好笔、笔记本、手机、照相机等，做好调研记录工作。

（4）计划准备：调研前，应制订调研计划，明确调研目的、调研时间、交通工具、任务分工、联络方式、调研费用等事项。

（5）纪律要求：外出调研时，小组成员必须听从指挥、遵守纪律、注意交通安全，并表现出良好的礼貌礼节，维护学校的形象。

2.实地调研

（1）小组成员一起前往农业园，明确集合的时间和地点。

（2）进入农业园后，三人一组开始进行游客调研。

（3）调研结束后，组长召集小组成员一起安全返校。

3.校内讨论及报告撰写

回校之后，由组长主持开展小组讨论，请小组成员根据调研目的发表调研观点和心得，讨论结束之后，请每位同学就调研情况写出×××农业园旅游目的地形象塑造调研报告（见表9-5）。

表9-5　　×××农业园旅游目的地形象塑造调研报告

<table>
<tr><td>班级</td><td></td><td>姓名</td><td></td><td>调研时间</td><td></td></tr>
<tr><td>学号</td><td></td><td>组号</td><td></td><td>主要任务</td><td></td></tr>
<tr><td colspan="6">标题
目录
正文
1.引言
2.调研目的
3.调研内容
4.调研结论
结语
附录（资料、照片等）</td></tr>
<tr><td>备注</td><td colspan="5"></td></tr>
</table>

四、技能评价

根据调研情况填写×××农业园旅游目的地形象塑造调研报告评分表（见表9-6）。

表9-6　　×××农业园旅游目的地形象塑造调研报告评分表

<table>
<tr><td>考评教师</td><td></td><td>被考评学生</td><td></td></tr>
<tr><td>被考评小组</td><td colspan="3"></td></tr>
<tr><td>考评内容</td><td colspan="3">对旅游目的地形象塑造的认知和分析能力</td></tr>
<tr><td rowspan="7">考评标准</td><td>内容</td><td>分值</td><td>得分</td></tr>
<tr><td>能够明确此次调研的主要目的</td><td>10</td><td></td></tr>
<tr><td>能够做好本次调研的前期准备工作</td><td>15</td><td></td></tr>
<tr><td>能够掌握旅游目的地形象塑造的方法</td><td>25</td><td></td></tr>
<tr><td>调研报告撰写规范、层次清楚、语句通顺</td><td>20</td><td></td></tr>
<tr><td>外出调研时纪律表现良好（小组互评）</td><td>15</td><td></td></tr>
<tr><td>团队协作意识好，职业素养有提升（小组互评）</td><td>15</td><td></td></tr>
<tr><td colspan="2">合计</td><td>100</td><td></td></tr>
</table>

注：考评满分为100分，90分及以上为优秀，80～89分为良好，70～79分为中等，60～69分为及格。

任务三 旅游目的地形象营销设计

任务目标

1. 知识目标
- 理解并掌握旅游目的地形象营销战略。
- 理解并掌握旅游目的地形象传播策略。

2. 能力目标
- 能够制定旅游目的地形象营销战略。
- 能够制定旅游目的地形象传播策略。

3. 素养目标
- 培养学生的文案写作能力。
- 培养学生的书面表达能力。
- 培养学生的逻辑思维能力和职业素养。
- 培养学生诚实守信、守正创新的职业素养。
- 培养学生的工匠精神和技能宝贵、创造伟大、知行合一的职业素养。

任务导入

景区调研结束后，同学们分析了旅游目的地形象的影响因素，并进行了目的地形象定位，提出了目的地形象的宣传口号。接下来，同学们要根据目的地形象定位，撰写目的地形象推广方案，并开展目的地形象的推广工作。要更好地完成该项任务，同学们应该掌握哪些目的地形象营销的理论知识呢？

知识积累

旅游目的地形象塑造，需要通过有效的传播，给旅游者留下深刻的印象，进而激发其出游的兴趣。随着新一代旅游者的产生和各种新媒体的出现，旅游目的地形象传播策略也有了新的发展。

一、旅游目的地形象营销战略

旅游目的地形象需要从战略高度系统认识，新时期形象营销要重视整合、协同、品牌和网络的重要性。

（一）整合营销

整合营销是指：通过评价广告、直接营销、销售促进和公共关系等传播方式的战略运用，并将不同的信息进行完美的整合，最终提供明确的、一致的和最有效的传播影响力。

知识拓展9-5　　你了解旅游目的地整合形象营销的“八个一”工程吗？

旅游目的地整合形象营销可以打造“八个一”工程：

(1) 一句好的旅游宣传口号

(2) 一张好的导游图

(3) 一套好的解说系统

(4) 一本好的旅游手册

(5) 一部好的旅游风光片

(6) 一首好的旅游歌曲

(7) 一个好的旅游徽标

(8) 一场好的旅游节庆活动

同时，可以通过拍摄电视散文，唱响一首主题歌，编制有关导游丛书、文化丛书、摄影丛书等，以电影、电视、广播、印刷媒介、体育活动、旅游和探险、艺术展、音乐会、主题公园等相互融合的各类形式来实现整合营销。

（二）协同营销

协同营销是寻求一种合力，并谋求与其他旅游目的地的协同促销、全方位联动。目的地的各景区要依托当地旅游经济、旅游文化等大背景，通过制定科学的旅游线路，并将其纳入旅游大系统中，以扩大客源；同时，也可以利用各景区的特色，相互协调，联合宣传促销，树立目的地整体旅游形象。通过共同分担营销费用，协同进行营销传播、品牌建设、产品促销等方面的活动，达到共享营销资源、巩固营销网络的目标。

（三）品牌营销

品牌是现代营销理念的核心和灵魂，品牌作为吸引消费者购买的重要因素之一，应该全面、简洁地向消费者传递本身所代表的独特形象和旅游产品吸引力。旅游形象口号是旅游目的地形象塑造的重要内容，要以通俗易懂且内涵丰富的寥寥数语勾勒出旅游目的地的核心形象。目的地旅游品牌的形象塑造，不仅有助于提高目的地的知名度，也为目的地的发展指明了方向。

（四）网络营销

通过互联网可以更好地实现网络营销的职能，为旅游目的地开展形象营销、提升品牌价值、提高整体竞争力提供支持。网络营销的核心思想是通过合理利用互联网资源（如网络营销工具和方法等），实现网络营销信息的有效传递，为营造有利于目的地旅游营销形象的环境奠定基础。

二、旅游目的地形象传播策略

旅游目的地形象传播策略与营销战略的指导性意义不同，它是具体可行的实施步骤。

微课堂9-3

旅游目的地形象传播策略（双语）

（一）通信营销

通信营销是指通过信函、传真、电话、短信、E-mail等方式，与客源地游客进行联络，向其推销旅游产品。旅游目的地可开发以营销服务为目标的短信互动平台，把富有特色的旅游宣传口号、独特的旅游目的地形象介绍给游客，以缩短距离、增强互动来提高游客的满意度及忠诚度。例如，可提供形象图片彩信和主题手机彩铃下载等服务，或提供相关形象电子贺卡下载服务，并进行适当推广。

（二）视听营销

在旅游目的地形象设计中应突出旅游目的地标徽、标准字体、标准色、象征吉祥的旅游地纪念品、办公及公关用品、指示类应用设计、广告、旅游地服务人员的形象等视觉符号。例如，设计手提宣传袋、统一的名片、台历和贺卡、风光扑克牌、旅游精品线路手册、多种语言的对外旅游宣传册、旅游纪念品、邮票纪念册等；在目的地车站、主要交通站点、街头、主要景区、景点等地设置大标语或广告牌等，在各大宾馆、饭店设置凸显目的地形象的风景画，不断加深游客的印象；在目的地和客源地免费发放主题形象明信片；邀请社会专业人士量身定做旅游歌曲，制作凸显目的地特色的宣传片，在主要宾馆、饭店的显眼位置滚动播放。

（三）游戏互动营销

旅游企业可以根据目的地的景区、景点开发虚拟实景互动游戏，如大草原探秘，形式可以是网络游戏、手机游戏等。在游戏中，游客可以身临其境地体验目的地的美景，同时旅游企业又能使景区品牌深入人心。旅游企业也可以将目的地的景区冠名嵌入各高校的校园网、QQ社区等网络平台，同样能够起到迅速传播和吸引眼球的作用。

（四）大篷车巡游营销

旅游大篷车是广西首创的中国旅游宣传促销品牌。1999年6月，广西以“大篷车”巡游的形式，赴广东、上海等地开展旅游宣传促销活动，在国内外引起了强烈反响。此后，“旅游大篷车”的宣传促销形式被国内各省区纷纷采用。2009年，广西旅游大篷车宣传促销团以“广西——休闲养生的诗境家园”“天下风景，美在广西”为口号全面推介广西旅游资源和产品，共举办了五场公众宣传促销活动和三场广西旅游推介会。

大篷车巡游营销不但可以通过旅游宣传资料使游客从概念上认识目的地，而且可以通过现场具体可感的艺术享受让游客从形象上感受目的地的地方特色。除了歌舞表演之外，还有少数民族风情表演等随团演出。目的地的大篷车巡游营销要做到专业人士促销与公众促销相结合、整体形象促销与重点旅游区域促销相结合、山水景观与人文景观最佳线路配置相结合。

（五）影视营销

20世纪50年代起，随着世界影视产业的迅猛发展，影视作为城市营销的重要载体，被世界各国广泛采用。世界上著名的大型城市，特别是当前世界公认的国际大都市，都积极利用影视来推广城市形象和旅游产业。影视营销可以有效地推广一个城市的旅游产业、树立城市的直观形象，如纽约通过《金刚》等电影展示了其大都市的形象，帝国大厦通过这部电影成为纽约著名的旅游景点。电视剧《乔家大院》带火了山西真正的乔家大院，电影《非诚勿扰》给杭州西溪旅游业的发展带来了新契机。

当前，许多旅游目的地都将影视剧的拍摄作为形象营销的新方式与传播工具，通过拍摄的影视剧传播旅游目的地的形象和信息。

（六）节事营销

有些旅游企业会通过举办诸如大型节事活动，邀请主要客源地的旅游批发商、零售商和媒体记者（旅游栏目）、作家、摄影家来采风，举办摄影征文和口号征集大赛，或与电视台的相关栏目合作举办大型演出活动等，提高旅游目的地的曝光度和影响力。在节事营销活动中，旅游企业要注重回头客的培育，如可以通过“我与目的地有个约会”活动，让游客在当地认养一棵小树并且许下愿望，给游客颁发一个证书，游客三年后可凭借证书回到当地抽奖，中奖者可以实现家庭梦想。此外，一些区域特色城市还通过申办大型活动（如北京奥运会和冬奥会、上海世博会、广州亚运会等）来提升城市形象，这也是重要的营销策略。

（七）俱乐部营销

近几年来，社会上（包括虚拟网络社会上）出现了各种形式的旅游俱乐部组织，这些俱乐部对其成员及周边人群的旅游去向，可能会产生较大的影响。旅游企业可通过设立区域代表，或通过旅行社与这些旅游俱乐部联系，散发相关的宣传资料，提供相关的服务，吸引这些俱乐部组织成员到目的地来旅游度假或开展相关主题活动。

（八）旅游口号营销

富有鲜明的形象特色、朗朗上口的口号，也成为各大旅游目的地形象营销的重点和王牌，因此各旅游目的地都乐此不疲地开展旅游口号的征集和评奖活动，希望能够筛选出最适合的旅游口号（见表9-7）。

表9-7 **旅游目的地口号范例表**

北京市：东方古都　长城故乡	上海市：上海　精彩每一天
重庆市：世界的重庆　永远的三峡	广州市：一日读懂两千年
福州市：福山福水福州游	昆明市：昆明天天是春天
南宁市：绿城寻歌壮乡情	银川市：塞上明珠　中国银川
长沙市：多情山水　天下洲城	成都市：成功之都　多彩之都　美食之都
桂林市：桂林山水甲天下	苏州市：人间天堂　苏州之旅
大连市：浪漫之都　中国大连	宁波市：东方商埠　时尚水都
厦门市：海上花园　温馨厦门	深圳市：每天带给你新的希望
汕头市：海风潮韵　世纪商都	海口市：椰风海韵　南海明珠
三亚市：天涯芳草　海角明珠	青岛市：海上都市　欧亚风情
曲阜市：孔子故里　东方圣城	烟台市：人间仙境　梦幻烟台
咸阳市：中国金字塔之都——咸阳	武汉市：高山流水　白云黄鹤
承德市：游承德　皇帝的选择	邯郸市：游名城邯郸　品古赵文化
洛阳市：国花牡丹城——洛阳	南通市：追江赶海到南通
无锡市：太湖明珠　中国无锡	杭州市：爱情之都　天堂城市
金华市：风水金华　购物天堂	舟山市：海天佛国　渔都港城

续表

龙岩市：福建西部风情	义乌市：小商品的海洋　购物者的天堂
中山市：伟人故里　锦绣中山	江门市：侨乡山水风情画

（九）形象大使营销

上海、南京、青岛、大连、三亚、杭州、香港等城市纷纷聘请旅游形象代言人，加大宣传促销力度。例如，杭州市曾邀请女子十二乐坊作为该市旅游（海外）形象代言人，引起了强烈反响。

除了利用名人效应来形成眼球经济外，近年来各个旅游目的地也纷纷通过海选旅游形象大使的方式来开展事件营销，如2009年，福建土楼故里南靖“全球旅游形象大使”网络选拔赛展开海选，大赛的创意灵感源自澳大利亚大堡礁旅游景区“全球最棒的工作”网络营销案例，充分应用互联网“病毒式”的传播特点，吸引了来自全球的“眼球”和网友互动参与。

学以致用9-5　　如何利用互联网信息来分析旅游目的地形象？

（1）通过文献查询，分析互联网中的旅游信息来源及类型。

（2）根据互联网信息，如网络点评、网络游记、网络社区，分析一个旅游目的地的形象特征，并为其制定形象传播策略。

技能训练

一、场景设计

同学们在学习了旅游目的地形象营销的方法后，决定分组制订上次调研的农业园旅游形象传播方案。方案的主要内容包括现代农业旅游形象传播战略、传播的主要媒体策略。为此，实训小组做好了实训准备，拟按计划开展实训。

二、实训目的

本实训应使学生了解并掌握旅游目的地形象传播战略，重点是针对不同类型的旅游目的地提出切实可行的形象传播方案。

三、实训步骤

1.实训准备

（1）文献准备：实训小组查阅、收集关于旅游目的地形象传播的相关资料。

（2）知识准备：梳理旅游目的地形象传播方法的相关知识，查阅旅游目的地形象传播的相关案例。

（3）材料准备：准备好笔记本、电脑。

（4）实训场所：学校实训机房。

2.实训报告撰写

实训结束之后，请每位同学就调研情况写出×××农业园旅游目的地形象营销报告（见表9-8）。

表9-8 ×××农业园旅游目的地形象营销报告

班级		姓名		调研时间	
学号		组号		主要任务	
标题 正文 1.引言 2.旅游目的地形象传播战略 3.主要媒体策略 结语 附录（资料、照片等）					
备注					

四、技能评价

请根据考察情况填写×××农业园旅游目的地形象营销报告评分表（见表9-9）。

表9-9 ×××农业园旅游目的地形象营销报告评分表

考评教师		被考评学生	
被考评小组			
考评内容	对旅游目的地形象营销的认知能力		
考评标准	内容	分值	得分
	能够明确此次调研的主要目的	10	
	能够做好本次调研的前期准备工作	15	
	能够掌握旅游目的地形象营销方案的撰写方法	25	
	营销报告撰写规范、层次清楚、语句通顺	20	
	外出考察纪律表现良好（小组互评）	15	
	团队协作意识强，职业素养有提升（小组互评）	15	
合　计		100	

注：考评满分为100分，90分及以上为优秀，80～89分为良好，70～79分为中等，60～69分为及格。

项目综合训练

一、项目背景

宋剑湖位于江苏省常州市武进区遥观镇东部，20世纪60年代变成宋剑湖圩田，之后一直陆续零星开发。宋剑湖现有水域、湿地面积7.5平方千米，其中水域面积多达4 000亩。宋剑湖是国家3A级旅游景区、省级水利风景区。

历史文化：宋剑湖历史悠久，古称临津，为太湖流域江水湖群之一，长江三角洲形成时由洼地淤塞而成。南朝宋元嘉二十四年即有修治临津辟成良畴之说，当时宋剑湖处晋陵县定上乡、定安东乡两乡交界处。现在河岸两侧分布着许多村落，在水塘密集之处，有居民生活。体味宋剑湖，稻田、鱼塘、渔船甚至是守护鱼塘的小屋无不透露出自然风情、人与自然交融的魅力；古朴的石桥、破旧的渔网、废弃的砖窑无不记录着历史的过往，都勾起人们对宋剑湖历史文化的追溯。

自然条件：宋剑湖自然条件优越，是常州市东部独特的自然湿地资源，水域面积广阔，湿地水生植物遍布，生物多样性丰富，湖中大小沼地绿洲星罗棋布，鱼虾肥美，拥有多种鸟类、水生植物及湿地植被，保留着原始的湿地风貌。宋剑湖生态环境优良，极富江南水乡特色，吸引着省内外旅游者前往休闲旅游。

区位交通：宋剑湖紧邻武进区行政服务中心，交通便捷，232省道、沿江高速公路、戚月线纵连南北；中吴大道、312国道、广电路横贯东西；京沪铁路、沪宁城际铁路、京杭大运河于镇区中心穿过。大运河、武进港、三山港、采菱港、舜河等河道南连太湖、北接长江，形成优越的水路交通体系，环绕宋剑湖四周，区位交通优势明显。

二、实训任务

分小组研讨以下问题：

（1）查阅宋剑湖的相关资料，结合目的地形象的相关理论知识，为其设计一个旅游目的地形象策划方案。

（2）如何利用旅游目的地形象策略开展宋剑湖营销工作？

三、实训目的

了解并掌握旅游目的地的相关知识，能够灵活运用旅游目的地形象的相关理论知识，撰写旅游目的地形象策划方案。

四、实训步骤

（1）自由组合成小组，每组3～4人。

（2）小组开展自由讨论，撰写分析报告，并制作PPT。

（3）各小组选派一名代表进行汇报交流。

五、实训评价

本综合训练项目的评分见表9-10。

表9-10 **综合训练项目评分表**

考评教师		被考评小组	
被考评小组成员			
考评标准	内容	分值	得分
	主题鲜明、条理清楚、逻辑性强	20	
	运用所学理论知识分析问题的能力强	25	
	创新思维强，旅游目的地形象的相关知识运用熟练	25	
	表述清晰、语速适中、仪表大方	20	
	计算机操作技能熟练，PPT制作精美	10	
合计		100	

注：考评满分为100分，90分及以上为优秀，80～89分为良好，70～79分为中等，60～69分为及格。

项目同步测试

一、选择题（请选出适合的答案）

1.旅游目的地是能够对一定规模的旅游者形成旅游吸引力，并能满足其特定旅游目的的各种旅游设施和服务体系的（　　）集合。

A.空间　　B.生产　　C.地点　　D.地方

2.下面概念中所指空间范围最小的是（　　）。

A.旅游目的地　　B.旅游景区　　C.旅游区　　D.景点

3.按构成形态的不同，旅游目的地可以划分为（　　）。

A.板块型　　B.点线型　　C.区域型　　D.国家型

4.冈恩（Gunn，1972）把旅游目的地形象分成（　　）。

A.原生形象　　B.引致形象

C.真实形象　　D.虚假形象

5.旅游目的地的地方感由一系列因素构成，其主要来源于（　　）。

A.地点　　B.产品　　C.人　　D.物

6.旅游目的地形象营销战略包括（　　）。

A.整合营销　　B.协同营销　　C.品牌营销　　D.旅游口号

测一测9-1

选择题

二、判断题（判断下列各题是否正确，正确的在题后的括号内打“√”，错误的打“×”。）

1.旅游目的地总体形象是指社会公众对旅游地、旅游企业、旅游设施等总的看法和印象。（　　）

2.实际形象是指公众普遍认可的旅游目的地形象，它是旅游地、旅游企业等进行形象塑造的基础和起点。（　　）

3.旅游目的地形象的构成要素分为形象感知主体、形象感知客体、形象感知对象三个方面。（　　）

4.领先定位适用于独一无二或无法替代的旅游资源地。（　　）

5.比附定位适用于独一无二或无法替代的旅游资源地。（　　）

6.空隙定位放弃了与游客心中原有的旅游目的地形象的关联，重新开辟了一个形象阶梯。（　　）

测一测9-2

判断题

三、简答题

1.旅游目的地地格分析包括哪些内容?

2.旅游目的地形象的概念包括哪些内容?

3.什么是旅游目的地形象?

项目学习评价

旅游目的地形象认知能力与素养测评表见表9-11。（在□中打“√”，A掌握，B基本掌握，C未掌握）

表 9-11 旅游目的地形象认知能力与素养测评表

专业知识能力	评价指标		自测结果
对旅游目的地的认知	1.旅游目的地的内涵与特征 2.旅游目的地的核心要素构成 3.旅游目的地的类型划分		□A □B □C □A □B □C □A □B □C
旅游目的地形象的定位设计	1.旅游目的地形象的类型 2.旅游目的地形象的要素 3.旅游目的地形象的定位方法		□A □B □C □A □B □C □A □B □C
旅游目的地形象的营销设计	1.旅游目的地形象营销战略 2.旅游目的地形象传播策略		□A □B □C □A □B □C
职业能力与素养	评估标准		自测结果
自我学习	1.能进行时间管理，并阅读相关专业书籍 2.能选择适合自己的学习方式 3.能将已经学到的知识在现实中加以运用		□A □B □C □A □B □C □A □B □C
文献查阅	1.能根据不同需要去搜寻、获取并选择信息 2.能筛选信息并进行信息分类 3.能使用多媒体等手段来展示信息		□A □B □C □A □B □C □A □B □C
与人交流	1.能把握交流的主题、时机和方式 2.能理解对方谈话的内容，准确表达自己的观点 3.能获取并反馈信息		□A □B □C □A □B □C □A □B □C
团队协作	1.能明确自己在团队中的地位和作用 2.能同合作者进行有效沟通，学会换位思考		□A □B □C □A □B □C
解决问题	1.能说明学习中出现的问题并指出其主要特征 2.能制订解决问题的计划并组织实施 3.能对解决问题的方法适时进行总结和修改		□A □B □C □A □B □C □A □B □C
职业素养	1.能诚实守信，遵守旅游行业从业人员职业道德规范 2.能够守正创新，有增值性成长		□A □B □C □A □B □C
学生自评		学生签字	
教师评语			
成绩		教师签字	

主要参考文献

［1］赵占波，苏萌，姚凯．智慧营销：4D营销理论及实践［M］．北京：电子工业出版社，2020.

［2］居长志．市场营销［M］．5版．北京：高等教育出版社，2018.

［3］吴必虎，俞曦．旅游规划原理［M］．北京：中国旅游出版社，2010.

［4］林巧，王元浩．旅游市场营销原理与实践［M］．杭州：浙江大学出版社，2010.

［5］王媛，纪文静．旅游营销基础［M］．南京：江苏科学技术出版社，2009.

［6］凌善金．旅游地形象设计研究［M］．合肥：安徽人民出版社，2009.

［7］苏日娜．旅游市场营销［M］．北京：机械工业出版社，2008.

［8］杨益新．旅游市场营销学［M］．北京：清华大学出版社，北京交通大学出版社，2008.

［9］吴金林．旅游市场营销［M］．北京：高等教育出版社，2007.

［10］刘子安．中国市场营销［M］．北京：对外经济贸易大学出版社，2006.

［11］韩勇，丛庆．旅游市场营销学［M］．北京：北京大学出版社，2006.

［12］刘沛林．区域旅游规划：原理与实践［M］．北京：华龄出版社，2006.

［13］科特勒，等．旅游市场营销［M］．谢彦君，译．4版．大连：东北财经大学出版社，2006.

［14］魏敏．旅游市场营销［M］．长沙：中南大学出版社，2005.

［15］迈尔斯．市场细分与定位［M］．王袆，译．北京：电子工业出版社，2005.

［16］凌志军．联想风云［M］．北京：中信出版社，2005.

［17］史密斯，等．市场营销传播方法与技巧［M］．方海萍，等译．北京：电子工业出版社，2003.

［18］刘德光．旅游市场营销学［M］．北京：旅游教育出版社，2002.

［19］吴必虎．区域旅游规划原理［M］．北京：中国旅游出版社，2001.

［20］邹益，杨丹．旅游市场营销学［M］．福州：福建人民出版社，2001.

［21］科特勒．营销管理［M］．梅汝和，梅清豪，周安柱，译．北京：中国人民大学出版社，2001.

［22］林南枝，陶汉军．旅游经济学［M］．天津：南开大学出版社，2000.

［23］王大悟，魏小安．新编旅游经济学［M］．上海：上海人民出版社，2000.

［24］凯文．战略品牌管理［M］．吴水龙，何云，译．北京：中国人民大学出版社，1998.

[25] 刘明焜.旅游目的地新媒体营销策略研究 [D]. 广州：广州大学，2022.

[26] 刘勋. 唐代旅游地理研究 [D]. 武汉：华中师范大学，2011.

[27] 王玉成. 唐代旅游研究 [D]. 保定：河北大学，2009.

[28] 赵志宏. 常州恐龙园新媒体营销策略研究 [D]. 桂林：广西师范大学，2015.

[29] 谢朝栋. 旅游景区新媒体营销策略研究 [D]. 南京：南京师范大学，2014.

[30] 李曦.旅游目的地新媒体整合营销传播研究——以天津为例 [D]. 天津：南开大学，2014.

[31] 陈世良. 我国经济转型期社会主义市场监管研究 [D]. 武汉：华中师范大学，2008.

[32] 于溥. 体验经济下旅游营销 7P'S 组合策略研究——以青岛为例 [D]. 青岛：中国海洋大学，2005.

[33] 赵茹.基于沉浸式体验的"旅游+直播"新型营销模式探究 [J]. 旅游与摄影，2022（3）.

[34] 白华艳，尹冬梅."新媒体营销"课程与思政教育融合的路径研究 [J]. 东华理工大学学报（社会科学版），2022，41（2）.

[35] 冀红涛，陈德广.三亚新型旅游模式——旅拍+直播的创新性研究分析 [J]. 特区经济，2021（3）.

[36] 黄柳婷.共生理论视野下红色研学旅游产品开发路径分析 [J]. 绥化学院学报，2020，40（2）.

[37] 田志奇.文旅融合下旅游目的地互联网思维的产品营销及创新 [J]. 旅游学刊，2019，34（8）.

[38] 王琼."旅游+直播"新型旅游营销模式研究 [J]. 河北旅游职业学院学报，2017，22（2）.

[39] 李万.旅拍摄影师 如何养活自己 [J]. 摄影之友，2017（5）.

[40] 徐菊凤. 论旅游的边界与层次 [J]. 旅游学刊，2016（8）.

[41] 沈国娣. G20全面提升杭州旅游业的契机 [N]. 每日商报，2016-03-25.

[42] 郝栢淞."互联网+旅游"对旅游目的地分销渠道的影响研究 [J]. 旅游纵览（下半月），2016（6）.

[43] 周大庆. 岳麓山旅游区旅游环境分析与评价 [J]. 湖南第一师范学院学报，2014（6）.

[44] 廖婷婷，黄河. 阆中古城文化旅游资源整合与开发 [J]. 企业技术开发，2014（3）.

[45] 李柏文，杨宏浩，张红喜. 旅游产品价格指数体系构建及其模拟测试分析 [J]. 旅游学刊，2014（3）.

[46] 闫斌. 我国旅游法实施对旅游产品价格的调控及其法律完善 [J]. 价格月刊，2014（4）.

[47] 吴有进. 海南乡村旅游市场调研分析 [J]. 经济研究导刊，2013（6）.

[48] 仝泽柳，邓滢. 常州大学生旅游市场调研分析与线路产品开发 [J]. 旅游纵览（行业版），2012（4）.

[49] 匡文波. 关于新媒体核心概念的厘清 [J]. 新闻爱好者，2012（10）.

[50] 张朝枝，游旺. 互联网对旅游目的地分销渠道影响——黄山案例研究 [J]. 旅游学刊，2012（3）.

[51] 冯郑凭. 互联网对我国旅游分销渠道的影响研究——从旅游业者视野的角度分析 [J]. 北京第二外国语学院学报，2010（3）.

[52] 程圩，马耀峰，隋丽娜. 不同利益细分主体对韩国旅游形象感知差异研究 [J]. 社会科学家，2007（4）.

[53] 张欣建，吴国清.城市旅游诚信体系及保障措施探讨 [J]. 北京第二外国语学院学报，2006（5）.

[54] 于光远. 掌握旅游的基本特点，明确旅游业的基本任务 [J]. 旅游时代，1986（1）.